한국밀교
문화총서 **13**

# 한국 중세 밀교사

**일러두기**

- 한국 밀교사를 집필하면서 밀교의 영역을 최대한 넓게 설정하였다.
- 새로운 연구보다 기존 연구된 학설을 최대한 반영하는데 중점을 두었다.
- 한국 밀교사 각 장의 내용은 전적으로 집필자의 견해를 반영하였다.
- 참고문헌은 집필자의 의도를 알 수 있도록 각 장 말미에 수록하였다.

한국밀교
문화총서13

# 한국

중세밀교사

김경집 김수연 정성준 남권희 이병욱

대한불교진각종
한국밀교문화총람사업단

# 간 행 사

고대 우리 사회에 전래된 밀교는 민족의 생활 속에 토착화 되어 시대와 환경에 따라 새로운 생명력을 창출하는 힘을 생성시켰다. 그런 힘이 종합되어 한국 밀교는 다음과 같은 특징을 가지게 되었다.

먼저 현교의 근본교학을 계승한 위에서 보다 발전적인 체계를 구성하여 일체 교학사상을 통섭하였다. 밀교를 축으로 하여 화엄, 정토, 지장, 관음, 문수신앙 등 여러 사상이 서로 어우러진 교학과 신행의 체계가 세워진 것이다. 또한 고려시대에는 많은 고승들의 수행과정 속에서도 밀교와 함께 법화, 천태 등의 고도한 관법이 함께 실천되었으며, 고려 말과 조선 초에는 밀교와 정토신앙이 밀도 높게 만나고 있다. 이러한 특징은 한국 밀교가 지닌 역사와 교학의 다양성에서 연유한 것이라 할 수 있다.

밀교는 한국 사회에 인간 중심의 세계관을 확립하는데 기여하였다. 고대는 자연발생적인 종교의 영역 속에서 절대자와 강한 자를 중심으로 하는 세계관이었다. 이런 세계관이 밀교가 수용되면서 이 세상은 연기법에 의해 형성되었고, 인류가 당면한 苦樂은 자신의 행위에 의한 결과라는 가르침은 스스로의 행동에 대한 깊은 통찰을 가져오게 하였다. 그 결과 크게는 삼국 통일을 이루는 원동력이 되었고, 작게는 불교의 수난과 침체를 극복하는 資糧이 되어 민족의 생활 속에 뿌리를 내렸다.

 그런 전통과 문화를 이룩한 밀교사상이 현대 과학과 산업화를 근저로 한 서구의 물질문명의 유입으로 가치관의 변화와 함께 종교적 믿음을 상실해 가고 있다. 물질적 풍요에 대한 기대로 정신적 자세가 급변하면서 씨를 뿌리고 수확을 기다리는 因果의 법칙이 무뎌진 탓에 눈앞에 보이는 이익에 전념하고 있다. 급기야 맹목적인 이익에 사로잡혀 자신의 위상을 찾지 못하고 고귀한 전통마저 계승하지 못하는 현실에 이르게 되었다.

 이런 우리 사회의 통합을 위해서 밀교사상이 가지고 있는 융합의 힘을 발휘할 때이다. 따라서 이런 사회적 상황 속에서 밀교사상의 전통을 연구하고 편찬하는 사업은 단순한 종교 문제에 국한되는 것이 아니다. 우리 사회는 물론 인류가 당면하고 있는 여러 문제들을 근본적으로 해결하고 세계 공영을 도모하는 방법론을 찾는 작업이라는 점에서 그 의의가 크다.

진기 73(2019)년 3월
한국밀교총람사업단 단장 회성 김봉갑

# 머리말

고려시대는 밀교와 매우 긴밀한 관계에 있었다. 분열된 사회의 재통일과 사회 안정 그리고 문화 형성 모두 밀교에 의해 좌우되었기 때문이다. 그런 까닭에 밀교의 이해는 곧 고려불교의 이해이다.

왕실과 국민은 외적의 침략으로 야기된 어려움을 밀교에 의지해서 슬기롭게 극복하였다. 그런 과정에서 밀교사상은 자연스럽게 불교의례에 수용되어 고려불교의 근간이 되었다. 그리고 토속신앙과 밀교의 습합은 법회의 성격을 넘어 상하계층이 모여 즐기고 단합할 수 있는 일체감을 형성시켰다. 행사에 사용되었던 의식과 음악은 밀교문화로 발전되었다. 대중화에 성공한 밀교는 점점 국민적 신앙으로 발전하였다.

고려불교의 신행과 밀교는 점점 긴밀해졌다. 어렵고 힘든 사회적 상황에서 백성들에겐 많은 용기를 주었다. 외우내환을 소멸시키는 호국도량과 소재도량과 같은 법회는 고려시대 내내 중요하게 행해졌다. 그런 내적 성숙은 밀교종파의 설립과 밀교대장경의 출판과 같은 독자적 발전을 이루었다.

밀교종단은 고려 초 현성사를 중심으로 신인종이 설립되었고, 고려 중기에는 총지종이 성립되면서 밀교사상은 더욱 발전하게 되었다. 밀교의 힘으로 이민족의 침입을 막으려 했던 고려는 대장경을 조성하면서 많은 밀교경전을 수록하였다. 그리고 밀교경전으로 구성된 密敎大藏을 조성하여 진호국가의 상징으로 삼았다. 밀교대장은 티베트 불교가 전래되면서 새롭게 다라니를 추가하면서 현세구복의 신앙이 담긴 새로운 밀교대장으로 발전되었다.

밀교는 고려 후기로 갈수록 관계성이 긴밀해졌다. 왕조 후기의 사회적 혼돈을 반영하여 정토왕생과 다라니 신앙이 습합된 사례가 현격하게 증가하였다. 元과의 관계가 긴밀해지면서 불화와 탑파 양식 그리고 사원의 기와문양 등 다양한 곳에서 작용하였다.

이와 같은 흐름을 개관할 때 밀교는 고려시대를 거치면서 사회의 중요한 동력이 되었고, 이 시기는 한국 밀교사상이 형성되는 중요한 시대였다. 따라서 고려시대 밀교를 이해하는 것은 한국 밀교의 핵심을 이해하는 작업이다.

진기73(2019)년 3월
한국밀교총람사업단 한국밀교사편찬팀

# 목차

Ⅲ. 밀교신앙의 형성과 특징 · **정성준** 동국대 불교학술원 연구원

# 목차

# 목차

# Ⅰ. 고려 초 불교계의 동향과 밀교

1. 고려의 건국과 밀교사상의 전개
2. 고려 초 밀교 종파의 성립

# 1. 고려의 건국과 밀교사상의 전개

## 1) 고려의 건국과 불교정책

고려를 건국한 태조 왕건의 불교신앙은 매우 깊었고, 불교사상을 바탕으
로 국가를 이끌어갔기 때문에 고려의 불교정책은 곧 국가정책의 근간이
되었다. 이런 사상적 이념은 역대 군주들이 계승하였기 때문에 고려의 이
해는 역대 군주의 불교신앙과 정책의 이해와도 같다.

918년 신하들에 의해 왕으로 추대된 후 태조 왕건은 여름에는 더위
를 두려워하지 않고 겨울에는 추위를 피하지 않으면서 자신을 몸과 마음
을 다한 지 19년 만에 삼한을 통일하였다.[1]

고려를 건국한 왕건의 가문은 처음부터 왕위를 이룰 정도는 아니었
다. 그러나 선대부터 해상무역에 종사하면서 부를 축적하였고, 이를 바탕
으로 가세를 확장하였다. 그런 가운데 조부 작제건(作帝建)부터 대당무역
에 전념하면서 가세가 크게 번성하였다. 그 결과 왕건의 집안은 개주(開
州), 정주(貞州), 염주(鹽州), 백주(白州), 강화(江華), 교동(喬桐), 하음(河
陰) 등 일곱 고을 백성을 동원할 정도의 호족으로 성장하였다. 그런 힘을
물려받은 왕융과 왕건은 궁예와 손을 잡고 그의 무장이 되었다.[2]

많은 전쟁에 참여한 왕건은 어려운 난관을 겪을 때마다 불교의 힘으
로 이겨내며 자신을 독려하였다. 그리고 군주의 자리에 오른 후에는 그런
신앙적 힘이 후세에 전해져 고려의 발전이 지속되기를 염원하였다.

---

1) 『고려사절요』 권1, 태조 원년 4월 조.
2) 박한설, 「고려의 건국과 도선국사」, 『선각국사 도선의 신연구』(영암군: 1988), p. 23.

왕건과 불교와의 인연은 깊었다. 그의 탄생을 당대 고승인 도선국사(道詵國師)가 예언한 것을 보면 불교 숭상이 남달랐음을 알 수 있다. 왕건과 도선국사의 만남은 다소 설화적인 면도 있지만 그가 주장한 비보사탑설(裨補寺塔說)은 많은 영향을 주었다.[3]

도선은 혜철의 동리산문을 계승한 선승이었지만 술법에 뜻을 두어 옥룡사(玉龍寺)에 주석하기 전 구례현의 경계인 남쪽 바닷가에서 이인(異人)을 만나 풍수지리설을 전수받았다.[4]

이런 풍수지리설은 선승들을 통해 전국 각처의 지방호족에게 전파되었다. 이를 수용한 호족세력은 경주를 중심으로 한 신라의 진골세력이 가지고 있던 지역적인 폐쇄성을 공격하는 데 활용하였다. 그리고 자신들이 점령하고 있는 근거지를 새로운 길지로 인식하게 함으로써 세력 형성의 정당화에 대한 사상적 배경으로 삼을 수 있었다.[5]

도선은 여기서 만족하지 않고 음양오행의 술법을 더욱 연구하여 깊은 비결을 모두 가슴 속에 새겼고[6], 밀교의 택지법을 더해 비보사탑설로 발전시켰다.

비보사탑설은 음양오행이나 도참설과는 다른 내용이었다. 이것은 우리나라 지형에서 악하고 흉한 지역을 사원과 탑을 세워 지세를 눌러 국가의 안녕을 도모한다는 사상이었다. 고려시대 사원과 탑 모두 이 이론을 바탕으로 설립된 것은 아니지만 사원 창건과 탑의 조성에 크게 영향을 주

---

3)  서윤길, 「도선 비보사상의 연원」, 『불교학보』 제13집(서울: 동국대 불교문화연구소, 1976), p. 186.

4)  최병헌, 「도선의 생애와 나말선초의 풍수지리설」, 『한국사연구』 11(서울: 국사편찬위원회, 1975), pp. 14-15.

5)  최병헌, 앞의 논문, p. 42.

6)  최병헌, 위의 논문, p. 18.

었다.[7]

　가족들의 불교신앙 역시 매우 깊었다. 조부 작제건이 말년에 속리산 장갑사(長岬寺)에 들어가 경전을 읽으며 지냈으며, 아버지 왕릉은 오관산에 용엄사(龍嚴寺)를 지어 당시 고승인 요오선사(了悟禪師)가 거주하도록 하였다. 이런 분위기에서 성장한 왕건은 자신이 보위에 오르는 꿈을 꾸는데 바다 가운데에 서있는 9층 금탑 위에 올랐다는 것을 볼 때 불교와의 인연이 깊었음을 알 수 있다.

　이런 인연 속에서 성장한 왕건은 삼한을 통일한 후 자신과 같이 부덕한 사람이 대업을 이루고 이를 지켜가는 데에 불교에 의지하지 않고 나라의 안정을 이룩할 수 없다고 고백할 정도였다.[8]

　자신의 부족함을 신앙으로 이겨낸 왕건은 918년 왕위에 오른 후에도 불교에 의지해서 나라의 안녕을 도모하였다. 먼저 즉위 원년 11월 팔관회를 베풀고 이를 연례행사로 삼았을 정도로 소중히 하였다. 그리고 죽음에 임박하여 유훈을 남길 때도 연등회와 함께 대대로 보존할 것을 당부할 정도였다.

　사찰 창건은 즉위 2년 개경에 법왕사와 왕륜사 등 10개 사찰을 창건한 이후 수많은 사원을 건립하였다. 또한 신라가 9층탑을 조성하여 삼국통일의 대업을 이룬 것처럼 후삼국 통일의 서원을 담아 개경에 7층탑과 서경에 9층탑을 세웠다.

　이런 불사 외에도 자신의 집을 광명사(廣明寺)로 만들고 유가법사 담제(曇諦)를 머물도록 하였으며, 오백의 수선 도량을 세워 심법을 천양

---

7)　서윤길, 앞의 논문, p. 176.
8)　『고려사절요』 권1, 태조 원년 11월 조.

하고 납자들이 머물 수 있도록 하였다. 이런 불사를 지속하여 태조 말에 이르면 모든 지역에 명하여 총림과 선원을 세우게 하였고 그 안에 불상과 탑을 조성하도록 하였다. 그렇게 해서 왕건 재위 기간에 세워진 불상과 탑이 모두 삼천오 여 곳에 이르렀다.[9]

왕건은 죽음에 임박해서 후손들에게 경계의 글인 훈요십조(訓要十條)를 남겼다. 10개조 가운데 불교와 관련된 조항은 제1조, 제2조, 그리고 제6조 3개항에 이른다.

> 제1조, 국가의 대업이 모든 부처님의 가피에 의해 이룩되었다. 그 정신을 기려 선교의 사원을 창립하고 주지를 파견하여 부처님을 섬기라. 후세에 간신이 정권을 잡아 승려들의 청을 따르게 되면 각 업의 사사(寺社)가 서로 다투어 바꾸고 빼앗을 것이니 반드시 이를 금지하라.
> 제2조, 모든 사원은 도선이 산수의 순역을 보고 개창한 것이다. 도선은 자신이 지정한 곳 외에 함부로 절을 세우면 지덕이 손상되어 왕업이 길지 못할 것이라 하였다. 짐은 후세의 국왕, 공후, 후비, 조신들이 각각 원당이라 칭하고 더 창건한다면 크게 우환이 될 것이라 생각한다. 신라 말에 사탑(寺塔)을 다투어 짓더니 지덕을 손상케 하여 망하였으므로 이를 경계하는 것이다.
> 제6조, 짐이 지극히 원하는 것은 연등(燃燈)과 팔관(八關)에 있다. 연등은 부처님을 섬기는 것이고 팔관은 천령과 오악명산 및 대천의 용신을 섬기는 것이다. 후세에 간신이 가감을 건백하는 자가 있거든 그것을 금지하라. 처음부터 마음에 맹서하여 회가 열리는 날에는 나라에서 금기하는 것을 범하지 않고 군신이 동락하였으니 이에 의해 행하라.[10]

---

9) 김영태, 「고려 역대왕의 신불과 국난타개의 불사」, 『불교학보』 제14집(서울: 동국대 불교문화연구소, 1977), pp. 62-63.
10) 『고려사』 세가, 태조 26년 4월 조.

이런 훈요십조에 대해 태조의 친작과 위작 등 여러 이견이 존재한다.[11] 그러나 현재 훈요십조는 정사에 전해지고 있으며, 그 내용은 태조의 불교사상을 엿볼 수 있는 중요한 것임을 부정할 수 없다. 태조는 이런 유훈을 통해 자신의 대업이 모두 부처님의 가피에 의한 것임을 전하고 있다.[12]

자신의 부족함을 신앙에 의존한 왕건은 국가를 통치하는 데에 백성을 편안케 하고 사회에서 일어나는 재난을 물리치는 일을 무엇보다 중요시하였다. 그가 보여준 많은 불사가 국가와 백성을 위한 불사였지만 그런 불사 가운데에서도 기복양재적 성격이 강한 밀교신앙은 왕건의 관심을 끌었고 실제 통치 기간에 많이 실행하였다.

## 2) 고려 초 밀교사원과 팔관회

### (1) 밀교사찰의 창건

즉위 2년 3월에 수도를 철원에서 송악으로 옮기면서 법왕사를 비롯하여 자운사, 왕륜사, 내제석원, 사나사, 보제사, 신흥사, 문수사, 원통사, 그리고 지장사 등 모두 10개의 사찰을 창건하였다.[13]

10개 사찰의 구성을 보면 부처님과 보살들의 세계를 나타내는 사찰

---

11) 일본 학자들 가운데 忽滑谷快天은 후인의 위작인 것 같으나 비슷하게 태조의 정신을 표현하였다고 하였고, 今西龍은 후세의 위작이며 현종 무렵 崔沆의 손에 이루어진 것이며 사관의 잘못으로 채록된 것으로 판단하였다. 이에 李丙燾는 今西龍의 주장을 조목조목 검토하고 부당성을 지적하면서 훈요는 후인의 조작이 아닌 것으로 판단하였다. 김영태, 앞의 논문, pp. 64-65.

12) 김영태, 위의 논문, pp. 61-62.

13) 『고려사』세가, 태조 2년 3월 조.

과 그런 불국토를 지키는 호법 신중들의 사찰을 세운 것을 알 수 있다. 그
것은 고려라는 나라가 부처님의 세계임을 나타내어 국가의 안녕을 도모
하였기 때문이다. 또한 10이라는 숫자는 만수(滿數)로 다함이 없는 뜻을
나타낸다. 왕건은 자신이 세운 고려가 세상이 거듭되도록 다함이 없는 중
중무진의 국가가 되기를 염원하였다. 그런 영원함에 불보살의 가피가 함
께 하기를 바랐던 것이다.

　　10개의 사찰 가운데 밀교적 성격을 갖고 있는 것은 법왕사와 내제석
원이다. 법왕사의 경우 주불이 비로자나이어서 화엄의 본존으로 이해할
수 있다. 그러나 신라시대부터 밀교사상과 화엄사상은 서로 융합하여 국
민들의 정신세계를 이끌었다. 그 후 한국 사회에서 조성된 비로자나불상
은 대부분 밀교신앙에 의거하고 있는 것으로 볼 때 태조의 법왕사 창건에
는 밀교신앙이 깃들어 있음을 알 수 있다.

　　태조는 즉위 2년 내제석원 창건에 이어 7년 9월에 외제석원을 세웠
다.[14] 제석은 욕계 6천 가운데 제2천주로 도리천의 32천왕과 4천왕 그리
고 8부 신중을 권속으로 두고 있다. 그들은 인간계의 착한 사람 입장에서
전쟁과 질병, 재난과 굶주림에서 보호하고 구제하는 역할을 한다.

　　내제석원은 제석에 대한 신앙처이며, 외제석원은 제석의 권속에 대
한 신앙을 나타낸다. 이런 두 가지 신앙은 밀교사상을 근간으로 하여 개
인과 국가에 일어나는 모든 어려움을 퇴치하는 것이 주목적이었다. 삼국
의 대립과 통일 초기 국가의 안녕과 백성의 편안함을 위해 널리 활용되어
야 하는 매우 중요한 신앙이었던 것이다.[15]

---

14)　『고려사』 세가, 태조 7년 9월 조.
15)　서윤길, 『한국 밀교사상사』(서울: 운주사, 2006), pp. 353-355.

명칭을 내제석원과 외제석원이라 한 것은 단순히 성 안과 성 밖의 위치를 상징하는 것이 아니었다. 그것은 제석신앙이 갖는 현밀(顯密)의 복합적인 체계성에서 연유한 것이다.

불교 이전 인도 재래의 제천사상을 불교적으로 재해석하고 수용하면서 내법과 외법, 내지와 외지, 그리고 내덕과 외덕으로 이해하였다. 내법은 정신세계인 심법으로서 반야실상과 자각을 의미하며, 외법과 외덕은 물질세계인 색법으로서 수연방편(隨緣方便)과 각타(覺他)를 의미하였다. 내제석원과 외제석원도 이런 논리에 따라 순수한 본지(本地)인 제석에 대한 신앙과 제석의 수적(垂迹)인 사천왕 등의 방계신중을 신앙하는 이치를 고려의 현실을 감안한 신앙체계로 전환한 것이다. 고려시대 실시한 19회의 제석도량이 모두 내제석원이 위치한 내전에서 행해지고, 외제석원에서는 주로 사천왕도량을 비롯한 제석천의 권속신중에 대한 의례가 행해진 것이 이를 의미한다.[16]

태조 왕건은 5년 일월사를 창건하였다. 일월은 태양과 달을 가리키지만 『약사경』과 『관정경』 상의 교설을 보면 일광보살과 월광보살을 상징하기도 한다. 두 보살은 약사유리광여래(藥師琉璃光如來)를 협시하는 보처보살로 동방 정유리세계의 무량무수한 모든 보살 가운데 가장 뛰어난 보살이다.[17]

일월사를 세워 약사여래를 주불로 모시고 일광보살과 월광보살을 모신 것은 오랜 전쟁에서 힘든 시기를 보낸 백성들을 위한 배려가 담겨있다. 정신적 육체적 상처를 치유하기 위해서 약사여래의 가피가 필요하였

16) 서윤길, 앞의 책, pp. 365-370.
17) 서윤길, 『고려밀교사상사연구』(서울: 불광출판사, 1999), p. 23.

다. 고대 밀교의 개척자인 밀본(密本)이 승상 김양도를 치료한 것도 신라 시대부터 치병주술로 많이 활용된 약사여래신앙이었다. 남조 송나라 때 번역된 『약사여래본원공덕경(藥師如來本願功德經)』은 수나라와 당나라를 거치면서 점차 밀교적인 내용을 포함하였다. 그리고 707년 당나라 의정(義淨)이 행한 네 번째 번역에는 밀교 내용이 대폭 증가하여 약사여래를 포함하여 동방 칠불의 세계, 부처님의 이름, 본원과 주문 등이 포함되었다.

이 경전은 『관정경(灌頂經)』에 『불설관정발제과죄생사득도경(佛說灌頂拔除過罪生死得度經)』이란 이름으로 전해지면서 문두루법의 기본 경전으로 활용되었다. 그를 계기로 한국 고대사회에서 밀교사상의 근간을 이루는 경전으로 인식되었다. 그래서 악신, 마귀, 독룡 등의 괴로움과 함께 적을 무찌르는 무수한 천왕, 신왕, 용왕 등의 명호를 부르거나 써 붙이면 일체의 악신이 범하지 못한다고 믿었다.

그 외에도 『약사경』은 점복, 추선, 예경 등을 강조하였고, 나라에 질병이 창궐하는 것은 죽은 짐승이 귀신으로 태어나 앙갚음하는 것이므로 금계를 수지하고 십선을 행하면 부를 이루고 수명이 연장될 뿐만 아니라 많은 어려움에서 해탈할 수 있다고 하였다.[18]

이런 약사신앙의 근간은 건국 초기 국가적 어려움을 해결해야 하는 태조 왕건의 입장에서 볼 때 적극적으로 수용하고 정립할 수밖에 없는 밀교신앙이었다.

---

18) 고익진, 「신라밀교의 사상내용과 전개양상」, 『한국 밀교사상 연구』(서울: 동국대 불교문화연구원, 1986), pp. 141-145.

## (2) 팔관회 실시와 그 추이

태조 왕건이 즉위 후 제일 먼저 실행한 밀교신앙은 팔관회였다. 즉위 원
년(918) 11월 팔관회를 베풀고 연례행사로 삼았다.[19]

팔관회는 본래 일일일야(一日一夜)에 8계를 수하는 불교의식이었
다. 중국 남북조 이전부터 팔관회가 베풀어져 당대에 이르면 그 규모가
커져 성대하게 베풀어졌다. 이런 팔관회 성격은 후대에 가면서 본래 의의
에서 멀어지고 기도와 공양을 위한 의식으로 변화하였다.[20]

우리나라의 경우 팔관회는 계율을 닦는 의식보다 진호국가의 성격
이 강하였다. 제일 먼저 설행된 팔관회는 진흥왕 때였다. 진흥왕은 즉위
33년 10월 20일 전몰장병을 위해 7일간 외사에서 7일간 베풀었다.[21] 그
후 선덕여왕 때 자장법사가 중국에서 귀국한 후 황룡사에 9층탑을 건립
한 후 팔관회를 베풀었다.[22]

이런 성격으로 볼 때 신라시대 팔관회는 전몰장병을 위한 위령제와
외적의 침입으로부터 국가를 진호하려는 의도로 설행된 것을 알 수 있다.
이 시기 신라는 고구려 백제와 대치하고 있던 비상시국이었다. 그런 배경
에서 설행된 팔관회는 8계를 닦는 불교의식보다는 군사적 의의와 호국적
목적이 있는 신앙으로 바뀔 수밖에 없었던 것이다.[23]

고려의 팔관회는 신라의 전통을 계승하였다. 태조 원년 11월 유사

---

19) 『고려사』 세가, 태조 원년 11월 조.
20) 안계현, 「팔관회고」『동국사학』 제4집(서울: 동국대학교 사학회, 1956), p. 31.
21) 『삼국사기』 권44 열전, 거칠부 조. 진흥왕 때 팔관회는 고구려 승 혜량이 신라로 오면서 행해진
    것이므로 진흥왕 12년을 설행 시기로 보아야 한다. 안계현, 앞의 논문, p. 33.
22) 『삼국유사』 권3 탑상, 황룡사구층탑 조.
23) 안계현, 앞의 논문, p. 33.

(有司)가 전 왕조에서 매년 한겨울에 팔관회를 크게 베풀고 복을 빌었으니 그 제도를 따르자고 하니 왕이 허락하면서 시작되었다.

고려시대 팔관회는 대전 안과 사찰에서 행해졌는데 사찰은 모두 법왕사에서 설행되었다. 이것은 팔관회가 법왕사와 밀접한 관련이 있음을 의미한다.[24] 법왕사는 비로자나불을 주불로 모신 사찰이다. 이곳에서 팔관회를 설행한 것은 밀교적 가치를 신봉한 왕건의 돈독한 신앙심 때문이다. 즉위하자마자 개최한 것도 개국 초의 어려움을 극복하는 데에 팔관회의 가치가 절실하였음을 시사한다.[25]

설행된 모습을 보면 구정(毬庭)에 둥근 등을 하나 설치하고 그 사방에 향등을 두었다. 높이 5장의 비단누각을 세웠다. 용과 봉황과 코끼리 그리고 말로써 장식한 마차와 배를 만들어 행렬하였다. 수많은 사람이 그 앞에서 노래하고 춤을 추었다. 이 행사를 보기 위해 많은 사람들이 개경으로 모여들었다. 왕은 누각에 올라 이를 지켜보았다. 그리고 매년 상례로 삼았다고 전한다.[26]

이런 기록으로 볼 때 여러 가지 동물과 모양을 본뜬 가장행렬이 이어지고 하늘의 신령과 용신 등 토속신앙이 습합하여 재난을 멈추게 하는 식재(息災)의 법회로 설행되었음을 알 수 있다. 일반 신도들이 하루만이라도 여덟 가지 계율을 지킨다는, 팔관회가 원래 가지고 있던 불사의 의미가 달라진 것이다. 그리고 천령과 오악명산 및 대천의 용신을 섬기는 것이 포함되면서 다양해질 수밖에 없었다.[27]

---

24) 안계현, 위의 논문, p. 41.
25) 서윤길, 『한국 밀교사상사』(서울 : 운주사, 2006), p. 353.
26) 『고려사』 예지 11, 가례잡의.
27) 『고려사』 세가, 태조 26년 4월 조.

불사 중간에 용신과 산신 그리고 오방신 등에게 대왕과 장군의 벼슬을 내리기도 하였다. 임금의 만수무강과 나라의 무궁한 복을 비는 불사의 성격을 띠게 되었다. 왕실의 행사이면서도 모든 의식이 개방되었다.

시간이 지나면서 개경만이 아니라 서경에서도 팔관회가 개최되었다. 서경 팔관회는 지리적 중요성이 강조된 지덕사상이 포함된 불사였다. 북방을 방비하기 위한 역할이 중요시되어 왕이 친히 행하기도 하고 그렇지 않은 경우 재상이 파견되어 주관할 정도로 관심을 두었다.[28]

개경과 서경 두 곳에서 실시된 까닭에 많은 물자가 소요되었고 이로 인한 민심의 이반으로 중지된 적도 있지만 그 중요성 때문에 오래지 않아 다시 실행되었다.

---

28)  안계현, 앞의 논문, pp. 48-49.

## 2. 고려 초 밀교 종파의 성립

### 1) 현성사와 신인종 창종

고려 초 밀교사에서 주목할 점은 종파의 설립이다. 태조 왕건은 즉위 19년(936) 현성사(現聖寺)를 창건하였다. 이때 함께 창건된 사찰은 광흥사, 미륵사, 내천왕사, 그리고 개태사였다.[29]

태조 왕건이 현성사를 세운 것은 광학(廣學)과 대연(大緣)의 공로를 치하하기 위함이었다. 삼국시대 외적의 침입을 물리친 명랑의 신인 비법을 계승한 이들은 전쟁 중 태조 왕건을 따라다니며 분향하고 수도하였다. 태조는 두 대덕의 도움이 삼한 통일의 대업을 이루는 데 크게 도움이 되었다고 생각하였다. 그래서 신라가 명랑의 신인 비법으로 당나라를 물리치고 사천왕사를 세운 것처럼 그들의 노력에 보답하는 차원에서 현성사를 창건한 후 종지의 근본으로 삼았다.[30]

현성사는 개경 동북쪽 탄현문(炭峴門) 안쪽에 세워졌다.[31] 신라가 삼한을 통일한 후 전쟁에 지친 군사들의 사기를 앙양시킨 것처럼, 고려가 통일한 이후 삼한의 모든 대중들에게 심리적 안정감을 주기 위해 신인 비법을 중심으로 하는 밀교의 정립을 주도한 것이다.[32]

이런 상황으로 볼 때 현성사의 창건은 한국 밀교에서 중요한 전환점

---

29) 『고려사』, 세가, 태조 19년.

30) 『삼국유사』 권5 신주, 명랑신인.

31) 한기문, 「고려시대 개경 현성사의 창건과 신인종」, 『역사교육논집』 제26집(서울: 역사교육학회, 2001), p. 477.

32) 앞의 논문, p. 481.

이라 할 수 있다. 명랑의 신인 비법이 신라를 거쳐 고려시대에 이르기까지 지속적으로 이어지면서 마침내 종파로 설립되었음을 의미하기 때문이다.[33]

그런 의미를 갖고 있기 때문에 고려의 많은 왕들은 현성사를 중요시하여 이곳에 행행(行幸)하고 국가의 안녕과 발전을 기원하였다. 인종 8년 4월 이곳에서 재를 설행하여 국가의 재난을 타개하고자 한 것을 비롯하여 군주들의 행행은 명종, 고종, 원종, 충렬왕, 충숙왕, 공민왕 때까지 지속된 것으로 『고려사』에 전한다.

고종은 모두 39번 행행하였다. 이때 고려는 몽고의 침입으로 국가적 위기에 처해 있었기 때문에 더욱 절실하였을 것이다. 현성사 행행은 강화로 천도한 후에도 지속되었다. 그것은 국가와 왕실의 안녕을 위한 것이었으며, 이때 문두루도량이 개설되었음을 의미한다. 환도 후인 원종 때는 10차례 행행하였다. 전쟁으로 훼손된 현성사가 복구되자 오교양종의 승도를 모아 도량을 개설하였다.

충렬왕 대에는 14차례 행행하였다. 이때는 원의 지배를 받을 때였고, 고려의 국왕이 원나라 공주와 혼인을 해야 했기 때문에 반원적인 도량이 개설될 수 없었다. 오히려 원나라 황제의 복을 비는 불사와 공주의 복을 빌기 위해 100석의 미곡을 하사하였다. 그리고 공주의 임종을 이곳에서 한 것을 보면 현성사의 성격이 변화한 것을 알 수 있다. 이것은 원나라 지배 하에서 불가피한 현실이었으며, 고려가 원나라에 대한 반감을 숨길 필요가 있었기 때문이었다. 그 후 국왕의 현성사 행행은 충숙왕과 공

---

33)  김영태, 「오교구산에 대하여」, 『불교학보』 제16집(서울: 동국대 불교문화연구소, 1979), p. 73.

민왕 대에도 지속되어 그 중요성이 계속되었음을 알 수 있다.[34]

현성사는 신인종의 근본사찰이며 신인종의 중심이 문두루도량임을 생각할 때 이곳에서의 불사 역시 문두루도량이 중심이었을 것이다. 광연과 대연은 신주를 외우고 비밀법을 지어 외적을 물리쳤다는 기록이 그것을 의미하기 때문이다.[35]

문두루도량은 고려조를 통해 여러 곳에서 지속적으로 실행되었다. 문종 28년 7월 동경 사천왕사에서 번병(蕃兵)을 물리치기 위해 27일 동안 문두루도량을 개설하였다.[36] 이후 숙종 6년 4월,[37] 예종 3년 7월 진혁사에서 도량을 개설하였으며, 4년 4월에는 흥복, 영명, 장경, 금강 등의 여러 사찰에서 도량을 개설하였다.[38] 그리고 고종 때에는 4년 4월과 12월에 현성사에서 문두루도량을 개설하였다.[39]

진호국가 불사의 성격에서 비롯된 문두루도량임을 볼 때 고려 왕조가 중요하게 여길 수밖에 없었다. 앞서 살펴본 여러 기록으로 볼 때 고려시대 초기 성립된 신인종의 근본도량인 현성사에 국왕이 행행하고 문두루비법을 실행한 것은 국가적 어려움을 타개하기 위한 방안이었고, 그런 문두루비법이 다른 곳에서 행해졌다는 것은 국가적 차원에서 중요하게 여긴 밀교신앙임을 알 수 있다. 따라서 이런 밀교신앙은 고려조를 통해 지속적으로 설행되었고 불교신앙에 많은 영향을 끼칠 수밖에 없었다.[40]

---

34) 한기문, 앞의 논문, pp. 485-486.

35) 한기문, 위의 논문, p. 492.

36) 『고려사』, 세가, 문종 28년 7월 조.

37) 『고려사』, 세가, 숙종 6년 4월 조.

38) 『고려사』, 세가, 예종 3년 7월 조. ; 4년 4월 조.

39) 『고려사』, 세가, 고종 4년 4월 조. ; 12월 조.

40) 서윤길, 『고려밀교사상사연구』(서울 : 불광출판사, 1999), pp. 150-151.

## 2) 총지종의 성립과 활동

총지종 관련 자료는 신라시대로 소급한다. 이를 전하는 내용을 보면 혜통
(惠通)은 무외삼장(無畏三藏)의 골자(骨子)를 전하고 속세를 두루 다니
면서 사람을 구제하고 만물을 감화시켰다. 겸하여 숙명을 깨닫고 절을 세
워 원망을 풀어주었다. 밀교의 교풍이 이에 크게 떨쳤으니 천마산 총지암
(摠持嵒)과 모악(母岳)의 주석원(呪錫院) 등은 모두 그 지류라고 전하고
있다.[41]

　　주석원은 현재 전하는 기록이 없어 장소를 알 수 없지만 천마의 총
지암은 천마산의 총지사를 가리킨다. 총지사는 개경 탄현문 밖 10리에 있
던 사찰로 고려시대 총지종의 종찰이었다.

　　이런 기록을 토대로 볼 때 총지종이 신라시대 성립되었다고 보기 어
렵다. 종파의 개창 시기가 언제인지 정확히 알 수 없으나 신인종과 같이
고려시대 성립된 것으로 보인다.

　　명랑의 법을 계승하여 신인종이 성립한 것처럼 총지종은 혜통의 법
을 계승하여 성립하였다. 혜통의 밀교사상은 신라시대 화엄과 대승보살
계 등 여러 사상 계통과 폭넓게 교섭하였다. 최치원의 「선안주원벽기(善
安住院壁記)」에 당시 불교계를 소개하면서 유가, 화엄, 율 등과 함께 총
지를 소개하는 것으로 보아 상당한 교세를 이루고 있음을 알 수 있다. 이
런 교세의 영향으로 총지종 역시 고려 의종이나 고종 사이에 총지종 종파
의 이름이 보이고 있지만 여러 정황을 고려할 때 고려 초 하나의 종파로

---

41) 『삼국유사』 권5, 신주, 혜통항룡.

성립되었을 것으로 생각된다.[42]

실제 목종 10년(1007)에 총지사 주지인 광제대사(廣濟大師) 홍철(弘哲)이 『보협인다라니경(寶篋印陀羅尼經)』을 간행한 것으로 볼 때 총지종 설립은 목종 연간으로 볼 수 있으며, 『보협인다라니경』에 의거한 밀교신앙을 이끌었을 것으로 짐작된다.[43] 이 경전은 대력 7년(772)에 불공(不空)이 번역한 것으로, 이 다라니를 탑에 봉안하고 공양하면 일체 여래가 보호한다는 공덕을 설하고 있다.[44] 이런 정황으로 볼 때 총지사는 다라니 염송을 기본으로 하는 밀교의례가 중심이었을 것으로 짐작된다.

이런 총지종의 처음 종명은 지념업(持念業)으로 보는 견해가 있다. 총지는 진언과 같은 말로서 범어 '다라니'의 의역이다. 따라서 지념업은 총지인 다라니를 염송하는 업이라는 뜻이다. 이런 지념업은 고려 말 최자(崔滋)가 쓴 「지념업선사조유대선사교서(持念業禪師祖猷大禪師教書)」에 처음 보이는 것으로 볼 때 12-13세기 이전 성립된 것을 알 수 있다.[45]

그런 지념업은 고려 말까지 큰 변화없이 지속된 것으로 보이고, 조선 건국 후 종파 축소 때 총지종이 보이는 것으로 볼 때 그렇게 종명을 바꾼 것으로 생각된다.[46]

고려시대 총지종 역시 신라시대 혜통이 치병활동을 한 것처럼 치병활동을 주로 하였다. 대각국사(大覺國師) 의천은 병에 걸리자 총지사로

---

42) 고익진, 앞의 논문, pp. 212-214.

43) 김수연, 「고려시대 밀교사 연구」(박사학위 논문, 이화여대 대학원, 2011), p. 40.

44) 천혜봉, 『한국전적인쇄사』(서울: 범우사, 1990), p. 42.

45) 서윤길, 「고려 유가·율·신인 등 제종의 성격과 그 전개」, 『한국사론』 20(서울: 국사편찬위원회, 1990), pp. 128-130.

46) 서윤길, 위의 논문, p. 132.

들어갔다가 그곳에서 입적하였다.[47] 병에 걸린 의천이 총지종 소속의 총지사를 찾았던 이유는 왕실의 치료활동을 일정 부분 담당하였기 때문이다. 의종 대에는 총지사 주지 회정(懷正)이 주금(呪噤)의 능력을 인정받아 총애를 받았다고 전해지는 것도 총지종의 치병활동을 보여주는 사례이다.[48] 주금사는 고려시대 왕실 의료기관인 태의감(太醫監)에 주금박사, 주금공 등과 함께 소속되어 응급처치와 관련된 일을 담당하였다.[49]

총지종의 치병 활동은 고려 후기인 고종 대에도 보이고 있다. 당시 활동한 지념업 선사 조유(祖猷)를 대선사로 임명하는 교서 및 관고를 보면 총지의 법력으로써 사나운 여귀를 몰아내 사람들을 구한 사실이 전한다.[50] 여귀는 전염병을 이른다.

최이가 정권을 잡은 전후 기간 동안에 고려에는 여러 차례 전염병이 돌았다.[51] 이 때 조유가 주술로써 전염병에 걸린 사람을 구활한 것이다. 그는 고종 13년(1226)에 최이의 병을 고친 것을 계기로 대선사로 임명되었다. 진양공이 수십 일 동안 병을 앓고 있을 때 천리 밖 낙가산에서 와 용주(龍呪)를 외웠다. 금강저 소리가 드날리자 술잔 가운데에 비친 뱀이 곧 각궁(角弓)의 그림자인 것을 깨달았다. 이에 상쾌하고 화평한 기운이 빨리 돌아와 우뚝하게 태산이 다시 편안한 것 같았다.[52] 당시 그는 발에 부스럼을 나면서 붓는 병을 앓던 최이의 병을 용주를 외워 치유한 것이다. 이 용

---

47) 『고려사』, 열전, 종실1, 대각국사 후.

48) 『고려사』, 세가, 의종 11년 8월.

49) 허흥식, 『고려의 과거제도』(서울: 일조각, 2005), pp. 154-155.

50) 최자, 「지념업선사조유위대선사교서」, 『동문선』 권27, 제고(制誥).

51) 이현숙, 「전염병, 치료, 권력」, 『전염병의 문화사』(서울: 혜안, 2010), pp. 40-59.

52) 최자, 「지념업선사조유위대선사교서」, 『동문선』 권27, 제고(制誥).

주는 『천수경』의 소룡다라니(召龍陀羅尼)였을 것으로 추정된다.[53]

고려 말 이색도 총지종 승려에게 치료를 받았다. 이색이 병이 나자 이종형인 덕원군 김창(金敞)이 총지종 승려와 함께 병문안을 왔다. 총지종이 치병활동을 전개한 전통으로 볼 때 이색의 병을 치료하기 위한 내방임을 짐작할 수 있다.[54] 총지종은 치료활동이 중심이었지만 재난을 없애고 복을 구하는 활동 역시 중요한 역할이었기 때문에 이를 위한 의례를 총지사에서 개설하기도 하였다. 명종 16년(1186)에 총지사에서 불정소재도량(佛頂消災道場)을 개설한 것이 그런 사례이다.[55]

53) 김영미, 「고려시대 불교와 전염병 치유문화」, 앞의 책 『전염병의 문화사』, pp. 171-172.
54) 이색, 「이형금창덕원군휴족손총지승녹이주식래향」, 『목은시고』 권35, 장단음(長湍吟).
55) 김수연, 앞의 논문, p. 59.

# Ⅱ. 밀교의례의 개설과 그 역할

김수연 국사편찬위원회 편사연구사

불교는 고려의 정신적 이념으로서, 정치와 일상생활, 사상과 문화 등 모든 영역에 영향을 미친 '주도종교(主導宗敎)'였다.[1] 그에 상응하여 고려시대에는 수많은 국가적 불교의례를 개설하였다. 고려시대에 개설된 불교의례는 총 83종이며 시행된 총 회수는 1,038회에 이른다. 이것은 『고려사(高麗史)』에 나타난 기록만을 계산한 것이기 때문에 실제 시행 회수는 그 것을 훨씬 상회할 것이다.[2] 이는 고려사회에서 불교의례가 얼마나 중요한 위치를 차지하고 있었는지를 보여준다.

본장에서는 고려시대 불교의례 가운데 밀교의례를 검토해 보고자 한다. 이를 위해서는 밀교의례의 범위 규정이 필요하다. 본고에서는 의례 절차에서 진언을 염송하였는가를 기준으로 밀교의례를 판단하며, 진언의 염송은 소의경전에 작법(作法)을 위한 다라니가 수록되어 있는가의 여부를 기준으로 삼겠다.

이러한 기준에 따르면 고려시대의 밀교의례는 모두 17종으로,[3] ① 소재도량(消災道場), ② 불정도량(佛頂道場), ③ 공덕천도량(功德天道場), ④ 마리지천도량(摩利支天道場), ⑤ 문두루도량(文豆婁道場), ⑥ 무능승도량(無能勝道場), ⑦ 기양의례로서의 관정도량(灌頂道場), ⑧ 즉위

---

1) 윤이흠, 「고려 종교사상의 특성과 흐름」, 『고려시대의 종교문화 : 그 역사적 상황과 복합성』(서울: 서울대학교출판부, 2002), pp. 23-24.

2) 서윤길, 「고려의 호국법회와 도량」, 『한국 밀교사상사』(서울: 운주사, 2006), pp. 508-509.

3) 기존 불교의례 연구에서는 불교의례와 관련된 존격이나 경전에서 밀교적 성격이 보이는 경우, 이를 밀교의례로 분류하였다. 그런데 '밀교적'이라는 개념의 모호성 때문에 밀교의례의 범위가 연구자별로 다양하였고, 범종파적(凡宗派的) 성격의 존격을 주존으로 하는 의례까지 밀교의례로 포함시키는 문제가 발생하였다. 본고에서는 기존 연구에서 밀교의례로 보기도 하였던 인왕도량(仁王道場), 사천왕도량(四天王道場), 천제석도량(天帝釋道場), 금광명경도량(金光明經道場), 용신도량(龍神道場) 등을 연구 대상에서 제외시켰다. 이들 불교의례와 관련된 존격이나 경전에서 밀교적 성격이 어느 정도 보이기도 하지만, 밀교만이 이 신앙들을 전유한 것이 아니기 때문이다.

의례로서의 관정도량, ⑨ 능엄도량(楞嚴道場) 혹은 대불정독경(大佛頂讀經), ⑩ 보성도량(寶星道場), ⑪ 공작명왕도량(孔雀明王道場), ⑫ 아타바구신도량(阿吒波拘神道場), ⑬ 불정심도량(佛頂心道場), ⑭ 염만덕가위노왕신주도량(閻滿德加威怒王神呪道場), ⑮ 대불정오성도량(大佛頂五星道場), ⑯ 대일왕도량(大日王道場), ⑰ 진언법석(眞言法席, 이상 개설 횟수 순서) 등이다.

# 1. 관정도량

관정(灌頂)이란 산스크리트어 'abhiṣecana' 혹은 'abhiṣeca'의 한역(漢譯)으로, 정수리에 물을 붓는 것을 의미한다. 원래 인도의 제왕이 즉위할 때, 또는 태자를 세울 때 사용되던 의식이었다. 관정은 대승불교에서 구지보살(九地菩薩)이 십지(十地, 법운지[法雲地])에 들어갈 때 제불이 지수(智水)를 보살의 정수리에 부음으로써 이를 증명해 주는 것으로 변화 수용되었다.[4] 『화엄경(華嚴經)』이 이와 같은 보살의 수직관정(受職灌頂)을 설하는 대표적인 경전이다.

그리고 밀교에서는 관정을 밀법을 계승하는 전법의식(傳法儀式)으로 매우 중요시 했다.[5] 이와 같은 관정이 의례화된 것이 관정도량으로, 밀교에서는 관정을 행하는 장소, 혹은 그 관정 작법을 행하는 법회를 가리킨다. 그러나 고려의 경우 밀교의 전법의식과는 성격이 다른 관정도량이 개설되었다. 관정도량의 개설 양상을 살펴보면 이를 확인할 수 있다.

관정도량은 『고려사』에서 총 여섯 차례의 개설 사례가 보인다.[6] 고려시대 문집류와 금석문 등에 여러 종류의 불교의례가 등장하고 있음에도 불구하고, 관정도량은 『고려사』와 『고려사절요(高麗史節要)』 이외의 자료에서는 관련 사실을 찾아볼 수 없다.

---

4) 望月信亨, 『佛教大辭典』(京都: 世界聖典刊行協會, 1954), 灌頂.

5) 賴富本宏 외, 김무생 역, 『밀교의 역사와 문화』(서울: 민족사, 1989), p. 109.

6) 원종 원년에도 관정도량 개설과 유사한 기사가 보인다. 왕이 관정을 하고 보살계(菩薩戒)를 받았다는 내용이다(『高麗史』卷25, 世家 第25, 元宗 元年 4月, "戊午 王卽位于康安殿 灌頂受菩薩戒于慶寧殿"). 밀교의례로서의 관정도량은 삼매야계를 수계하기 때문에, 보살계를 수계한 이 사례는 밀교의례의 범주에 포함되지 않는다. 따라서 본고에서는 이 사례를 관정도량에서 제외하고자 한다.

관정도량의 개설 양상과 목적 등을 정리하면 아래의 표와 같다.

[표 1] 『고려사』 수록 관정도량의 개설 양상

| | 개설 시기 | | 개설 장소 | 개설 목적 | 비고 |
|---|---|---|---|---|---|
| | 왕력 | 서력 | | | |
| ① | 숙종 6 | 1101 | 미상 | 전란의 징조인 소나무 충해 기양 | 문두루·보성도량 함께 개설 |
| ② | 인종 5 | 1127 | 상안전(常安殿) | [금의 세력 대비] | |
| ③ | 강종 원 | 1212 | 선경전(宣慶殿) | [즉위의례] | |
| ④ | 원종 10 | 1269 | 내원당(內願堂) | [내란 방지] | |
| ⑤ | 충렬 즉 | 1274 | 본궐(本闕) | [대일본 정벌 승전 기원] | |
| ⑥ | 충선 (복)즉 | 1308 | 강안전(康安殿) | 즉위의례 | 자포(紫袍) 착용, 경령전(景靈殿)에 왕위 계승 보고 |

\* 개설 목적에서 [ ]는 필자의 추정

이상의 개설 양상을 보면, 고려시대 관정도량에 크게 두 가지 유형이 있었음을 알 수 있다. 첫 번째는 전란 방지, 외국의 압박에 대한 대처, 내란 방지, 전승 기원 등 주로 전쟁과 관련된 목적으로 개설된 관정도량([표1]의 ①·②·④·⑤, 이하 기양의례로서의 관정도량으로 지칭)이다. 그리고 두 번째는 즉위의례의 일종으로서 개설된 관정도량([표1]의 ③·⑥, 이하 즉위의례로서의 관정도량으로 지칭)이다.[7] 이 두 가지 종류의 관정도량은 개설 목적이 상이한 만큼, 그 사상적 배경도 달랐다.

---

7) 각 도량이 개설된 배경 및 목적에 대해서는 김수연, 「고려시대(高麗時代) 관정도량(灌頂道場)의 사상적 배경과 특징」, 『韓國思想史學』 42(서울: 한국사상사학회, 2012) ; 김철웅, 「고려시대 국왕의 즉위의례」, 『정신문화연구』 38-2(성남: 한국학중앙연구원, 2015) 참조.

## 1) 연원과 사상적 배경

고려시대에 처음 개설된 기양의례로서의 관정도량은 주로 전쟁과 관련된 것으로, 소의경전은 『관정경(灌頂經)』의 제4권 『불설관정백결신왕호신주경(佛說灌頂百結神王護身呪經)』이다. 이 경에서는 무상관정장구(無上灌頂章句)인 대신왕(大神王) 100신의 이름을 언급하고 있다. 경전의 내용에 따라 주법(呪法)을 펴면 14종의 재액을 피할 수 있다고 공덕을 설하는데,[8] 제1공덕에 9신, 제2-14공덕에 각 7신, 총 100신의 명호가 등장하여 주문으로 사용된다.

이 중 제13공덕은 일곱 신왕의 이름을 거명한 후, 이 신왕의 위신력으로 주로 영토를 침범하는 역적을 다스린다고 이야기한다. 남의 재보(財寶)를 약탈하고 훔치려는 생각으로 항상 끊임없이 악한 생각을 내고 탐내어 구하므로 왕의 국토를 파괴하고 시골과 도시를 다시 괴롭히고 해치려하지만, 결원신(結願神)의 이름을 지녔으므로 시방의 원적(怨賊)과 겁도(劫盜) 등의 무리가 자연히 소멸될 것이라고 한다.[9]

즉위의례로서의 관정도량의 경우, 관정은 원래 고대 인도의 즉위의식이었기 때문에 그 기원을 멀리는 인도에서부터 찾을 수 있을 것이다. 관정의식은 불교 사상 속에 녹아서 중국으로 전래되었다. 고려시대 즉위의례로서의 관정도량 개설의 직접적인 연원은 8세기 당(唐)에서 찾을 수 있다. 불공(不空, Amogha-vajra, 阿目佉跋祈羅, 705-774)이 건원(乾元) 연

---

8) 14종의 공덕은 괴로움과 근심, 변괴, 귀신, 악한 교룡(蛟龍), 독충, 원수 등을 물리치며, 재화와 부귀를 얻고 형벌을 피하며 순조로운 출산을 도와주고 국토를 침입하는 외적을 물리친다는 내용이다.

9) 帛尸利蜜多羅 譯, 『灌頂經』 卷4(『大正藏』21, p. 506下)

간에 당 숙종에게 행한 전륜왕위칠보관정(轉輪王位七寶灌頂)이다.[10] 『화엄경』에 의하면 전륜성왕의 태자는 관정을 통해 전륜성왕으로 거듭난다고 한다. 당 숙종이 받은 관정은 그 명칭에서부터 전륜왕과 전륜왕의 상징인 칠보를 내세우고 있으므로, 즉위의식이나 그에 버금가는 의례였을 것으로 보인다.

그런데 불공은 밀교 승려였다. 그리고 밀교에서는 밀교교의에 입각한 전법 및 제존과의 결연(結緣) 의식으로서 관정이 행해지고 있었다. 또한 불공은 당 숙종의 '관정사(灌頂師)'였다. 관정사란 관정을 수여하여 밀법의 길로 인도하는 스승을 지칭하므로 숙종이 받은 전륜왕위칠보관정도 기본적으로 밀교 전법의식의 성격을 가지고 있었다. 그러나 그 명칭에서도 보이듯이, 밀교 전법의식 이상의 의미가 있었다.

불공은 당 현종, 숙종, 대종의 국사(國師)로서 당 황실을 종교·사상적으로 뒷받침하던 인물이었다. 불공은 건원 원년(758)에 숙종에게 보생여래상(寶生如來像)과 『대수구다라니(大隨求陀羅尼)』를 진상하였다.[11] 『대수구다라니』 2권은 불공의 역경으로, 이 다라니를 수지 독송하면 모든 죄와 업장이 다 소멸된다고 한다. 또 몸이 여래의 몸과 같이 금강처럼 견고해져 무엇으로도 해칠 수 없으며, 모든 원수와 적들을 물리칠 수 있다고 한다. 불공은 다양한 다라니의 수지 독송 공덕 가운데 다라니의 위엄으로 적들을 굴복시키는 데 주목하고 있다. 당시 당은 안사(安史)의 난이 발발한 후, 수도 장안을 반란군에게 빼앗겼다가 탈환한 직후의 상황이었

---

10) 贊寧 撰, 『宋高僧傳』(『大正藏』50, p. 713上), "乾元中帝請入內 建道場護摩法 爲帝受轉輪王位七寶灌頂"

11) 圓照 撰, 『貞元新定釋教目錄』卷15(『大正藏』55, p. 883上中); 不空, 「進虎魄像幷梵書隨求眞言狀一首」, 圓照 集, 『代宗朝贈司空大辨正廣智三藏和上表制集』卷1(『大正藏』52, p. 829中)

기 때문이다. 불공은 다라니의 공덕이 숙종에게까지 미치기를 바라고, 동시에 반란의 평정을 기원하기 위해 이 다라니를 진상한 것이라 볼 수 있다. 또한 보생여래는 보생관정(寶生灌頂)을 통해 불과(佛果)와 삼계법왕(三界法王)의 지위를 얻었음을 증명하는 역할을 한다.[12] 불공은 보살에서 여래로의 변화를 증명해주는 보생관정을 숙종의 보위 계승에 빗대어 이야기하고 있는 것이다. 이는 곧 숙종이 전륜성왕이라는 결론에 도달하게 한다.

　　안사의 난이 한창일 때, 황태자였던 숙종은 현종의 양위 없이 황위에 오른 뒤 후에 추인을 받았다. 이러한 숙종의 즉위 과정은 통상적이라고 볼 수 없다. 더구나 반란과 현종의 몽진(蒙塵) 등으로 황실의 권위도 실추된 상황이었다. 즉위 초의 숙종에게 제일 시급한 과제는 반란을 진압하는 동시에, 황제로서의 권위를 회복하는 일이었을 것이다. 이에 숙종이 전륜성왕임을 대내외적으로 공포하기 위해 취한 방법이 관정이었다. 전륜왕위칠보관정을 받는 것이 숙종 본인의 의도였는지 불공의 의도였는지는 분명하지 않다. 전륜왕위칠보관정을 받음으로써 결과적으로 숙종은 본인을 불교의 이상적 군주인 전륜성왕에 대입할 수 있었을 것이다. 불공도 당 현종에 이어 숙종의 관정사가 되어 신임을 받을 수 있었을 것이기 때문에, 양자의 이해가 합치된 결과라 할 수 있다. 숙종은 관정을 통해 본인의 비정상적인 즉위 과정을 상쇄시키고 진정한 황제로 거듭나고 싶었던 듯하다. 불공이라는 인물이 지닌 상징성도 권위 회복에 도움이 되었을 것이다. 불공은 반란군이 장악한 장안에 남아 국가를 위해 수법(修法)을

12)　不空 譯, 『略述金剛頂瑜伽分別聖位修證法門』(『大正藏』18, p. 291上), "最初於無上乘 發菩提心 由阿閦佛加持故 證得圓滿菩提心 由證菩提 外感空中寶生佛灌頂 受三界法王位"

행하던 인물이었기 때문이다. 따라서 밀교에 귀의하는 관정의식에 전륜왕의 권위를 덧씌워 전륜왕위칠보관정이라 명명한 것으로 보인다.

## 2) 관정도량 개설의 의미

숙종대 관정도량은 충해로 예견되는 전란의 징조를 기양하기 위한 것이었다. 인종대에는 금의 세력 성장에 대비하기 위하여, 원종대에는 내란을 막기 위하여 관정도량이 개설되었다. 충렬왕대에는 대일본 전승 기원을 위해 개설된 것으로 보인다. 즉, 기양의례로서의 관정도량은 군사적 승리를 기원하는 사회적 기능을 가지고 있었다. 그런데 고려 후기가 되면, 같은 명칭을 사용하되 즉위의례의 기능을 하는 관정도량이 개설되기 시작하였다.

　　당 숙종의 사례는 왕이 권위를 얻고자 한 의례라는 점에서 고려시대 즉위의례로서의 관정도량과 유사하다. 그런데 당 숙종의 전륜왕위칠보관정은 기본적으로 밀교 전법의식으로서의 관정도량이었다. 따라서 고려의 관정도량도 즉위의식의 성격을 갖는 동시에 밀교의 전법의식이었을 가능성이 크다. 강종의 사례는 불확실하지만, 충선왕의 경우는 밀교 전법의식과 즉위의례의 성격을 함께 갖는 관정도량이었던 것 같다. 충선왕은 티베트 밀교를 잘 알았기 때문이다.[13] 또 그는 부왕인 충렬왕에게 전위를 받은 해(1298) 5월과 6월에 번승(番僧)에게 수계를 하였다.

---

13) 李龍範, 「元代 喇嘛教의 高麗傳來」, 『佛教學報』 2(서울: 동국대 불교문화연구원, 1964), p. 187. 이제현에 의하면, 충선왕은 元의 大都에서 "番僧을 불러 경전을 번역하고 수계를 하는" 생활을 즐겼다고 하였다(李齊賢, 「有元贈敦信明義保節貞亮濟美翊順功臣太師開府儀同三司尙書右丞相上柱國忠憲王世家」, 『益齋亂稿』 卷9上).

A-1. [충선왕 즉위년(1298) 5월] 을묘일에 왕과 공주가 번승에게 수계를 하였다.[14]

A-2. (충선왕 즉위년) 6월 초하루 병진인에 태상왕과 왕과 공주가 번승에게 수계를 하였다.[15]

위의 인용문은 충선왕이 계를 받았다는 내용이다.[16] 이 기사의 특이한 점은 번승에게 수계를 하였다는 점과 계의 종류가 나오지 않는다는 점이다. 고려시대에 국왕들은 여러 차례에 걸쳐 계를 받았는데, 충선왕의 위의 두 기사를 제외하면 모두 보살계를 받았다.[17] 따라서 충선왕과 태상왕인 충렬왕, 계국대장공주(薊國大長公主)가 번승, 즉 티베트 승려에게 받은 계는 보살계가 아니라 밀교의 삼매야계를 수계하였다고 볼 수 있다. 그렇다면 충선왕 복위년의 관정도량은 즉위의례이자 밀교 전법의식으로 개설되었을 가능성이 크다.

한편 이 의례의 주관자에 대해 언급한 자료는 없다. 그러나 당시 고려에는 전법관정을 통해 사자상승(師資相承)을 하는 밀교 승려들이 있었다. 또한 고려 후기에는 왕실 내에 밀교 승려들로 구성된 의례 전문가 집단이 있었다.[18] 밀교의례는 기본적으로 관정을 받은 밀교 아사리가 수법을 행하도록 되어 있기 때문에 이들은 다양한 국가적 밀교의례를 집행하

---

14) 『高麗史』 卷33, 世家 第33, 忠宣王1, "乙卯 王與公主 受戒于蕃僧"

15) 『高麗史』 卷33, 世家 第33, 忠宣王1, "六月 丙辰朔 太上王及國王·公主 受戒于蕃僧"

16) 충선왕은 총 세 차례 계를 받았다. 그 가운데 앞의 두 차례가 인용문 A-1과 A-2이고, 세 번째는 같은 해 6월 을해일에 보살계를 받았다고 기록되어 있다.

17) 金炯佑, 「高麗時代 國家的 佛敎行事에 대한 硏究」, 박사학위논문(동국대 사학과, 1992), pp. 284-286 참조.

18) 김수연, 「高麗後期 摠持宗의 활동과 사상사적 의미」, 『회당학보』 16(서울: 회당학회, 2011), pp. 263-265.

는 역할을 했을 것이다. 그러므로 이들은 즉위의례이자 밀교 전법의식으로서의 관정도량을 집행할 수 있는 자격이 있다. 이들이 즉위의례로서의 관정도량을 집전했을 가능성이 있다.

즉위의례로서의 관정도량이 등장하는 것은 고려 후기에 들어서이다. 고려 전기에는 제석도량(帝釋道場)이 즉위의례의 역할을 하고 있었다. 제석은 우리 고유의 '천(天)'의 관점에서 수용된 후 천신과 동일시되었고, 제왕이 천손이라는 고대 지배이데올로기와 자연스럽게 결합하였다. 고려시대 전기에 개설된 제석도량은 국왕이 하늘로부터 신력을 보증받고 있음을 강조하면서 왕권을 신성화하는 즉위의례의 형태로 추정된다.[19] 그러나 고려 후기에 들어서면서 제석신앙은 무속으로 확장되어 장수를 기원하는 기복신앙화되면서 왕권 신성화 기능은 쇠퇴하여갔다.[20] 이와 같은 제석신앙은 쇠퇴과정 속에서, 왕권 신성화를 담당하는 역할이 관정도량으로 옮겨갔을 가능성도 생각해볼 수 있다.

또한 강화도 천도가 이루어지면서 궁궐 내에서 제석신앙을 담당하던 내제석원(內帝釋院)에 관한 기록이 사라지고, 대신 내원당(內願堂)이라는 명칭이 등장하기 시작한다. 내원당은 내원(內院) 또는 내불당(內佛堂)과 같은 곳인데, 이곳이 기존에 내제석원이 담당했던 왕권 신성화 기능을 부분적으로 계승한 것으로 생각된다. 그런데 원종 10년 12월에는 이 내원당에서 관정도량이 개설되었다. 즉위의례로서의 관정도량은 아니었으나 원종은 임연에 의해 한 차례 폐위를 당한 후 원의 도움으로 왕위를 되찾은 직후였다. 폐위를 당한 것과 같은 사태가 재차 발생하지 않기를

---

19) 안지원, 『고려 불교의례와 국가불교』(서울: 서울대학교 출판문화원, 2011), pp. 268-270.
20) 고려후기 제석신앙의 성격 변화는 앞의 책, pp. 286-297 참조.

기원하면서 동시에 실추된 왕권 회복도 어느 정도 기대하였을 것이다. 이 때문에 내제석원의 후신이라고 할 수 있는 내원당에서 관정도량이 개설되었을 것으로 추정된다.

## 2. 불정존 관련 도량

불정존은 불정(佛頂), 즉 부처님의 정수리를 신격화한 존재로 동아시아에서 널리 신앙되었다. 5불정·8불정 등 그룹을 형성해 신앙되기도 하였으며, 그와 별개로 존승불정(尊勝佛頂)이나 백산개불정(白傘蓋佛頂) 등과 같이 특정 다라니와 그 신앙이 연결되어 유행하기도 하였다.[21] 고려 역시 다양한 불정존신앙이 유행하였으며, 이를 반영하듯이 여러 종류의 불정존 관련 도량이 개설되었다.

### 1) 소재도량

소재도량은 80종이 넘는 고려시대 불교의례 가운데 가장 많이 개설된 비정기적 불교의례이다. 일월성신을 총괄하는 치성광여래(熾盛光如來)에 대한 신앙에 바탕을 두고 있으며, 소의경전은 『불설치성광대위덕소재길상다라니경(佛說熾盛光大威德消災吉祥陀羅尼經)』(이하『소재길상경』) 과 『불설대위덕금륜불정치성광여래소제일체재난다라니경(佛說大威德金輪佛頂熾盛光如來消除一切災難陀羅尼經)』(이하『소제재난경』)이다.
　　『고려사』에 의하면, 고려시대 소재도량은 문종 원년(1047)에 처음

---

21)　賴富本宏,「中國密敎の思想的特質」,『中國密敎』(東京: 春秋社, 1999), p. 128.

시작되어 신우 원년(1375)을 마지막으로 약 330년 동안 149회, 평균 2년에 한 번 개설되었다. 소재도량이라는 명칭 외에 소재법석(消災法席),[22] 성변소재도량(星變消災道場)[23] 등으로 칭해지기도 하였다.

[표 2] 『고려사』 수록 소재도량의 개설 양상

| 임금 | 재위년 | 횟수 | 임금 | 재위년 | | 횟수 | |
|---|---|---|---|---|---|---|---|
| 문종 | 37 | 6 | 고종 | 20 | 46 | 23 | 42 |
| 선종 | 11 | 2 | | 26 | | 19 | |
| 숙종 | 10 | 3 | 원종 | 11 | 15 | 14 | 24 |
| 예종 | 17 | 9 | | 4 | | 10 | |
| 인종 | 24 | 8 | 충렬왕 | 34 | | 17 | |
| 의종 | 24 | 7 | 충선왕 | 6 | | 1 | |
| 명종 | 27 | 12 | 충숙왕 | 25 | | 1 | |
| 신종 | 7 | 3 | 충목왕 | 4 | | 1 | |
| 희종 | 7 | 1 | 공민왕 | 23 | | 7 | |
| 강종 | 2 | 1 | 우왕 | 14 | | 4 | |

　　소재도량은 개설 빈도가 높을 뿐 아니라 고려시대인들의 천문재이관을 보여주는 것으로서 중요한 의미를 갖는다. 소재도량의 개설 목적은 기본적으로 성변(星變), 즉 일월성신의 비정상적인 움직임으로 인해 발생

---

22)　『高麗史』卷37, 世家 第37, 忠穆王 4年, "六月 己巳 以雨災 設消災法席 于內殿"
23)　『高麗史』卷21, 世家 第21, 康宗 元年, "八月 丁亥 設星變消災道場 于內殿"；卷40, 世家 第40, 恭愍王 11年 8月, "甲子 設星變消災道場 于內殿"

했거나 발생이 예견되는 재해를 방지하는 데 있기 때문이다. 명확한 사례를 제시하면 아래와 같다.

> B-1. [명종 9년(1179) 9월] 경진일에 달이 태미원(太微垣)으로 들어가서 우집법성(右執法星)에 접근하였다. 신사일에 또 태미원의 동번(東蕃) 상상성(上相星)에 접근하였으므로, 태사가 광암사(光嵓寺), 대관전(大觀殿), 내전(內殿) 등 3개소에 소재도량을 개설하고 이를 기양하도록 청하였다.[24]
>
> B-2. [고종 41년(1254)] 8월 초하루 신미일에 태백성이 낮에 나타났다. 왕이 친히 소재도량을 개설하였다.[25]

『위서(魏書)』「천상지(天象志)」에 의하면 달이 우집성을 범하는 것은 대신(大臣)에게 우환이 생길 징조이며,[26] 동번의 상상성을 범하는 것과 연결시키면 그 우환은 구체적으로 대신이 귀양을 갈 징조로 볼 수 있다.[27] 인용문 B-1이 발생했을 당시는 무신집권기였다. '대신', 곧 최고집정의 자리를 둘러싸고 이고(李高), 이의방(李義方), 정중부(鄭仲夫) 등이 그 자리에 올랐다 밀려나는 혼전이 이어졌다. 특히 달이 우집법성과 동번 상상성을 범하기 열흘 쯤 전에는 경대승(慶大升)이 정중부를 주살하는 사건이 발생하였다. 달이 우집법성에 접근하는 일은 드물지 않지만 당시의

---

24) 『高麗史』 卷48, 志 第2, 天文2

25) 『高麗史』 卷24, 世家 第24, 高宗3

26) 『魏書』 卷105-2, 志 第2, 天象1-2, 月變, "太延元年(435) 五月壬子 月犯右執法 占曰執法有憂 … [高祖延興四年(474)] 九月乙卯 月犯右執法 占曰大臣有憂"

27) 『魏書』 卷105-3, 志 第3, 天象1-3, 星變 上, "太延元年(435) 五月 月犯右執法 九月 火犯太微上將 又犯左執法 十月丙午 月犯右執法 二年二月 月犯東蕃上相 三月 月及太白俱犯右執法 及上相 三年八月 火犯左執法及上將 五年二月 木逆行犯執法 皆大臣謫也"

상황 때문에 세 개 장소에서 비교적 크게 소재도량이 개설된 것으로 보인다. 인용문 B-2의 태백성이 낮에 나타나는 것은 재난의 징조로 하늘이 왕에게 경고하는 의미로 받아들여졌다.[28] 중국 역사 기록에서도 이는 나라가 전복되고 왕이 바뀔 만한 흉조로 해석되었다. 여기에서 천체의 비정상적 운행을 변괴로 보는 데에 유교적 해석 방식이 작용하고 있다는 점이 눈길을 끈다.

성변뿐 아니라 자연재해가 발생했을 때에도 소재도량을 개설하였다. 안개, 천둥, 홍수, 지진, 무지개, 벼락 등은 모두 「오행지(五行志)」에서 오행의 이상으로 인해 발생하는 재해들인데, 이들의 기양을 위해서도 소재도량이 개설되었다. 그런데 『고려사』는 「천문지(天文志)」와 「오행지」가 별도로 있어, 성변과 자연재해를 분리하여 파악했음을 알 수 있다. 즉, 고려인의 입장에서 성변과 자연재해는 범주가 다른 변괴(變怪)이다. 이렇게 다른 종류의 변괴에 대한 대책으로 소재도량이 공통적으로 개설된 이유는 고려시대의 천문재이관이 유교적 천인감응사상(天人感應思想)에 기반하고 있기 때문이다. 성변과 자연재해는 일반적으로 군주의 부덕(不德)의 소치로, 정상적인 통치가 구현되지 못할 때 나타나는 천견(天譴), 천책(天責)으로 해석되었다. 그리고 이들 재앙이 발생하게 된 원인은 모두 오행의 운행 이상으로 여겨졌다.

『고려사』「오행지」의 서문에 의하면, 천은 인간사에 감응하여 여러 징조를 내보이는데, 하늘에서는 오운(五運), 즉 오성(五星)의 운행을 통해 드러내고, 땅에서는 오재(五材)로 드러낸다고 한다.[29] 이는 오성 및 일월

---

28) 『高麗史』 卷120, 列傳 第33, 尹紹宗附尹會宗, "今春夏之交 太白屢晝見 今又晝見經天者月餘 天之所以戒殿下者至矣"

29) 『高麗史』 卷53, 志 第7, 五行1, 序文, "天有五運 地有五材 其用不窮 人之生也 具爲五性 著爲

성신의 성변과 오행의 이상으로 인해 땅에서 발생한 자연재해를 하나의 범주로 묶어서 파악하는 인식 방법이다. 고려시대 소재도량은 성변을 기양하기 위해 개설한 밀교의례였지만, 성변의 발생 원인은 천인감응사상에 따라 이해하였다. 성변을 막는다는 것은 문란해진 오행을 바로잡는 것이기 때문에 오행의 문란으로 발생한 기타 자연재해 역시 소재도량을 통해 해결할 수 있다고 본 것이다.

동양 천문학에서 성변은 하늘이 인간 사회의 선악과 과오를 견책하는 징험(徵驗)으로 간주되었고, 특히 백성을 다스리는 군주의 정치적 행위에 대해 하늘이 응험하는 것으로 믿었다.[30] 따라서 하늘의 뜻을 이해하기 위해서는 성변이 상징하는 재이를 구체적으로 해석해야 했으며, 그를 위해서는 『사기』「천관서」나 『위서』「천상지」 등의 내용에 의지하지 않을 수 없었다. 성변이나 자연재해를 군주의 부덕의 소치로 보기 때문에 군주의 자기반성과 수덕은 가장 기본적이면서도 궁극적인 해결방법이었으며, 의례 개설은 부차적인 방법으로 받아들여졌다.

그러나 이는 시간이 걸리고 과정이 눈에 보이지 않는다는 문제점이 있다. 따라서 군주가 덕을 닦는 것보다 빠르고 가시적이며 구체적 효과를 위해 밀교의례인 소재도량을 개설한 것으로 생각된다. 의례는 특정 시간에 특정 장소에서 특정한 형식에 맞추어 진행된다. 그것이 효과적인가 아닌가를 불문하고, 재이를 없애기 위한 가시적 행위가 드러나는 것이다. 따라서 고려시대에는 유교적 천문재이관을 바탕으로 성변을 가늠하였고 궁

---

五事 修之則吉 不修則凶 吉者 休徵之所應也 凶者 咎徵之所應也 此箕子 所以推演洪範之疇 而拳拳於天人之際者也 厥後 孔子作春秋 災異必書 天人感應之理 豈易言哉 今但據史氏所書當時之災祥 作五行志"

30)  김일권, 『우리 역사의 하늘과 별자리』(서울: 고즈윈, 2008), pp. 52-53.

극적 기양 방법으로 군주의 수덕을 꼽았지만, 더 쉽고 가시적인 밀교의례인 소재도량이 대표적인 성변 기양 방법으로 자리잡게 된 것이다.

## 2) 불정도량

불정도량은 『불정존승다라니경(佛頂尊勝陀羅尼經)』과 그 의궤인 불공역의 『불정존승다라니염송의궤법(佛頂尊勝陀羅尼念誦儀軌法)』을 소의경전으로 개설된 의례이다.[31] 고려시대 총 37회의 개설 기록을 찾아볼 수 있다.

[표 3] 『고려사』 수록 불정도량의 개설 양상

| 임금 | 재위년 | 횟수 | 개설 시기 |
|---|---|---|---|
| 선종 | 11 | 1 | 2.3 |
| 숙종 | 10 | 3 | 7.3 ‖ 9.3 ‖ 10.8 |
| 예종 | 17 | 5 | 2.3 ‖ 4.2 ‖ 4.10 ‖ 9.4 ‖ 15.8 |
| 인종 | 24 | 8 | 즉위년.7 ‖ 4.8 ‖ 8.5 ‖ 9.3 ‖ 9.10 ‖ 17.10 ‖ 18.10 ‖ 23.3 |
| 의종 | 24 | 1 | 5.4 |
| 명종 | 27 | 7 | 2.12 ‖ 3.윤1 ‖ 6.10 ‖ 7.2 ‖ 7.10 ‖ 8.2 ‖ 10.10 |
| 신종 | 7 | 1 | 6.11 |
| 희종 | 7 | 1 | 5.10 |
| 고종 | 46 | 6 | 4.10 ‖ 9.3 ‖ 10.2 ‖ 11.2 ‖ 11.10 ‖ 15.9 |
| 원종 | 15 | 3 | 7.10 ‖ 8.10 ‖ 10.11 |

---

31)  홍윤식, 「불교행사의 성행」, 『한국사』 16(과천: 국사편찬위원회, 1994), p. 181.

『고려사』에 의하면 불정도량은 선종 2년(1085) 3월에 처음 개설되었다. 원종 10년(1269) 11월의 마지막 개설 기록 이후에는 개설 기록이 보이지 않는다. 그러나 이곡(李穀, 1294-1351)의 『가정집(稼亭集)』에 「불정도량소(佛頂道場疏)」라는 제목의 글이 실려 있어, 원종대 이후에도 불정도량이 개설되었음을 알 수 있다.[32] 따라서 불정도량이 폐지된 것이 아니라 『고려사』, 『고려사절요』에 실리지 않은 사례들이 있다고 보아야 할 것이다.[33]

불정도량은 기상이변 기양, 외적 기양, 내란 진압 등의 목적으로 개설되었다. 기상이변을 기양하기 위한 가장 명확한 사례는 의종 5년(1151) 7월의 기사이다.[34] 인종 즉위년(1122) 7월에는 소나무의 충해 때문에 개설하였는데,[35] 송충이의 피해는 전란이 있을 징조로 이해되었다.[36] 이때의 불정도량은 당시 금(金)의 성장에 따른 혼란한 국제정세 속에서 전란을 예방하기 위해 개설된 것으로 추정된다. 불정도량은 내란의 진압을 빌기 위해서도 개설되었다. 이에 대한 직접적인 사료는 없지만, 명종 연간에 개설된 불정도량 가운데 6년 10월, 7년 2월, 7년 10월, 8년 2월 등의 사례는 김보당의 난, 조위총의 난과 그에 이은 서경반란군의 봉기, 망이·망소이

---

32) 국가적 의례는 아니었지만, 恭愍王의 추선을 위해 왕실에서 불정도량을 개설한 사례도 있다(權近, 「有明朝鮮國普覺國師碑銘幷序」, 『陽村集』 卷37, 碑銘類, "丙寅 大妃安氏 爲導玄陵 請莅佛頂會 于輔國寺).

33) 권근의 『양촌집』에는 우왕 11년(1385) 가을에 백산개도량(白傘蓋道場)이 개설되어 왕도 행차했다는 내용이 실려 있지만(權近, 「有明朝鮮國普覺國師碑銘幷序」, 『陽村集』 卷37, 碑銘類, "乙丑秋 命設五十日白傘盖道場 以禳天地災變 名儒韻釋多詣聽講 會末 王亦駕幸以致禮"), 『고려사』에는 이 기록이 보이지 않는다.

34) 『高麗史』 卷17, 世家 第17, 毅宗 5年 7月, "乙亥 以旱禱雨 于名山大川 及諸神祠 設佛頂道場 於修文殿七日"

35) 『高麗史』 卷54, 志 第8, 五行2, 木

36) 『高麗史』 卷54, 志 第8, 五行2, 木

의 난 등 대규모 반란사건이 일어난 시기와 겹친다. 이를 통해 불정도량의 개설 목적 가운데 내란 진압이 있었음을 추측할 수 있다.

불정도량의 소의 경전은 『불정존승다라니경』으로, 이 경전에서 설하는 기본 공덕은 장수와 치병, 그리고 지옥에 떨어질 죄장을 없애주는 파지옥(破地獄)이다. 이들 공덕은 지극히 개인적 차원의 것이라 할 수 있다. 그러나 앞서 살펴본 바와 같이, 역사 기록에 드러나는 개설 목적은 기우, 외적 기양, 내란 진압 등 국가적 차원의 문제점들을 해결하기 위해 개설되었다.

개인적 차원의 공덕을 설하는 경전을 바탕으로 국가적 의례를 개설할 수 있었던 이유는 의궤집 때문이다. 불공 역의 『불정존승다라니염송의궤법』이 그것이다. 그리고 불공은 실제로 이 의궤집을 활용해 국가적 차원의 불정존승다라니 염송을 행한 적이 있다.

당 대력(大曆) 5년(770)에 불공의 상주(上奏)에 의해 오대산 참배의 기점이었던 태원부(太原府)의 대숭복사(大崇福寺)에서 27명의 승려가 나라를 위해[爲國] 불정존승다라니를 염송한 일이 있다.[37] 불공이 의궤를 번역한 것은 당 광덕(廣德) 2년(764)의 일이므로, 대력 5년의 의례는 『불정존승다라니염송의궤법』에 준했을 것으로 생각된다. 이때의 '위국(爲國)'이 정확하게 무엇을 가리키는지는 알 수 없지만, 의궤를 통해 개인적 공덕을 설하는 다라니를 국가적 차원의 의례에 활용한 예가 8세기부터 보이는 것이다.

---

37) 鎌田茂雄,「'淸涼山記'攷 : 五臺山における佛頂陀羅尼信仰」,『興敎大師覺鑁硏究 : 興敎大師八百五十年御遠忌記念論集』(東京: 春秋社, 1992), pp. 797-800. ; 不空,「太原府大唐興國太崇福寺中高祖神堯皇帝起義處 號令堂請安置普賢菩薩像一鋪 淨土院灌頂道場處 請簡擇二七僧奉爲國長誦佛頂尊勝陀羅尼」, 圓照 集,『代宗朝贈司空大辨正廣智三藏和上表制集』卷2(『大正藏』52, p. 837下-838上)

이 의궤에서는 4종 호마법을 설하고 있는데, 그 내용이 주목된다. 『불정존승다라니염송의궤법』에서는 의례 절차를 설한 후 마지막에 의례의 목적이 식재법(息災法), 증장법(增長法), 항복법(降伏法), 경애법(敬愛法) 중 어떤 것인지에 따라 도량을 개설했을 때의 의복 색깔, 공양물과 향의 종류, 방위 등을 바꾸도록 설하고 있다. 그 내용을 살펴보자.

> C. 만약 식재법(息災法)을 하려면 얼굴을 북쪽으로 향하고 단은 둥글게 하여 성스러운 대중의 흰색을 관하라. 도량 가운데에서 공양하는 물건도 모두 흰색이며 몸에는 흰옷을 입고, 얼굴을 북쪽으로 향해 앉고 침수향(沈水香)을 사르라. 만약 증장법(增長法)을 하려면 얼굴을 동쪽으로 향하여 앉고 본존과 공양, 아울러 자신의 의복이 모두 황색이어야 하며, 백단향(白壇香)을 사르라. 만약 항복법(降伏法)을 하려면 얼굴을 남쪽으로 향하여 앉고 본존과 공양, 아울러 의복은 모두 청색이나 혹은 흑색으로 하고 안식향(安息香)을 사르라. 만약 경애법(敬愛法)을 하려면 얼굴을 서쪽으로 향하여 앉고 본존의 적색을 관하라. 아울러 음식과 의복은 모두 적색이어야 하며, 소합향(酥合香)을 사르라.[38]

이 4종 호마법 가운데 고려시대의 불정도량과 관련된 것은 소재법과 항복법이다. 이에 대한 설명에 의하면 소재법은 한재(旱災)와 전염병, 병충해 등을 없애준다고 한다. 고려시대에 불정도량의 개설 목적 가운데 하나는 기우였기 때문에, 한재를 없애주는 소재법이 적용되었을 것이다. 더구나 한재나 수재 등의 자연재해는 흉작과 기근을 초래하고, 이는 전염병 발생의 원인이 되기도 한다.[39] 비를 빌기 위해 소재법에 의거한 불정도

---

38) 不空 譯, 『佛頂尊勝陀羅尼念誦儀軌法』(『大正藏』19, p. 368上-369上)
39) 이현숙, 「전염병, 치료, 권력 : 고려시대 전염병의 유행과 치료」, 『전염병의 문화사 : 고려시대를

량을 개설하면서 전염병의 기양도 함께 기대할 수 있었을 것이다.[40]

　　한편 군주에 반역하거나 정법(正法)을 어지럽히는 경우에는 항복법을 사용하면 된다고 한다. 불정도량의 개설 목적 가운데 내란 방지와 외적 기양이 여기에 해당할 것이다. 항복법은 여래와 대승법을 훼손하고 비방하며 군주에 반역하는 등 '정(正)'을 부정하는 것들을 조복시키는 호마법이다. 외침 역시 군주의 통치를 무너뜨리는 요소이기 때문에 항복법을 사용했을 것으로 보인다. 이처럼 불정도량은 4종 호마법을 사용하여 소의 경전인 『불정존승다라니경』의 내용과 달리 국가적 재난을 기양하기 위해 개설되었던 것이다.

## 3) 능엄도량·대불정독경

능엄도량은 『수능엄경(首楞嚴經)』을 소의 경전으로 하는 의례이다. 『수능엄경』은 음탕한 여자의 환술에 걸린 아난(阿難)을 구제한 부처님이 그를 대상으로 수행의 방법 등을 설법한 내용을 담고 있다.[41]

　　밀교의 측면에서 이 경전이 주목되는 이유는 권7에 실려 있는 백산개다라니(白傘蓋陀羅尼), 곧 대불정주(大佛頂呪) 때문이다. 다라니의 염송 절차와 함께 모든 독과 나쁜 주문의 해를 입지 않으며 온갖 죄장(罪障)과 재해가 사라지고, 나쁜 별의 재앙을 물리칠 수 있다는 등의 공덕이 소

---

보는 또 하나의 시선』(서울: 혜안, 2010), p. 74에 의하면 전염병 발생의 주된 원인은 기근과 전쟁이라고 한다.

40)　예종 15년(1120)에는 여름부터 8월까지 비가 오지 않아 오곡이 여물지 않고 전국에 역려(疫癘)가 크게 유행하였으며, 그해 8월에 문덕전에서 불정도량이 개설되었다(『高麗史』卷14, 世家 第14, 睿宗 15年 8月). 가뭄과 전염병의 유행을 불정도량을 통해 극복하고자 하였을 것이다.

41)　정승석 편저, 『고려대장경 해제』(서울: 고려대장경연구소, 1998), p. 257.

개되어 있다.[42]

『고려사』에 두 차례의 개설 기록이 실려 있으며, 『수능엄경환해산보기(首楞嚴經攝解刪補記)』나 문집류를 통해 『수능엄경』 강설과 강회(講會)가 개설된 사실을 확인할 수 있다. 고려시대 『수능엄경』 관련 의례를 정리하면 아래의 표와 같다.

[표 4] 고려시대의 『능엄경』 관련

|  | 개설 시기 | 내용 및 개설 장소 | 출전 |
|---|---|---|---|
| ① | 선종 6년 (1089) | 능엄도량(楞嚴道場) 건덕전(乾德殿) | 『고려사』 권10, 세가 10 |
| ② | 예종 16년 (1121) | 능엄강회(楞嚴講會) 문수원(文殊院) | 『동문선』 「청평산문수원기(淸平山文殊院記)」 |
| ③ | 명종 10년 (1180) | 대불정독경(大佛頂讀經) 내전(內殿) | 『고려사』 권53, 오행 1, 화 |
| ④ | 13세기 초 | 능엄법석(楞嚴法席) 창복사(昌福寺) | 『동국이상국집』 「창복사동안거능엄법석소 (昌福寺冬安居楞嚴法席疏)」 |
| ⑤ | 원종 6년 (1265) | 능엄강회 귀로암(歸老庵) | 『산보기』 「구결도우문(求結道友文)」 |
| ⑥ | 충렬왕 2년 (1276) | 능엄도량 몽계사(夢溪寺) | 『산보기』 「김지전기문(金之磌記文)」 |
| ⑦ | 충렬왕 4년 (1278) | 능엄법석 백련사(白蓮社) | 『산보기』 「김지전기문」 |
| ⑧ | 우왕 11년 (1385) | 백산개도량(白傘蓋道場) 광암사(光巖寺) | 『양촌집』 「유명조선국보각국사비명병서 (有明朝鮮國普覺國師碑銘幷序)」 |

---

42) 『수능엄경』 권7에 수록된 의례 절차에 대해서는 서윤길, 「고려의 능엄도량」, 『한국 밀교사상사』 (서울: 운주사, 2006), pp. 601-605 참조.

창복사 능엄법석은 사찰 차원의 의례였지만, 그 밖의 사례는 대부분 국가나 왕실과 관련된 『능엄경』 의례이다. 능엄도량은 선종 6년(1089)에 처음 개설되었으며,[43] 명종 10년(1180)에는 대불정독경이라는 명칭으로 개설되었다. 명종 10년의 개설 이유는 서북방에 붉은 기체가 나타났기 때문이다. 즉, 성변을 기양하기 위한 것이었는데, 나쁜 별의 재앙을 물리쳐 준다는 대불정주의 공덕[44]에 의지하고자 개설한 것이었다. 충렬왕 4년에 개설된 백련사 능엄법회 역시 나라의 안녕을 기원하기 위한 것이었다. 이 능엄법회는 충렬왕이 원에 가게 된 일을 계기로 개설되었다. 『고려사』에 의하면, 충렬왕은 12월 중순경에 원으로 출발하였다. 충렬왕은 이미 같은 해 4월부터 9월까지 원에 다녀온 적이 있었다. 이는 김방경(金方慶, 1212-1300) 무고사건을 해결하기 위한 것이었다. 홍다구(洪茶丘, 1244-1291)를 비롯한 부원세력들과 충렬왕의 즉위로 세력을 잃은 전왕 원종의 총신들이, 김방경이 원에 대해 반역을 꾀하고 있다고 고발한 것이다. 결국 원에서는 충렬왕과 홍다구를 직접 소환하여 대질하였다. 충렬왕은 원 조정에서 해명을 하였고, 원 조정은 충렬왕의 손을 들어주었다. 9월에 개경에 도착한 후, 충렬왕은 부원세력과 원종 총신들에 대한 숙청을 단행하였고, 그 결과 충렬왕은 고려 내에서 본인의 세력을 확고히 세울 수 있었다.[45] 숙청작업 후 같은 해 12월에 충렬왕은 다시 원에 가게 된다. 원의 지원을

---

43) 『高麗史』 卷10, 世家 第10, 宣宗 6年, "三月 庚寅 設楞嚴道場 于乾德殿 七日"

44) 般刺蜜帝 譯, 『大佛頂如來密因修證了義諸菩薩萬行首楞嚴經』 卷7(『大正藏』19, p. 137下), "阿難是娑婆界 有八萬四千災變惡星 二十八大惡星而爲上首 復有八大惡星以爲其主 作種種形出現世時 能生衆生種種災異 有此咒地悉皆銷滅 十二由旬成結界地 諸惡災祥永不能入"

45) 李益柱, 「高麗 元關係의 構造와 高麗後期 政治體制」, 박사학위논문(서울대 국사학과, 1996), pp. 59-60.

받는 본인의 세력을 더욱 공공하게 하기 위한 것이었다. 이와 같은 사건 도중에 원나라로 가는 길이었기 때문에, 능엄법회를 개설하여 재앙이 없어지기를 바라며 안녕과 이익을 빌었던 것이다.

## 3. 천신·명왕 관련 도량 및 기타 도량

### 1) 천신 관련 도량

#### (1) 문두루도량

문두루도량은 670년(문무왕 10)에 명랑(明朗)에 의해 최초로 개설된 밀교의례이다. 신라를 침입하기 위해 당병(唐兵)이 배를 타고 출발했다는 소식에 명랑이 문두루비법을 펼치자, 풍랑이 일어 당선(唐船)이 모두 침몰하였다고 한다.[46] 『관정경』 제7권인 『복마봉인대신주경(伏魔封印大神呪經)』을 소의 경전으로, 『금광명경』과 『대방광십륜경(大方廣十輪經)』,[47] 『관불삼매해경(觀佛三昧海經)』 등의 사상적 영향 하에서 개설되었다.[48] 고려 태조가 건국을 할 때 해적을 진압하기 위해 개설하였는데, 그 효험을 인정받아 신인종(神印宗)이 개창하였다. 그 후 문두루도량은 신인종의 가장 대표적인 활동으로 꼽힌다.

고려시대 문두루도량의 개설 양상은 다음과 같다.

[표 5] 문두루도량의 개설 양상

|   | 개설 시기 | 개설 장소 | 개설 목적 | 비고 |
|---|---|---|---|---|
| ① | 태조 건국 전후 | 미상 | 해적 진압 | 『삼국유사』 수록, 광학(廣學)과 대연(大緣)이 주관 |

---

46) 『三國遺事』 卷5, 神呪 第6, 明朗神印
47) 高翊晋, 『韓國古代佛教思想史』(서울: 동국대학교 출판부, 1989), pp. 401-403.
48) 文明大, 「新羅 神印宗의 研究 : 新羅密教와 統一新羅社會」, 『震檀學報』 41(서울: 진단학회, 1976), pp. 205-207.

| | | | |
|---|---|---|---|
| ② | 문종28년<br>(1074) 7월 | 사천왕사<br>(四天王寺, 경주) | 번병(蕃兵)의<br>침입 방지 | 27일간 계속 |
| ③ | 숙종 6년<br>(1101) 4월 | 미상 | 소나무 충해로<br>인한 전란 방지 | 관정·보성도량<br>동시에 개설 |
| ④ | 예종 3년<br>(1108) 7월 | 진정사<br>(鎭靜寺, 동계) | 변방의 적이<br>물러가기를<br>기원 | 비사문사(毗沙門寺)에서<br>사천왕도량 동시에 개설 |
| ⑤ | 예종 4년<br>(1109) 4월 | 흥복사(興福寺)<br>영명사(永明寺)<br>장경사(長慶寺)<br>금강사(金剛寺)<br>(이상 서경) | 전쟁에서의<br>승리 기원 | |
| ⑥ | [강종 즉위시<br>(1212)] | 금강사<br>(金剛寺, 서경) | 외적의<br>침입 방지 | 『동국이상국집』 수록 |
| ⑦ | 고종 4년<br>(1217) 4월 | 현성사<br>(賢聖寺, 개경) | [대거란<br>승리 기원] | |
| ⑧ | 고종 4년<br>(1217) 12월 | 현성사(개경) | [대거란<br>승리 기원] | |

\* [ ]의 내용은 추정

　　고려시대에 개설된 밀교의례 대부분 궁궐 안에서 개설된 데 반해, 문두루도량은 궁궐 밖의 사찰에서 개설된 것이 특징이다.[49] 이는 문두루 도량이 다른 어떤 밀교의례보다 주관 종파와의 관련성이 뚜렷하기 때문이다. 신라시대 문두루도량의 개설 장소인 사천왕사나 고려 태조가 신인종의 근본 도량으로 창건한 현성사는 신인종 사찰임이 명확히 드러나는 장소이다.

　　특히 문두루도량 개설에는 오방신상(五方神像)이 필요하다. 오방신

---

49)　홍윤식, 앞의 논문, pp. 180-181.

상은 명랑이 풀을 엮어서라도 갖추었을 정도로 문두루도량의 중요 요소
였다. 즉, 당병의 침입이 임박하자 명랑이 채색 비단으로 임시로 사찰을
짓고 풀을 엮어 오방신상을 만들어 문두루비법을 펼쳤던 것이다.[50] 따라
서 문두루도량은 오방신상이 갖추어져 있는 신인종 사찰에서 개설할 수
밖에 없었을 것이다.

## (2) 마리지천도량

마리지천도량은 마리지천을 본존으로 하는 밀교의례이다. 고려시대에는
총 아홉 차례 개설되었으며, 개설 장소는 모두 묘통사(妙通寺)였다. 전염
병 기양,[51] 외적 기양,[52] 내란 진압, 기우 등이 그 목적이었다. 전염병 기양
과 외적 기양의 경우 사료에 직접 개설 목적이 언급되어 있으며, 기우와
내란 진압은 앞뒤 정황을 보아 추정한 것이다.

　　문종 20년(1066)과 숙종 6년(1101)에 개설된 마리지천도량은 기우
를 위한 것으로, 마리지천도량 개설을 전후로 기우의례를 개설한 기록들
이 있는 것으로 보아 이를 알 수 있다.[53] 내란 진압을 위한 마리지천도량
개설로는 명종 6년(1176) 4월과 7년 3월의 사례가 있다. 명종 6년 4월은

---

50)　『三國遺事』卷2, 紀異 第2, 文武王法敏

51)　『高麗史』卷17, 世家 第17, 毅宗 6年 6月, "癸未 幸妙通寺 設摩利支天道場 是日 還壽昌宮 醮
　　七十二星 於明仁殿 又醮天皇大帝 太一 及十六神 以禳疾疫"

52)　『高麗史』卷22, 世家 第22, 高宗 4年 5月, "丁酉 幸妙通寺 設摩利支天道場 以禳丹兵 遣內侍
　　賫詔 往慰軍中 各賜衣一領 銀瓶二口"

53)　『高麗史』卷8, 世家 第8, 文宗 20年 4月, "癸巳 再雪" ; 5月, "禱雨 于川上" ; 7月, "甲寅 詔曰
　　孟秋之月 成熟之時 餘陽用事 旱氣猶深" ;『高麗史』卷11, 世家 第11, 肅宗 6年 4月, "以旱 禱
　　雨 于天地 宗廟 山川" ; "甲辰 醮太一 祈雨 幸外帝釋院" ; "己酉 禱雨 于天地 宗廟" ; "丙辰
　　大雪 設仁王道場 于文德殿 祈雨"

조위총(趙位寵)의 난과 망이(亡伊)·망소이(亡所伊)의 난이 한창이던 시점이다. 조위총의 난은 같은 해 6월에 진압되지만, 망이·망소이의 난은 이듬해 7월까지 지속되었다. 명종 6년과 7년의 마리지천도량 개설 기사 전후로는 반란 진압을 위한 제석도량(帝釋道場), 불정도량 등의 개설 기사가 실려 있다.[54] 따라서 이때의 마리지천도량도 내란 진압을 위한 것이었다고 보아야 한다.

마리지천도량의 소의 경전은 『마리지천경(摩利支天經)』이다. 『마리지천경』에는 여러 종류가 있는데, 『다라니집경(陀羅尼集經)』 권10의 『마리지천경』과 천식재(天息災) 역의 『불설대마리지보살경(佛說大摩里支菩薩經)』이 소의 경전으로 활용되었을 것으로 보인다. 『다라니집경』의 『마리지천경』은 전염병 기양에 관해 자세히 언급하고 있다.[55] 그러나 여기에서는 외적이나 내란을 종식시키는 것에 대해서는 구체적으로 언급하지 않고 있다. 반면 『불설대마리지보살경』은 전염병에 관한 언급이 없는 대신, 권6에서 원병(冤兵)이 침입했을 때 이를 막는 수법을 자세히 설하고 있다.[56] 고려시대 마리지천도량의 개설 목적으로 미루어 보아, 양자 모두가 소의 경전으로 사용되었을 것이다.

## (3) 공덕천도량

공덕천도량은 공덕천을 본존으로 모시고 복덕(福德)을 비는 의례이다.

---

54) 『高麗史』卷19, 世家 第19, 明宗2
55) 김영미, 「고려시대 불교와 전염병 치유문화」, 『전염병의 문화사 : 고려시대를 보는 또 하나의 시선』(서울: 혜안, 2010), p. 156.
56) 天息災 譯, 『佛說大摩里支菩薩經』卷6(『大正藏』21, 280b02~22)

『금광명경』의 「공덕천품(功德天品)」과[57] 『다라니집경』권10의 공덕천법(功德天法)을 소의로 한다.[58] 『고려사』에는 총 13회의 공덕천도량 개설 사례가 기록되어 있다.[59] 공덕천도량은 기우,[60] 전염병 기양,[61] 외적 기양의 목적으로 개설되었다. 외적 기양을 위해 개설되었다는 직접적인 서술은 없지만, 고종 40년(1253)의 사례를 보면 이를 알 수 있다. 고종 40년은 한창 대몽항쟁 중으로, 2월에 동진군(東眞軍)이 등주(登州)를 포위하였다는 급보 다음에 공덕천도량을 개설하고 있다. 또 동계와 서계의 요해처에 돌 세 개를 묻어 병화(兵禍)를 막고자 하고 있다.[62] 이러한 전후 관계로 보아, 고종 40년에 개설된 공덕천도량도 외적 기양을 목적으로 하였다고 보인다.

공덕천도량은 마리지천도량과 깊은 관계가 있다. 고종대 강화도 천도를 기점으로 그 이전에 개설되던 마리지천도량이 더 이상 열리지 않았으며, 대신 공덕천도량이 개설되기 시작하였다. 두 의례는 모두 『다라니집경』을 중요한 소의 경전으로 삼고 있기 때문에, 『다라니집경』의 영향력이 지속되는 가운데, 신앙의 중심이 마리지천에서 공덕천으로 옮겨간 것

---

57)  홍윤식, 앞의 논문, p. 179 ; 金炯佑, 앞의 논문, p. 141.

58)  김영미, 앞의 논문, p. 162.

59)  『동문선』에는 곽예(郭預, 1232-1286)가 찬한 「내전행공덕천도량소(內殿行功德天道場疏)」가 있다(『東文選』卷110, 疏). 개설 장소와 곽예의 활동 시기를 고려할 때, 이 소는 원종 6년 3월에 내전에서 개설된 공덕천도량의 소로 생각된다. 개설 목적은 비를 빌기 위한 것이었다. 국가적 의례는 아니지만, 「불국사무구정광탑중수기(佛國寺無垢淨光塔重修記)」에는 석가탑 중수 중인 1024년(현종 15) 3월 1일에 공덕천재(功德天齋)가 개설되었던 사실이 전한다. 최연식, 「釋迦塔 발견 墨書紙片의 내용을 통해 본 高麗時代 佛國寺의 현황과 운영」, 『佛敎學報』61(서울: 동국대 불교문화연구원, 2012), pp. 249-25).

60)  『高麗史』卷23, 世家 第23, 高宗 37年 5月, "丁丑 親設功德天道場于本闕 以禱雨"

61)  『高麗史』卷24, 世家 第24, 高宗 41年 6月, "戊午 親設功德天 藥師二道場"

62)  『高麗史』卷24, 世家 第24, 高宗3

이라고 할 수 있을 것이다.[63]

## 2) 명왕 관련 도량

### (1) 무능승도량

무능승도량은 『불설무능승번왕여래장엄다라니경(佛說無能勝幡王如來莊嚴陀羅尼經)』을 소의 경전으로, 고려시대에 전승을 기원하기 위해 총 일곱 차례 개설되었던 의례이다. 제석천이 아수라와의 전투에서 패배하자 부처님이 무능승번장엄다라니(無能勝幡莊嚴陀羅尼)의 염송법과 공덕을 일러주어 승리하였다는 내용을 담고 있어, 이를 바탕으로 전승 기원 의례로 개설된 것으로 보인다. 무능승도량의 고려시대 개설 사례는 모두 전쟁에서 승리하기 위한 것이었다. 인종 8년(1130)에 묘청의 말에 따라 처음 개설되었고, 신종 6년(1203)에는 압병무능승도량(壓兵無能勝道場)이라는 명칭으로 개설되었다.

그 후 고종 4년(1217) 1월 4월 10월 세 차례 개설되는데, 거란유종(契丹遺種)의 침입으로 인한 전쟁에서 승리하기 위한 것이었다. 거란유종은 고종 3년 8월에 고려에 침입하기 시작하였다. 특히 이듬해인 고종 4년 3월 4월 5월은 거란유종이 경기 일대까지 위협하였다. 개경은 장악하지 못하였지만, 남하를 위한 중요한 역참(驛站)들을 장악함으로써 삼남지역까지 전선이 확장될 위험에 놓이게 되었다. 이후 고려군의 반격이 성공

---

63)  조승미, 「금광명경의 여신들과 한국불교에서의 그 신앙문화」, 『불교학연구』 39(김포: 불교학연구회, 2014), pp. 319-320.

하여, 같은 해 8월 경에는 거란유종을 동계 너머 여진 지역으로까지 밀어 냈다. 그러나 그해 11월에 재침략하여, 고종 6년까지 전쟁이 이어졌다.

고종 14년에도 9월과 10월 두 차례에 걸쳐 무능승도량이 개설되는데 동진(東眞)이 침입해 온 상황 때문이었다.

## (2) 아타바구신도량

아타바구신도량은 인종 8년(1130) 8월에 묘청(妙淸)의 말에 따라 개설되었다. 『고려사』에는 인종대의 개설 기록밖에 없지만, 『동국이상국집』에 「아타바구위대장군도량문(阿吒波拘威大將軍道場文)」이 실려 있는 것으로 보아 인종 이후에도 개설되었음을 알 수 있다. 개설 목적은 성변을 기양하기 위한 것이었다.[64] 인종 8년 8월의 경우, 같은 달에 흰 무지개가 나타나고 붉은 기운이 나타나는 등 천변이 있었다. 두 징조 모두 신하가 임금을 배신하고 반역을 일으킬 징조로 풀이되었으므로,[65] 천변으로 상징되는 반역을 기양하기 위해 개설하였을 것이다. 아타바구신도량의 소의 경전은 『보성다라니경(寶星陀羅尼經)』 권10의 「아타박구품(阿吒薄俱品)」으로 추정된다. 아타바구신이 온갖 어려움에서 구제해준다는 내용으로, 그 가운데에는 일월성수(日月星宿)의 재괴(災怪)를 없애준다는 구절도

---

64)  李奎報, 「弘慶院行阿吒波拘威大將軍道場文」, 『東國李相國集』 卷39, 佛道疏, "況歲行正壓於城都 而金木相剋 抑時令不孚於法曆 而陰陽屢愆"

65)  『高麗史』 卷53, 志 第7, 五行1, 水, 仁宗 8年, "八月乙未 初更 赤氣如火影 發自坎方 覆入北斗魁中 起滅無常 至三更乃滅 日者奏 天地瑞祥誌云 赤氣如火影見者 臣叛其君 伏望修德消變" ; 『高麗史』 卷54, 志 第8, 五行2, 金, 仁宗, "八年 八月丙申 白虹起自西方 向北行滅 日者奏 開元占云 白虹露奸臣謀君 宜反身修德 以荅天譴"

있기 때문이다.[66]

## (3) 공작명왕도량

공작명왕도량은 공작명왕을 주존으로 개설되는 의례이다. 『공작경(孔雀經)』 또는 그 다라니를 외우며 온역(瘟疫) 등의 병과 공포에서 벗어나게 하고 아울러 수명의 장수를 비는 의식이다. 예종 5년(1110) 4월에 한 차례 개설되었는데, 전염병 기양이 그 목적이었다.[67]

## (4) 염만덕가위노왕신주도량

염만덕가위노왕신주도량은 오대명왕(五大明王) 가운데 하나인 염만덕가위노왕(閻滿德加威怒王), 즉 대위덕명왕(大威德明王)을 모시고 병란(兵亂)을 진압시키며 재앙을 없애어 복을 비는 의식이다. 대몽항쟁 시기인 고종 22년(1235)에 일관의 건의에 의해 한 차례 개설되었다.[68]

---

66) 波羅頗蜜多羅 譯, 『寶星陀羅尼經』 卷10(『大正藏』13, p. 580下-581上), "一切日月星宿災怪毒氣等之所加害 厭蠱擾亂 及身中風黃病陰病瘧病 若日日發 或二日三日四日發 癲病癬疥欬嗽丁瘡 腹痛支節等病之所擾亂 皆得除滅"

67) 김영미, 앞의 논문, p. 153.

68) 『高麗史』 卷23, 世家 第23, 高宗 22年 11月, "丁亥 日官奏 闕北別構一屋 設閻滿德加威怒王神呪道場 以禳兵禍"

## 3) 기타 도량

### (1) 보성도량

보성도량은 『고려사』에 두 차례의 개설 기록이 보인다. 첫 번째는 숙종 6년(1101) 4월에 소나무의 충해가 전쟁의 징조로 해석되어, 관정도량, 문두루도량과 함께 개설되었다. 대표적인 외적 기양 의례인 문두루도량과 함께 개설되었다는 점에서, 보성도량 역시 전쟁의 징조를 해소하기 위한 목적으로 보인다. 두 번째는 인종 21년(1143)에 왕비가 병에 걸려 그 쾌유를 빌기 위해 개설되었다.[69]

한편 『양촌집』에도 보성도량의 소가 실려 있다. 『고려사』에는 그때의 보성도량 개설에 관한 언급은 없지만 고려 말까지 이 의례가 개설되었음을 알 수 있다. 이때의 개설 목적은 때 아닌 비가 내리며 천둥과 번개가 치는 것을 기양하기 위한 것이었다.[70] 보성도량은 『보성다라니경(寶星陀羅尼經)』을 소의 경전으로 보성다라니(寶星陀羅尼)를 외는 의례이다. 보성다라니에는 외적을 물리치고 병을 치유하며 날씨를 순하게 하는 공덕이 있어,[71] 이를 근거로 보성도량이 개설된 것이다.

---

69)  『高麗史』 卷17, 世家 第17, 仁宗 21年 6月 戊子 및 庚寅
70)  權近, 「非時雨下雷電 祈禳寶星道場疏」, 『陽村集』 卷27, 疏語類
71)  波羅頗蜜多羅 譯, 『寶星陀羅尼經』 卷9(『大正藏』13, p. 576中下)

## (2) 불정심도량

불정심도량은 『불정심관세음보살대다라니경(佛頂心觀世音菩薩大陀羅尼經)』을 소의 경전으로 한다.[72] 고종 42년(1255) 3월에 전염병을 기양하기 위해 개설되었다. 고종 41년 6월 개경에 전염병이 창궐하고, 42년 3월에 큰 기근이 들어 진휼을 실시한 기록이 있다.[73] 전염병이 창궐한 데다 기근이 들어 체력을 회복하지 못한 백성들의 사망률이 높았을 것이다. 이에 전염병을 물리치는 효험이 있는 『불정심관세음보살대다라니경』을 소의로 불정심도량을 개설한 것으로 생각된다. 이 의례의 소의 경전은 『고려대장경』에 입장되어 있지 않다. 그러나 의례의 명칭과 경전에서 설하는 내용 등을 고려해 보면, 불정심도량의 소의 경전으로 『불정심관세음보살대다라니경』 이외에는 생각하기 어렵다. 이 사례를 통해, 『고려대장경』에 입장되지 않았더라도 당시 유통되던 경전들이 소의 경전으로 활용되었음을 알 수 있다.

## (3) 대불정오성도량, 대일왕도량, 진언법석

대불정오성도량과 대일왕도량은 모두 원종 5년(1264)에 원에의 친조(親

---

72) 『다라니집경』 권1에서 불정심삼매다라니주(佛頂心三昧陀羅尼呪)의 염송 절차를 설하며, 이를 통해 모든 천마(天魔)와 외도의 주법(呪法)을 풀어 없애고 모든 원적(怨敵)을 항복시킬 수 있다고 한다. 다라니의 명칭에서, 이것이 불정심도량일 가능성도 있다. 그러나 경전에서는 이를 '불정삼매만다라법(佛頂三昧曼茶羅法)' 또는 '불정삼매다라니도량(佛頂三昧陀羅尼道場)'이라 표현하고 있기 때문에, 이에 근거해 도량이 개설되었다면 경전의 도량 명칭에 따라 불정삼매도량(佛頂三昧道場)이라 칭했을 것이다.

73) 『高麗史』 卷24, 世家 第24, 高宗 41年 6月, "是月 京城大疫"；『高麗史』 卷80, 志 第34, 食貨3, 賑恤, 高宗, "四十二年 三月 簽書樞密院事崔坪奏 今春大饑 民多死亡 請發倉賑恤 從之"

朝)를 피하고자 개설되었다.[74] 대불정오성도량은 백산개불정 관련 의례로 추정되고, 대일왕도량은 대일여래(大日如來)를 주존으로 개설된 의례이다. 한편, 진언법석은 큰 뱀이 침전에 나타난 것을 기양하기 위하여 개설되었다.[75] 이때 어떤 진언을 외웠는지는 알 수 없으며, 불길한 징조를 없애기 위한 액막이의식으로 개설된 것 같다.

74) 『高麗史』 卷26, 世家 第26, 元宗 5年 5月 癸卯, 6月 辛亥 및 壬子 ; 『高麗史』 卷126, 列傳 第 36, 白勝賢
75) 『高麗史』 卷53, 志 第7, 五行1, 水, "恭愍王 十六年 六月 戊申 大蛇 見于寢殿御床 丁巳 設眞 言法席 于宮內 以禳之"

## 4. 고려시대 밀교의례의 역할과 성격

고려시대의 밀교의례는 문종대에 시작되어, 원 간섭기에 들어서면 소재
도량과 공덕천도량 등 몇몇을 제외하면 사라지게 된다. 그 이전 시기에도
밀교의례가 개설되었을 가능성이 있지만, 현종대 거란의 침입으로 태조-
목종대의 역사가 소실되었다는 자료의 문제 때문에 기록이 남아 있지 않
은 것 같다. 특히 『삼국유사』에 의하면 태조는 '해적(海賊)'이라 표현되는
후백제 수군을 물리치기 위해 문두루도량을 개설하였다.[76] 이로 미루어
고려 건국 초에 신라시대에 행해졌던 밀교의례가 시행되었을 가능성이
있다. 한편 현종대는 성종대에 폐지되었던 불교의례들이 부활한 시기였
다. 불교 경전에 대한 중앙집권적 해석과 선택, 합리화가 행해지면서, 불
교의례가 본격적으로 개설되기 시작하였다.[77] 문종대는 현종대의 이러한
흐름을 잇고 있다. 문종대에는 여러 가지 제도가 정비되면서 국가 제도의
기틀을 마련하였는데, 그 과정에서 불교의례의 폭을 밀교의례에까지 확
장한 것으로 보인다.

　　밀교의례는 인종 연간까지 그때의 상황에 맞는 새로운 의례가 추가
되면서 꾸준히 개설되었다. 그 후 의종 연간에서 몽골의 침입 전까지는
인종 연간까지 정비된 밀교의례를 상황에 맞추어 개설하는 경향을 보인
다. 그러다가 몽골과의 전쟁이 시작되면서, 승전을 위하여 군사적 목적의
밀교의례들이 다시 새롭게 개설되고 있다. 한편, 원 간섭기에는 불교의례
전반에 대한 원의 통제가 가해져 사경(寫經) 등 공덕행사와 원 황제를 위

---

76) 『三國遺事』 卷5, 神呪 第6, 明朗神印, "及我太祖創業之時 亦有海賊來擾 乃請安惠朗融之裔
　　廣學大緣等二大德 作法禳鎭"
77) 金炯佑, 앞의 논문, p. 46.

한 축수재(祝壽齋)가 주로 개설되었다.[78] 밀교의례 역시 이와 궤를 같이 하였다. 원 간섭기에는 담선법회조차도 원을 저주하기 위한 것이라는 무고를 받아 금지되었다.[79] 외적 기양과 전승을 위해 개설되곤 하였던 밀교의례는 당연히 금지 대상이었을 것이다. 이상과 같이 밀교의례는 고려의 시대적 상황에 따라 부침을 겪었던 것이다.

일반적으로 종교에서 의례가 갖는 기능은 의례를 통해 신앙의 확신을 심화시키는 동시에, 그 의례가 갖는 집단적 구속력에 의해 연대감을 생성하는 것이다.[80] 이를 국가적 의례에 적용시켜보았을 때, 고려시대의 국가적 불교의례는 일차적으로는 고려인으로서의 연대감을 형성하는 역할을 하였다.[81] 고려시대의 국가적 불교의례는 크게 구복의례와 기양의례로 나눌 수 있다. 이중 기양의례는 일상적 세계 질서를 무너뜨리고 개인적 또는 집단적 삶을 위협하거나 예상되는 목표의 성취를 위협하는 상황이 닥쳤을 때 설행되었다.[82] 즉, 기양의례를 개설함으로써, 고려 사회를 위협하는 재난을 타개하고 그 위협으로 인해 발생할 연대감의 약화를 방지해 나라를 굳건히 유지하고자 하였다고 볼 수 있다. 여기에서 고려시대 국가적 밀교의례가 가졌던 정치·사회적 의미를 찾을 수 있을 것이다.

고려시대에 국가적 밀교의례는 기양의례와 구복의례의 어느 쪽에

---

78) 앞의 논문, p. 67.

79) 『高麗史』 卷104, 列傳 第17, 金方慶

80) 洪潤植, 『韓國佛敎儀禮の研究』(東京: 隆文館, 1976), p. 43.

81) 종교학자 뒤르켐에 의하면, 하나의 사회가 도덕적 일체감을 중심으로 통합되면 그 통합된 사회는 반드시 상징화되어 종교로 나타난다고 한다. 즉, 종교는 상징화된 사회 자체이며 종교제의에 참여하는 것은 그 사회 자체의 종교적 힘을 경험하는 것이다. 그리고 이렇게 사회가 상징화되어 형성된 종교는 다시 그 사회 내의 여러 요소들을 통합시키는 데 공헌을 한다고 한다. 김종서, 『종교사회학』(서울: 서울대학교출판부, 2005), pp. 180-181.

82) 이욱, 『조선시대 재난과 국가의례』(파주: 창비, 2009), p. 25.

도 속하지 않는 즉위의례로서의 관정도량을 제외하면 모두 기양의례로서만 개설되었다. 고려시대에는 복을 빌거나 추선을 위한 다양한 불교의례가 개설되었다. 그러나 밀교의례가 이러한 목적을 수행할 수 있음에도 초복(招福)이나 추선을 위한 국가적 밀교의례는 개설되지 않았다. 특히 불정도량의 경우, 소의 경전 상으로는 추선의례로 개설되는 것이 더 타당함에도 불구하고 기양의례로만 개설되었다. 그 이유는 밀교의례가 밀교 다라니신앙의 한 형태이기 때문이다.[83] 고려시대에는 다라니가 현실의 재난에서 구제해준다는 인식이 대중적으로 널리 퍼져 있었다. 물론 복을 가져온다거나 천상에서 다시 태어나게 해준다는 다라니의 공덕도 있지만, 현실의 삶에서는 초복보다 제재(除災)의 역할이 더 중요시되고 강조되었을 것이다. 이 때문에 제재를 설하는 많은 다라니경전이 간행되었다. 고려후기의 사례이기는 하지만 제재의 직접 수단인 다라니 문구와 호부(護符)만을 별도로 간행하는 축약본 다라니경이 등장하기도 하였고, 호신용으로 다라니를 지니고 다니기도 하였다.[84] 밀교신앙이 현실적 재난을 타개해준다는 사회적 합의가 있었고 조정에서도 이를 수용하였던 것이다. 국가·사회적 재난을 타개해 안심(安心)을 얻기 위한 것이므로, 일반적으로 인정되는 재난 타개 방식의 경향성을 따랐다고 보인다. 요컨대, 고려시대에는 재난 타개의 방향으로 밀교신앙이 전개되었기 때문에 밀교의례들이

---

83) 고려시대 밀교의례는 밀교 존격을 모시고 다라니를 외우는 방식으로 진행된다. 따라서 밀교의례를 다라니신앙의 한 형태로 분류할 수 있다. 그러나 밀교의례는 고려시대의 일반적인 다라니신앙과 전개양상이 다르다. 이는 밀교의례가 공적(公的) 영역에서 행해진 불사이기 때문이다. 밀교 다라니신앙을 바탕으로 하고 있지만, 현실적 불사로 드러날 때에는 국가적 행사라는 측면이 부각이 된다. 따라서 국가적 밀교의례 개설은 다라니신앙의 한 형태이면서도 같은 범주에서 논할 수 없다.

84) 김수연, 「高麗時代 密敎史 硏究」, 박사학위논문(이화여대 사학과, 2012), pp. 108-111 참조.

기양의례로서 불교의례 속에 편입되어 있었다는 의미이다.

그렇다면 이들 밀교의례를 통해 기양하고자 했던 구체적 내용은 무엇이었을까? 그리고 그것은 다른 불교의례들의 개설 목적과 어떠한 관계를 가질까? 즉, 고려시대 불교의례 속에서 밀교의례의 역할이 무엇이었는지가 궁금해진다. 이를 분석하기 위해, 고려시대에 25회 이상 개설된 불교 기양의례인 인왕도량(仁王道場), 신중도량(神衆道場), 금광명경도량(金光明經道場), 나한재(羅漢齋)와 밀교의례의 개설 목적을 비교해 보았다. 고려시대 역사서와 문집류에 보이는 이들 의례의 개설 목적을 정리하면 아래의 표와 같다.

[표 6] 고려시대 불교 기양의례의 개설 목적

| | 의례명 | 개설 목적 | | | | | |
| --- | --- | --- | --- | --- | --- | --- | --- |
| | | 성변 기양 | 자연재해 기양 | 전란 기양 | | 전염병 기양 | 기타 |
| | | | | 외적 | 내란 | | |
| 25회 이상 불교 의례 | 인왕도량 | ○ | ○ | ○ | ○ | | |
| | 신중도량 | | | | ○ | | |
| | 금광명경도량 | ○ | ○ | ○ | | | 기복 |
| | 나한제 | | ○ | | ○ | | |
| 밀교 의례 | 소재도량 | ○ | ○ | | | | |
| | 불정도량 | | ○ | ○ | ○ | | |
| | 공덕천도량 | | ○ | ○ | | ○ | |
| | 마리지천도량 | | ○ | ○ | ○ | ○ | |
| | 무능승도량 | | | ○ | | | |
| | 문두루도량 | | | ○ | | | |
| | 관정도량 (기양) | | | ○ | ○ | | |
| | 관정도량 (즉위) | | | | | | 즉위 의식 |
| | 능엄도량 | ○ | | | | | |

| 의례명 | | | | | 목적 |
|---|---|---|---|---|---|
| 보성도량 | | | ○ | | 질병 치유 |
| 공작명왕도량 | | | | ○ | |
| 아타바구신도량 | ○ | | | | |
| 불정심도량 | | | | ○ | |
| 염만덕가위노왕신주도량 | | ○ | | | |
| 대불정오성도량 | | | | | 원 친조 회피 |
| 대일왕도량 | | | | | 원 친조 회피 |
| 진언법석 | | | | | 뱀[蛇] 기양 |

위의 [표6]을 보면, 17종 밀교의례의 개설 목적은 전반적으로 성변·기상재해·전란·전염병의 기양으로 압축이 된다. 이는 밀교의례가 아닌 25회 이상 개설된 다른 불교의례를 통해서도 동일하게 기대되던 목적들이다. 밀교의례가 유일한 선택지가 아니라 그를 대신할 의례들이 존재하는 것이다. 그렇다면 왜 동일한 기능을 가진 의례들이 중복 개설된 것일까?

성변, 자연재해, 전염병, 전쟁이 고려시대의 '공인된 재난'이라고 볼 수 있을 것이다. 따라서 고려시대의 기양의례는 모두 이 네 가지 재난에 속하는 것이었고, 그것을 없애는 것이 불교의례의 기능이었다. 밀교의례도 사상적 기반을 밀교에 둔 불교의례의 일환이었기 때문에 이러한 재난관을 공유한 위에서 개설되었을 것이다.

고려시대 국가적 불교의례는 왕실의 주도 하에 개설되었지만, 대체로 왕실 내의 의례가 아니라 국가적 어려움을 불력으로 타개하고자 하는 불교의례였다.[85] 불교의례는 국가불교의 실천행위인 것이다. 이에 고려시대 불교의례를 평가할 때 종교적 성격의 정치행사라고까지 표현한다.[86] 즉, 불교의례는 천재지변이나 외적의 침입, 전염병 등 조정의 안위를 뒤흔들 수 있는 사안을 해결하기 위한 정치적 행위로 보아야 한다. 나라의 근간을 뒤흔들 만한 중대한 사건이 발생하였을 때 그 위험을 제거한다는 한 가지 목적을 이루기 위해 총력을 집중하며, 효과를 높이기 위해 사상적 배경은 다르지만 같은 공덕을 이야기하는 별개의 의례들을 중복 개설하고 있는 것이다. 고려 불교계는 사제집단으로서 나라의 안위를 위협하는 여러 재앙으로부터 영적으로 국가를 수호하였다. 그것이 현실적 실천행위로 드러나는 것이 불교의례라 할 수 있다.

중복 개설의 범위는 불교의례 안에만 국한되지 않았다. 고려시대 의례 개설 목적 중 가장 많은 비중을 차지하는 기우의 경우를 살펴보자. 기우는 농업이 경제기반이었던 고려시대에 매우 중요한 문제였다. 기우를 위해서 불교의례뿐 아니라 도교, 유교, 무속에까지 기대어 비를 비는 모습을 찾아볼 수 있다. 예컨대 예종 원년-2년(1106-1107)에 극심한 가뭄이 들었을 때 반야도량(般若道場) 개설, 선법(禪法) 강의, 법운사(法雲寺) 행행 등의 불교적 기우, 태일신(太一神)에게 기도하는 도교적 기우, 종묘사직과 산천제단에 기우하고 태조의 위패를 모시고 제사를 지내는 유교적 기우 행사가 동시에 개설되었다. 국가적 어려움을 해결하기 위해 동원할 수 있는 모든 형식의 의례를 개설한 것이다. 그리고 이들 의례는 서로 모순되는 것이 아니라, 각각의 사상적·교의적 기반 위에서 효과를 극대화시

---

85) 洪潤植, 앞의 책, pp. 166-167.
86) 金炯佑, 앞의 논문, p. 160.

키기 위해 중복 개설되었다. 이는 밀교의례가 기능적인 측면에서 다른 불교의례들과 차별화되지 않음을 의미한다. 고려시대 밀교의례는 다른 불교의례나 유교·도교 의례와 마찬가지로 통치 기제의 하나로서 받아들인 것이다.

그렇다면 기능적인 측면에서 다른 의례들과 차별화되지 않음에도 다수의 밀교의례들이 개설되었던 이유는 무엇일까? 즉, 밀교의례만의 특징과 그것이 위정자들의 마음을 끌었던 이유가 궁금하다. 그 이유는 첫번째, 밀교의례에서 다라니 염송이 이루어졌기 때문이다. 고려시대의 다라니 인식을 살펴보자.

> D. 이른바 다라니라는 것은 중국에서 번역할 수 없는 것이다. 중국에서만 그러한 것이 아니라 인도 사람도 그것을 알아듣고 이해하지 못한다. 그러므로 오직 부처끼리만 그것을 알 수 있다고 한다. 대개 그 뜻이 심오하고 말이 신비한데, 신비하기 때문에 알아들을 수 없고 심오하기 때문에 이해할 수 없는 것이다. 이해할 수 없으니 사람들이 도탑게 공경하고, 알아들을 수 없으니 사람들이 지극히 존숭한다. 존숭이 지극하고 공경이 도타우면, 사람에게 감응하는 것이 반드시 깊을 것이니 영이(靈異)한 행적이 많은 것도 당연하다.[87]

위의 인용문 D는 고려 후기에 이제현이 쓴 「금서밀교대장서(金書密教大藏序)」의 한 구절이다. 이 글에 의하면 다라니란 사람이 해득(解得)할 수 없는 말인데, 해득할 수 없기 때문에 사람들이 공경하고 존숭하며 그 마음에 감응하여 영이한 행적이 많이 나타난다고 한다. 즉, 다라니를

---

87)  李齊賢, 「金書密教大藏序」, 『益齋亂稿』 卷5, 序

받들면 그에 감응하여 영험이 많다는 것이다. 밀교의례는 다라니 염송이 주를 이루기 때문에 그에 감응하여 재난의 기양이라는 영험을 기대하였던 것이다. 나아가 사람이 해득할 수 없고 부처와 부처 사이에서만 알 수 있는 다라니를 염송함으로써, 원망(願望)이 직접 여래에게 전달될 수 있으며 여래의 위신력(威信力)으로 국가적 재난을 타개할 수 있다고 생각하였을 것이다.

고려시대에 밀교의례가 개설되었던 두 번째 이유는 의례가 가시적이기 때문이었다. 밀교의례에서는 의례 집전자가 절차에 따라 재계(齋戒)를 하고 의례를 진행하였다. 또 경전에 설해진 대로 단(壇)을 만들고 도량을 준비하는 등 절차가 엄격하였다. 이는 의례에 대한 신뢰감을 가지게 만들었을 것이다. 의례가 시작되면, 갖가지 공양물로 꾸며진 의례 개설처(開設處)와 다라니라는 낯선 언어가 신비감을 고조시켰을 것이다. 신비로운 밀교식 의례 절차는 의례에 장엄함을 더하고 전시효과를 극대화시켜, 의례 참여자들에게 불보살의 위신력으로 재난을 기양할 수 있을 것이라는 기대감을 심어주었을 것이다. 요컨대 밀교의례의 다라니가 영험을 보장하였고, 신비로운 의례 절차가 장엄한 분위기를 만들기에 효과적이었기 때문에 고려시대에는 수많은 밀교의례를 개설하였다고 생각한다.

# Ⅲ. 밀교신앙의 형성과 특징

정성준 동국대 불교학술원 연구원

# 1. 제석신앙의 성립과 전개

## 1) 제석신앙의 연원과 계승

한국의 제석신앙은 일찍이 신라시대 불교수용 초기부터 수용되어 왕실 및 민간의 불교신앙에 중요한 역할을 해왔다. 제석신앙은 신라 고대신앙의 천신을 대치하는 역할을 해왔으며 민간대중의 삶 가까이에서 노동을 함께 행하는 친숙한 존재로 발전해왔다. 신라왕실에는 제석궁이 설치되어 내적으로 왕의 불교수행에 힘쓰게 하고 외제석궁은 국가의 외호를 위해 제석의 힘을 기원하는 신앙의 중심이 되었다. 신라시대에 형성된 제석신앙은 고려시대에 들어서도 여전히 중요한 역할을 계승하여 활발히 신앙되었다. 초기 제석신앙과 같이 천신을 대치하던 형태에서 중세국가에 볼 수 있는 조직적인 세계관에 부응하여 제석천의 권속과 관련해 사천왕, 용신, 비사문천 등 주변 신앙이 동시에 성장하고, 제석도량을 비롯해 팔관재 등 실질적인 제석신앙의 확대가 고려 제석신앙의 특징이었다. 특히 고려시대에 판각되었던 팔만대장경의 조성이 제석신앙과 밀접한 관계가 있는 점은 연구의 확대를 기대해야 할 것으로 생각된다.

먼저 제석신앙의 연원을 살펴보면 제석은 고대 인도의 신격인 인드라(Indra)에서 비롯되었다는 것이 정설이다. 붓다시대의 바라문 성전을 형성한 베다의 세계관은 태초의 브라만이 하늘, 땅, 허공을 만든 뒤 많은 생령들을 존재케 하였고 제석천은 공계를 지배하는 신격이었기 때문에 제석은 번개와 우뢰로 나타나며, 무기로는 쇠갈고리(ankusa)와 인드라망(Indrajala) 등을 지니고 악을 징벌한다고 되어있다. 제석이 지닌 빛과 소리의 공포는 제석이 선신(善神)으로서 인간을 보호하며 전쟁신(戰爭神)·군신(軍神)·무용신(武勇神)의 성격을 지닌 것으로 간주되었다. 악을 정벌하는 제석의 능력은 하늘의 군대를 이끌고 아수라와 전쟁을 벌이지만 동시에 제석은 힌두교에서도 무력뿐만 아니라 종교적 깨달음을 성취한 것으로도 인식되어 인도 민간신앙에서 그 지위가 중요시된 점은 앞서 밝힌 바가 있다.

고려시대에 신라로부터 계승된 제석신앙의 한 면모는 제석을 환인과 동일시한다는 점이다. 『삼국유사(三國遺事)』를 저술한 일연(一然)의 집필 동기 가운데 하나는 민족의 전통신앙과 불교신앙의 유기성을 최대한 밝히려는 것으로 석제환인의 사상은 고려시대에 비로소 부각되었다 할 수 있다. 이에 대한 경전적 근거는 멀리 초기 경전까지 거슬러 올라간다. 『잡아함경(雜阿含經)』1106경에는, "'세존이시여, 무슨 이유로 석제환인에게는 석제환인이라는 이름이 붙게 되었습니까?' 부처님께서는 비구에게 이렇게 일러주셨다. '석제환인이 전생에 사람으로 있을 때에 돈시(頓施)를 행하였는데 사문 바라문이 극도로 가난해서 고생이 심하여 살기 위해 길에서 구걸을 할 때 음식·돈·곡식·옷·꽃·번·장엄구·침구 등을 주었다. 이러한 것을 모두 감당할 능력이 있었기 때문에 석제환인이라 이름한 것이다.'"[1]라고 하였다.

아함경류의 초기 경전은 결집의 주체가 된 부파의 영향을 받은 것으로 평가되지만 제석천이 인도 대중과 친숙한 신이었기 때문에 불교교단에서 제석신에 대한 신앙을 부정하기 어려웠을 것이다. 또한 석가세존은 생전에 바라문들의 종교에 대하여 개종보다는 바른 신앙의 태도를 권고함으로써 이교도의 신격에 대한 배타적 태도보다 종교적 신앙심과 수행

---

1)  『大正藏』2, pp. 290下-291上.

의 본질에 대한 교계를 더 보였던 것 같다. 그러나 불교와 외도(外道)와의 논쟁이 인도 사회에서 의식화됨으로써 제석천도 불교의 호법존으로 그 입지가 전환된 내력을 여러 문헌에서 볼 수 있다. 『잡보장경(雜寶藏經)』[2] 에서 제석이 천중(天衆)을 모아놓고 "나는 이제껏 하루 세 번 범천(梵天)에게 공양을 해왔는데 지금부터는 그만두고 부처님께 공양하리라" 하고 선언한 것은 인도 교단에 존재했던 제석천의 극적 수용에 대해 밝힌 것이다.

제석천과 민족의 고대신앙 또는 하늘사상과의 유기적 관계는 석제환인(釋提桓因)이란 명칭에서 비롯된다. 제석천은 인드라라고 부르기도 하지만, 자세히는 샤크로데반드라(Śakrodevandra)이며, 석제환인다라(釋提桓因陀羅)·석가제바인다라(釋迦提婆因陀羅), 또는 석제환인이라 부른다.[3] 단군을 석제환인으로 부르게 된 계기를 정확히 추정할 수 없지만 고대종교의 하늘사상에 대해 하늘을 도리천, 천주를 석제환인에 배대한 배경은 여러 가지로 추정된다.

초기 경전에 의하면 제석천은 수미산(須彌山)의 정상인 도리천에 머물며, 선견성(善見城)에 거주하고 사천왕과 32천왕을 통솔한다고 되어 있다. 도리천은 신라시대의 세계관에서 하늘과 밀접한 관계가 있는 곳이다.[4] 자장(慈藏)이 중국 청량산(淸凉山)을 방문하여 문수보살을 참배할 때 문수보살상을 조각한 이는 제석천왕이 데리고 온 석공(石工)이라고 한다. 신라의 선덕여왕은 명랑(明朗)법사를 깊이 믿었는데 그 계기는 명

---

2) 『雜寶藏經』卷6「帝釋問事緣」(『大正藏』4, p. 478上). "爾時帝釋 集諸天衆 尋卽告言 我於三時 供養梵天 自今己後 止不爲此 當於三時 供養世尊."

3) 『慧琳音義』第18 釋提洹因 條 및 第25 帝釋 條에는 이외에도 많은 명칭이 있다.

4) 『大寶積經』卷76(『大正藏』11, p. 430) 참조.

랑이 중국에 유학하여 밀교를 배운 후 당의 침략에 대해 문두루(文頭婁) 도량을 시설해 당군을 물리쳤다는 기록이 있다. 문두루법을 설행한 장소에는 사천왕사(四天王寺)가 건립되었고 사천왕사 바로 옆에 선덕여왕의 묘가 있다. 선덕여왕은 죽기 전에 도리천에 묻어달라고 유언하였는데, 사천왕천이 곧 제석천이 머무는 도리천과 유관하다. 때문에 선덕여왕시대부터 제석천은 도리천의 주인으로서 민족신앙의 하늘과 환인(桓因)으로 대치되어 민족의 의식에 각인되었던 것 같다. 제석천의 조상(彫像)은 석굴암의 석실에 조성되어 대범천(大梵天)과 나란히 모셔져 있지만, 실제로는 불교의 세계관에서 수호존의 천중의 의미보다 석제환인의 대치로서 모셔졌을 가능성이 높은 것이다.

## 2) 고려 제석도량의 유형

신라의 제석신앙은 고려시대에 들어 변함없이 승계되었다. 태조 왕건은 919년(태조 2년) 수도를 송악으로 옮기고 법왕사(法王寺)를 비롯해 내제석원(內帝釋院)[5] 등 10대 사찰을 건립하였다. 뒤이어 925년에도 외제석원(外帝釋院)을 건립하였다. 신라시대의 제석신앙을 고려시대와 비교하면 고려시대는 더욱 조직화된 신앙체계로 조직되고, 밀교 도량으로서 적극적으로 설행되었다는 것을 알 수 있다. 특히 인간의 선악을 가늠하고 관찰하는 신격으로 인간의 삶속에 더욱 친숙하게 접근한 양상도 보여준다.[6] 제석은 악한 행위를 한 자를 징벌하는 것만이 아니라, 불법을 수호하

---

5) 『三國遺事』「王曆」제 1 고려태조 편 참조.
6) 『불설사천왕경(佛說四天王經)』에 보면 제석은 사천왕의 존주이며, 사천왕은 그 권속이다. 사천왕은 자신과 태자가 인간의 선악과 생각을 살피러 땅에 내려오는데 경전에는, "14일에는 태자를

며 수행자들을 지키고 양육하는 역할을 한다.[7] 그런데 그 과정은 인간사에서 볼 수 있는 행정과 법집행의 구조와 매우 유사한 장면을 볼 수 있다.

신라시대에 내외제석궁을 신설한 것은 이미 알려져 있으며 고려시대 건립된 내외제석원의 경우 내제석원은 제석의 도량이고 외제석원은 외호를 위한 사천왕과 권속에 대한 신앙이 이루어지는 곳으로 정하고 있다. 도리천의 구조를 살펴보면 선견성(善見城)을 중심으로 천주(天州)·군(郡)·현(縣)·촌(村) 등의 구역이 인간세계와 같이 존재한다. 선견성을 비롯해 주변시설의 상세한 소개는 밀교 경전으로서 제석천의 관련 기술이 발전하였기 때문이다. 나아가 신라와 달리 중세국가로 도약하려는 고려의 국가적 위상을 고려할 때 제석신앙에서도 더욱 조직적이고 세련된 국가를 의식하여 경전이 출현했을 가능성이 높은 것이다. 「고려사제석자료초(高麗史帝釋資料抄)」를 살펴보면 제석도량이 설행된 사례는 모두 19회의 기록이 있으며, 외제석원에는 제석천의 권속을 위주로 사천왕도량, 비사문천도량들이 개설되었다고 한다. 신라시대의 불교사상은 불보살의 현신(現身)이 현실에 존재할 수 있다는 현신사상이 신앙적 특징으로 정착된 것으로 보인다. 낙가산의 관세음보살이나 오대산의 문수보살, 달달박박 등의 설화들은 모두 불경에 출현하는 대보살들이 인간 가까이에 모습을 기꺼이 나타내는 것으로 종교적이자 해학적 친근함마저 보이는 경향을 보인다. 심지어 불사를 행할 때 제석이 함께 동참하여 노동을 제공한 것도 볼 수 있는데, 이것은 신라 현신사상으로서 고유한 모습을 보이

---

아래 세상으로 내려보내고, 15일에는 사천왕 자신이 내려가고, 23일에는 다시 사자를 보내고, 29일에는 태자를 다시 내려보낸다. 그리고 30일에는 사천왕이 다시 직접 내려간다. 사천왕이 내려가는 날은 해와 달과 5성(水·金·木·火·土)과 28수가 하늘에 다 떠 있고 그 가운데의 하늘무리를 모두 거느리고 내려간다"(『大正藏』15, p. 118中).

7) 『大方等大集經』 卷52 「提頭賴吒天王護持品」(『大正藏』13, p.346下) 참조.

는 것이지만, 한편으로 중국 못지않게 신라도 동등한 종교적 가치를 보전하고 있다는 뜻이기도 하다. 특히 한반도는 인도를 기준으로 할 때 동방의 끝에 위치하기 때문에 만다라나 천계에서 동방은 신라뿐만 아니라 후대 고려와도 친근한 관계에 있게 되는 것이다.

『대비로자나경광대의궤(大毘盧遮那經廣大儀軌)』를 보면 제석은 북제석(北帝釋)과 동제석(東帝釋)이 있다고 한다.[8] 북제석은 수미산제석(須彌山帝釋)으로서 인간계를 제외한 모든 세계를 관장하고, 동제석(東帝釋)은 차계의 제석이요 인간계의 제석이라고 설한다. 동제석의 입장에선 인간계를 수호하고 선악을 감시하기 위해서는 인간세계로의 현신이 불가피하다고 할 수 있다. 『동국이상국집』의 「동전양단병천제석재소(同前攘丹兵天帝釋齋疎)」에는, "제석왕은 상계에서 6천을 통솔하시는데 길흉화복의 시행에 아무 착오가 없으시다. 우리나라는 이 사주(四洲)의 인방(仁方)이다"[9]라고 하였는데, 인방은 오행의 분류상 동방에 해당하는 것이다.

제석신앙은 제석궁 또는 제석원을 설치함으로써 위정자(爲政者)의 내적인 수양을 도모할 뿐만 아니라 선악을 감시하는 권속들에게 선행을 보임으로써 연명(延命)의 기회를 삼기도 한다. 연명과 관계가 깊은 것은 제석을 비롯해 관세음보살의 능력도 깊은 관계가 있다. 『고려사』에는, "수명을 늘리려 하는 자는 하늘의 제석과 관음보살을 섬겨야 하는데 왕은 그 상을 많이 그려 놓고 전국의 여러 사원에 나누어주며 범채(梵采)를 널리 설하였다. … 또한 안화사(安和寺)에 제석·관음·수보리를 주조하여 안

---

8) 『大毘盧遮那經廣大儀軌』 卷中(『大正藏』18, p. 105下). 서윤길, 『한국 밀교사상사』(서울: 운주사, 2006)에서 인용.

9) 『東國李相國集』 卷41 釋道疏. "釋王統六天於上界 禍滛福善之無差 我國是四洲之仁方."

치하고 승려들을 모아 밤낮으로 계속 보살의 명호를 소리 높여 부르게 하였으니 이것을 '연성법회'라 이름한다"[10]고 하였다.

## 3) 제석신앙과 권속신앙

제석신앙은 한반도의 고대신앙을 계승했을 뿐만 아니라 제석신앙의 권속을 구성하는 산신, 용왕, 영성 등은 인도의 신앙에서 비롯된 것임에도 불구하고 고대신앙의 신중들과의 유사성으로 인해 불교를 수호하는 신중으로 수용되는 결과를 가져오게 되었다. 기존의 연구는 화엄신중의 권속으로 전통 신격들을 수용하는 경향이 많지만, 사천왕과 용신앙은 제석을 중심으로 한 밀교신중의 수용이라는 면에서 해석해야 한다. 제석의 권속신앙 중에서 특히 고려가 중히 여겼던 것은 사천왕과 용신사상이라 할 수 있다.

먼저 사천왕신앙은『금광명경』에서 언급된 신중으로 제석천왕의 권속으로서 일찍이 중요시되었다. 사천왕과 관련하여 특이한 점은 사천왕도량이 개설된 것은 많지 않으며[11] 오히려 사천왕 가운데 비사문천에 대한 신앙이 확대된 점이다. 요약하면 고려의 전기에는 사천왕이 제석신앙의 일부로 인식되었고, 후기에 전란이 많아지면서 사천왕 가운데 비사문천(毘沙門天)과 그 권속인 공덕천에 대한 신앙이 확대되었다고 할 수 있

---

10)  『高麗史』卷36「列傳」嬖幸1 榮儀 條. "如欲廷壽 須事天帝釋觀音菩薩 王多畵其像 分送中外 寺院 廣說梵朶 … 又於安和寺 塑置帝釋觀音須菩提 聚僧晝夜連聲唱菩薩名號 稱爲連聲法 會."

11)  예종 3년 7월 여진족이 침입해 왔을 때 비사문사에서 개설한 것(『高麗史』「世家」예종 3년 7월 조)과 고종 4년 12월 선경전(宣慶殿)에서 개설한 사천왕도량(『高麗史』「世家」高宗 4年 12月 條)의 두 기록만이 『고려사』에 존재한다.

다.

비사문천(毘沙門天)은 사천왕 가운데 북방을 수호하는 천왕이다. 비사문천에 관해서는 『고려사』에 "본궐에 공덕천도량을 개설하여 비 오기를 기원하였다"[12]고 하여 기우(祈雨)의 염원에서 비사문천의 권속에게 청우를 빈 것이다. 기우와 관련하여 공덕천과 더불어 용에게 부탁한 것도 있다. 『고려사』에는 "선종 3년 4월 신축일에 담당관이 오랜 가뭄으로 토룡께 간청하고 다시 민가에 용을 그려 놓고 기우제를 지내자 왕도 이를 따랐다"[13]고 하였고 이와 유사한 사례들이 존재한다.[14] 공덕천과 토룡에 요청한 청우의 공통점은 두 권속이 모두 제석천의 권속이라는 점이다.

그러나 비사문천도량의 중심은 기우보다는 전쟁과 깊은 관계가 있다. 특히 고종대에 공덕천도량이 집중적으로 나타난 것은 몽골의 침략이 극성할 때였다. 또한 예종 3년 7월에는 여진족이 대거 남침해 오자 비사문사에서 사천왕도량을 개설하였고,[15] 공민왕 15년 11월에는 왜구의 침입을 막기 위하여 북제천병호국도량을 개설하였다.[16]

『동국이상국집(東國李相國集)』에 실린 「우단병기양제석도량문(又丹兵祈禳帝釋道場文)」[17]의 제명에 의해서도 나타나고 있듯이 제석은 항

---

12) 『高麗史』世家 高宗 37年 5月 丁丑 條. "設功德天道場于本闕 以禱雨."
13) 『高麗史』「志傳」第8 五行2. "宣宗三年四月辛丑 有司以久旱請土龍 又於民家畵龍禱雨王從之; 仁宗元年五月甲子 造土龍于都省廳 聚巫禱雨 ; 毅宗五年七月壬寅 設龍王道場於貞州船上禱雨.
14) 인종 원년 5월 갑자일에 도성청에 토룡을 조성하고 무당을 모아 놓고 기우제를 지냈다. ; 의종 5년 7월 임인일에 정주 배 위에 용왕도량을 개설하고 기우제를 지냈다.
15) 『高麗史』「世家」예종 3년 7월 조 및 이능화, 『조선불교통사』 상, p. 242.
16) 『高麗史』「世家」공민왕 15년 11월 조.
17) 『東國李相國集』卷41 釋道疏. "帝釋有降魔之力 … 伏願仗大神通 添新氣力 列郡倂力 掃群虜之羶腥 疲民息肩 致庶邦之寧靜"

마지력(降魔之力)이 있어서 일체의 외적을 물리칠 수 있는 권능의 존재로 믿고 그러한 권능을 빌어 몽고군의 간악무도한 무리를 퇴거시켜 달라는 고려민의 간절한 염원과 기원이 담겨져 있다.[18]

한국불교에 용신앙이 토속신앙으로서 어떤 모양으로 존재했는지 명확하지 않지만 산신과 마찬가지로 바다에도 바다를 주재하는 신격이 있다고 믿었던 것은 분명하다. 용의 형상에 대해 민속학적인 다양한 접근이 있지만, 용이 바다와 더불어 물과 친숙하기 때문에 청우나 기우의 대상이 되고 있는 것은 지역에 따라 큰 차이가 없는 것 같다. 청우의 대상이 되는 용은 거주처가 하늘이기 때문에 당연히 하늘의 주재인 제석의 권속이며 제석천을 보좌하는 입장에 있다 할 수 있다. 밀교경전으로서 용신앙의 근거는 『대운륜청우경』에 나타난다. 경전에는 "너희 대용왕들이여, 만일 어떤 천인이 있어 대자비를 행한다면 그는 불에 타지 않고 칼에도 베이지 않으며 물에도 빠지지 않고 독약에 중독되지도 않는다. 또한 안팎의 원수와 적들도 침략하여 소란시키지 못하게 되리라"[19]고 하여 용왕을 천인의 부류로 해석하고 있다.

신라시대에 문무왕이 바다의 용이 되어 왜구로부터 신라를 방어하려 했던 것은 용에 대한 수호의 기대가 큰 것이라고 할 수 있고, 고려도 제석과 더불어 권속으로서 용에 대한 신앙을 이어받았다고 할 수 있다. 그것은 고려시대 용왕도량으로 나타나게 된다. 고려 숙종 6년 4월과 의종 5년 7월에 용왕도량(龍王道場)[20]이 개설되었고, 운우도량(雲雨道場)은 덕

---

18) 서윤길, 앞의 책.
19) 『大雲輪請雨經』卷上(『大正藏』19, p. 487中). "汝大龍王若有天人行大慈者 不火能燒刀不能害 水不能漂毒不能中 內外怨敵不能侵擾 … 汝大龍王若天人 修大慈行獲是福利 是故龍王."
20) 『高麗史』世家 숙종 6년 4월 조 및 의종 5년 7월 조 참조.

종 2년 5월을 비롯하여 9회나 개설되었다.[21)

제석신앙의 또 다른 권속으로 관계가 깊은 것은 산신신앙이다. 고려는 불교국가로서 찬란한 불교문화를 이룩했지만 그 이면에는 불교연구를 통한 성과보다 수많은 외침으로부터 국가를 보전하려는 신앙적 발로에서 이루어진 것이 많다. 태조 왕건이 후손들에게 훈요십조를 전하고, 내제석원과 외제석원을 창건한 것은 고려가 오백여 년을 견딘 신앙적 힘이라 해도 크게 틀리지 않을 것이다. 고려시대를 통해 빈번하게 이루어진 외침은 국토를 수호하는 제신들에 대한 신앙으로 전개되었고, 이것은 산, 바다, 강의 신에 대한 신앙으로 세분화되었다.

『보한집(補閑集)』에는 개태사에 대해 "부처님과 산령들의 도와주심에 보답하고자 사국(司局)에 특명을 내려서 연궁을 새로 지었다"[22)는 대목을 볼 수 있다. 당시의 세계관은 이들 신을 주재하는 신격을 제석으로 간주했음을 상상하기는 어렵지 않은데, 이들을 신앙적으로 포섭한 것은 팔관회라는 재의식이다. 『기세경(起世經)』에는 사천왕이 팔관회와 6재일을 때맞춰 설행할 것을 권고하고,[23) 『대지도론』[24)에도 6재일에 천중들이 사람의 마음을 살피는데, 이때 8계를 받고 재일을 지키면 천중을 기쁘게 한다는 내용을 볼 수 있다.

---

21) 고종 22년 2월에 개설된 지풍도량(止風道場) 등은 모두가 용에 대한 신앙이다. 이 가운데 지풍도량은 폭풍을 그치는 것으로 용이 풍우를 함께 다스리는 것으로 볼 수 있다.

22) 『補閑集』卷上(『破閑集·補閑集』, 서울: 亞細亞文化史, 1972, p. 59). "答佛聖之維持 酬山靈之贊助 特命司局 刱造蓮宮 乃以天護爲山號 以開泰爲寺名云云 所願佛威庇護 天力扶持."

23) 『起世經』卷7「三十三天品」第8之2(『大正藏』1, p. 346下-347上). "當於是日 四天王集其眷屬 普告之言 汝等各往遍觀四方於世間中 … 以不修行布施受禁戒 不守攝八關持六齋不時 四天王如是勅己."

24) 『大智度論』卷65「釋無作實相品」第43(『大正藏』25, p.516上). "六齋日諸天來觀人心…… 復次是六齋日 是惡日令人衰 若有是日受八戒持齋布施聽法 是時諸天歡喜 小鬼不得其使利益."

## 4) 제석도량이 고려에 끼친 영향

태조 왕건이 고려를 건국한 이후 고려에는 무수한 제석도량이 개설되었다. 매년 정월에는 제석도량을 내제석원을 비롯해 문덕전(文德殿)과 명인전(明仁殿), 수문전(修文殿), 중화전(重華殿)에서 연 것으로 보아 정월에 실시하는 중요한 국가행사였다는 사실을 알 수 있다.[25] 제석신앙은 내면적으로 예류로서 제석천의 수행을 따르는 면도 있지만 국가적 제석도량은 위국을 위한 의미가 컸을 것으로 생각된다. 제석과 사천왕, 산천의 권속에 대한 도량에 팔관회의 설행이 포함되고 있다. 팔관회는 제석천으로부터 권속의 신앙으로 확산되지만, 한국불교의 경우 화엄신중신앙이 병행되고 있다. 화엄신중의 연원은 『화엄경』을 소재로 등장하는 제 신중에 대한 신앙이며, 화엄신중은 불교의 수호존으로서 불보살과 인간, 자연 등을 호위하는 역할을 한다. 화엄신중은 「용수보살약찬게」와 80권본 『화엄경』의 「세주묘엄품」에 입각해 39위 신중으로 구성되는데, 이것은 60권본 『화엄경』의 신중을 기본 구성원으로 삼는다.[26]

---

25) 1085년(선종 2)에도 천제석도량을 문덕전에서 베풀었고, 1098년(숙종 3)에는 왕이 외제석원에 행차하여 재를 베풀었으며, 1099년 정월과 1101년 정월에 천제석도량을 문덕전에서 베풀었다. ; 1107년(예종 2) 정월과 1110년 정월에도 제석도량을 문덕전에서 베풀었고, 1114년 4월에는 예종이 외제석원에 행차하여 공양하였으며, 1130년(인종 8) 정월에는 제석도량을 중화전(重華殿)에서 베풀었다. ; 1132년 2월에는 천제석도량을 명인전에서 베풀었고 1148년(의종 2) 정월에는 제석도량을 문덕전에서 베풀었으며, 1176년(명종 6)에는 천제석도량을 명인전에서 베풀고, 1177년 3월에는 제석도량을 내전에서 베풀었으며, 1181년 3월에 제석도량을 명인전에서 베풀었다. ; 1203년(신종 6) 정월에는 제석도량을 수문전에서 베풀었고 1214년(강종 4) 정월에도 제석도량을 수문전에서 베풀었으며, 같은 해 3월에는 제석재를 행하였다. ; 1223년(고종 10)에 제석도량을 수문전에서 베풀었고, 1251년에는 천제석도량을 궐안에서 베풀었다. 이와 같이 고려시대에는 제석천에 대한 호국진병(護國鎭兵)의 신앙의식이 많이 행하여졌다.

26) 60권본 『화엄경』의 제1장 「世間淨眼品」에는 普賢菩薩, 普德智光菩薩, 普明師子菩薩, 普勝寶光菩薩, 普德海幢菩薩, 普慧光照菩薩, 普寶華幢菩薩, 普勝軟音菩薩, 普淨德焰菩薩, 普相光明菩薩, 大光海月菩薩, 雲音海藏菩薩, 德寶勝月菩薩, 淨慧光焰自在王菩薩, 超趣華光菩薩,

『화엄경』에 따르면 화엄신중은 붓다가 마가다국의 적멸도량 보리수 아래에서 정각을 이루었을 때 붓다를 찬탄한 신중들에서 유래하였다. 때문에 붓다의 탄신을 찬탄한 범천 등 우주 전체의 모든 신격들이 화엄신중에 편입된다고 할 수 있다. 신중들의 성격은 천체, 자연, 생물, 인문, 윤리, 귀신, 호법 등을 그 속성으로 하고 있는데, 이 신중들은 불법을 호위하면서도 스스로 불교를 수행하는 집단이어서 십주중, 십행위중, 십회향위중으로 분류되기도 한다. 화엄신중이 지닌 우주적, 자연적, 사회적 전체성은 중국뿐만 아니라 한국에서도 토속신을 다양한 형태로 수용하는 포용성의 배경이 되고 있다.[27]

한편 제석신앙이 위국의 발로에서 고려대장경의 조판으로 이어진 정황도 역사의 기록에는 보이고 있는데 이에 대한 경전의 근거는 제석의 권속인 사천왕신앙으로부터 나타나고 있다. 『금광명최승왕경』에는 사천왕이 경전을 수지 독송하는 자들을 수호할 것을 서약하는 장면이 나온다. 경전에는 "세존이시여, 사부대중 앞에 나타나 경을 수지하기를 마치 부모가 필요한 모든 물건을 자식에게 공급하듯 공경스럽게 수호하는 국왕이 있다면 우리 사왕(四王)의 무리는 항상 그를 지키고 보호하며 모든 중생

無量智雲日光菩薩, 大力精進金剛菩薩, 香焰光幢菩薩, 月德妙音菩薩, 光明尊德菩薩, 그리고 微塵數의 金剛力士, 道場神들, 龍神들, 地神들, 樹神들, 藥草神들, 穀神들, 河神들, 海神들, 火神들, 風神들, 虛空神들, 主方神들, 主夜神들, 主晝神들, 阿修羅, 迦樓羅, 羅眼羅, 緊邪羅, 摩眼羅迦, 鳩槃茶 등의 신들, 月天子, 日天子, 33天王과 夜摩天王, 兜率天王, 化樂天王, 他化自在天王, 大梵天, 光陰天子, 遍淨天, 果實天子, 淨居天 등을 위시한 微塵數의 천신 천왕이 부처님의 곁에 있었다고 했다. 『華嚴經』 권1 「世間淨眼品」(『大正藏』9, pp. 395-397)

27) 한국에서 화엄신중의 신앙은 기록상으로 『三國遺事』 권3 塔像 五臺山五萬眞身 條에서 寶天이 五臺의 각 암자에 결사하고, 일정한 福田을 상주시켜 국가에 대한 행사를 시행하고, 이 가운데 보천암의 복전은 華藏寺에서 밤마다 화엄 신중을 외우고 백일동안 華嚴會를 행하고 文殊岬寺를 가설하여 복전 7인이 밤낮으로 華嚴神衆懺悔를 행하였다는 기록이 있다. 홍윤식, 『한국의 불교미술』(서울: 대원정사, 1986, 95-97 참고.

이 다 그를 존경할 수 있도록 하겠습니다."[28]라고 설한 장면이 나온다. 고려 태조 11년 8월에 신라승이었던 홍경(洪慶)이 당에서 대장경 일부를 가져오자 그것을 제석원에 안치했던 사실[29]을 보면 고려는 건국 초부터 대장경과 제석천의 가호로 인한 위국의 의식이 일찍이 존재하고 있었던 것 같다. 그것은 중국에서도 마찬가지여서 제대법사(諸大法師)의 『자비도량참법(慈悲道場懺法)』[30]에서 "제석과 사천왕이 경전을 옹호하기를 마치 부모가 자식을 사랑하듯이 하고 제천이 제석을 받드는 것과 같이 한다"고 하였다.

「대장도량소문(大藏道場疏文)」에 "오랑캐와 왜구의 횡행함을 만나서 나라의 근본이 거의 짓밟힐 지경에 이르렀으니, 긴급하게 하늘의 도움을 받기를 우러렀다"[31]라고 한 것에서 하늘의 천주는 제석천이기 때문에 대장경의 조성에서 위호를 기대하는 궁극적 주체는 제석인 것이다. 고려대장경 조판사업을 실질적으로 주도한 대각국사의 「선봉사비문(僊鳳寺碑文)」[32]에도 법보를 가리켜 "부처님의 보호와 제천의 보호하는 힘을 받는다"고 하였다. 고려대장경의 조성에서 초조장경뿐만 아니라 재조장경

---

28) 『金光明最勝王經』 卷6, 「四天王護國品」 第12(『大正藏』16, p. 427下). "此金光明最勝經王 於未來世 若有國土城邑聚落山林曠野 隨所至處 流布之時 若彼國王於此經典 至心聽受稱歎供養 幷復供給受持是經 四部之衆深心擁護 令離衰惱 以是因緣 我護彼王及諸人衆 皆令安隱遠離憂苦 增益壽命威德具足 世尊若彼國王 見於四衆 受持經者 恭敬守護猶如父母 一切所須悉皆供給 我等四王常爲守護 令諸有情無不尊敬 是故我等幷與無量藥叉諸神 隨此經王所流布處 潛身擁護 令無留難 亦當護念聽是經人諸國王等 除其衰患悉令安隱 他方怨賊皆使退散 … 我等爾時當與眷屬無量無邊藥叉諸神 各自隱形爲作護助 令彼怨敵自然降伏."

29) 『高麗史』 「世家」 태조 11년 8월 조.

30) 諸大法師 集撰, 『慈悲道場懺法』 卷7 「奉爲天道禮佛」 第1(『大正藏』45, p. 953上).

31) 『東國李相國集』 卷 40, 釋道疏祭祀. "遭胡冠之橫行 幾致邦基之陵贊 繄仰賴多天之助."

32) 『大覺國師外集』 卷13. "國師當去佛旣遠之後 不惜身命遠求法寶 傳之無窮而 … 妙法常住而 爲諸佛之所護念 爲諸天之所 權衛之力也."

의 말문과 서문에도 제천의 수호를 기대하는 장면은 무수히 볼 수 있다.[33]

　　서윤길은 "이와 같은 고려민의 제석에 대한 신앙의 결정체요 극치라고 할 수 있는 것은 양차에 걸친 고려대장경의 완간사업으로 보아야 할 것이다"[34]라고 하여 대장경사업과 제석천과의 유관성에 주목하고 있다.

　　태조 왕건의 훈요십조에 팔관회 실시를 권고한 것과 더불어 고려 초에는 대장경을 모시려는 의지가 일찍이 존재했는데 역사적으로 팔관회와 대장경은 고려불교의 정체성을 표현할 만큼 중요한 사업이었다고 할 수 있다. 팔관회는 통일신라부터 고대신앙과의 유관성을 살펴볼 수 있는 것으로, 고려가 한반도와 간도 주변의 산천을 계승하는 정통성을 의식하고 있으며, 이것이 산천에 대한 제의로 이어졌고 그 중심에는 제석의 권속으로서 용왕이나 산신사상이 주도한 것이 된다. 또한 잦은 병침으로 인해 고려가 시달릴 때도 오백여 년 이상 버틸 수 있었던 원동력은 부처에 대한 신앙심과 더불로 고려 산하를 주재하는 제석에 대한 신앙이었으니, 고려대장경의 조성에서 제석천의 의미를 밀교를 중심으로 피력한 학계의 성과는 새삼 중요한 것이라 할 수 있다.

---

33) 재조장경의 기고문 「대장각판군신기고문(大藏刻板君臣祈告文)」 "국왕이 삼가 조심하는 기일(忌日)에 태자와 공후백작 재상 추밀원의 문무백관과 함께 머리 감고 재계하고는 허공계가 다하도록 넓은 시방의 무량한 제불 보살과 33천을 수위로 하는 제석천과 일체의 호법하는 영관(靈官)에게 기도하여 이뢰기를 간절히 한다. … 엎드려 바라옵건대 제불 보살 삼십삼천이시여, 저희에게 신통한 힘 빌려주시기를 정성껏 간청하나이다."『東國李相國集』卷25 記牓文. "國王諱謹 與太子公候伯宰樞文虎百寮等 熏沐齋戒 祈告于盡虛空界十方 無量諸佛菩薩 及天帝釋爲首三十三天 一切護法靈官甚矣 … 伏願諸佛聖賢三十三天 諒懇延之祈借神通之力."

34) 서윤길, 앞의 책.

## 2. 구요신앙의 밀교적 성격

### 1) 구요신앙의 연원

고대종교와 별은 관계를 가지고 있으며 별은 지상의 만물에 비해 하늘에 존재하는 신적 영역과 늘 가까이 있기 때문에 언제나 특별한 종교적 의미를 가지고 있었다. 하늘에 대한 신앙은 한민족의 고대종교에서도 나타나며 부족국가 시절뿐만 아니라 삼국시대와 그 이전에도 별에 대한 제사를 지내온 사실이 『삼국사기』의 본기(本紀)에 기록되어 있다.[35] 민족 고유의 별의 신앙은 우랄알타이산맥을 중심으로 중앙아시아와 공유한 공통적 문화현상으로 중국과 유사성을 가지고 있다. 이들 별신앙은 중앙아시아의 영향을 받았던 인도의 고대신앙과도 먼 연원에서는 닿아있다.

한민족의 별신앙은 중국의 도교와는 다른 독자성이 존재한다. 그것은 고구려 왕실의 봉분에서 천장에 조각된 칠성의 조각에서 나타난다. 서윤길은 "민족 고유의 영성신앙(靈星信仰)은 삼국시대에 이르러 불교와 도교의 전래에 영향을 입어 보다 구체적인 신앙으로 전개되었다. 그리하여 그 이전에는 막연한 천제(天祭)에 포섭되었던 해와 달과 별들이 삼국시대에는 그 하나하나에 대한 구체적 신앙이나 관심의 대상으로 부각되기에 이르렀다. 그러나 삼국시대까지는 그것이 개별적이거나 무속적 단계에 머물렀을 뿐 아직은 총체적이거나 조직적인 차원 높은 신앙으로 발전하지는 못했다"[36]라고 하였다.

---

35) 『삼국사기』 32, 雜志 1 祭祀 條.
36) 서윤길, 앞의 책.

통일신라시대 이후 영성신앙은 민족신앙과 불교, 도교가 어우러져 다양한 형태로 나타나는데, 크게 보면 오성(五星)·칠정(七政)·구요(九曜)·십이요(十二曜)·십이궁(十二宮)·이십팔수(二十八宿) 등이 있다.

별신앙은 해와 달, 그리고 북두칠성에 대한 것이 있지만, 동시에 목화토금수의 오성(五星)에 대한 신앙도 별신앙의 중심에 있다. 오성에 해와 달, 그리고 혜성을 포함시킨 것이 구성(九星)이다. 한역된 불교경전에서는 이들을 구요(九曜)라고 부르며, 밀교에서 구요신앙이라는 독특한 체계를 구성한다. 인도에서 출현한 밀교경궤의 구요는 베다에서 연유하며, 이와 관련된 여러 단서가 존재한다.[37] 구요를 열거하면 아래와 같다.

① 일요(日曜) … 태양(太陽) … 아이저야(阿儞底耶, Adityah)

② 월요(月曜) … 태음(太陰) … 소마(蘇摩, Somah)

③ 화요(火曜) … 형혹성(熒惑星) … 앙아라가(盎哦羅迦, Angarakah)

④ 수요(水曜) … 진성(辰星) … 부타(部陀, Buddhah)

⑤ 목요(木曜) … 세성(歲星) … 물리사파파저(勿哩詞婆跛底, Brihaspatih)

⑥ 금요(金曜) … 태백성(太白星) … 술갈라(戌羯羅, Sukrah)

⑦ 토요(土曜) … 진성(鎭星) … 사내이실절라(賒乃以室折羅, Sanaiccarah)

⑧ 식신(蝕神) … 황번(黃幡) … 라후(羅睺, Rahuh)

⑨ 혜성(彗星) … 표미(豹尾) … 계도(計覩, Ketuh)[38]

---

37) 인도에서는 고대 바라문들의 Veda시대나 민속에서부터 구요나 그 일부에 대한 신앙은 있어왔다. 그리하여 인도에서는 지금도 Surya·Soma(Chandra)·Buddha·Sukra·Mangala(Angraraka)·Vrikspati·Sani·Rahu·Ketu 등을 구요로서 널리 신앙하고 있다. 齊藤昭俊, 『インドの民俗宗教』(東京: 吉川弘文館, 1991), pp. 25-28.

38) 『摩登伽經』上(『大正藏』21, p. 405中), 『大日經疏』4(『大正藏』39, p. 618上), 『佛說大威德金輪佛頂熾盛光如來消除一切災難陀羅尼經』(『大正藏』19, p. 338中), 『舍頭諫太子二十八宿經』

구요는 구집(九執)이라고도 불리며, 아홉별에 대한 다양한 이명이 있다.[39)]

구요신앙을 반영한 밀교신앙이 고려에 들어온 연유는 중국에서 축율염(竺律炎)과 지겸(支謙)이 번역한 『마등가경』이 그 시초가 된다. 당시 중국에는 이미 영성신앙이 존재하여 불교경전에 소개된 인도의 영성신앙은 상당한 관심을 불러일으켰을 것이다. 중국과 불교의 영성신앙은 서로의 유사성으로 인해 상호 습합된 형태로 존재했을 가능성이 크다. 서윤길은 "만약에 밀교의 성수(구요)신앙이 세간성취의 차원에만 머물러 있었다면 그것은 중국의 도교적인 그것과도 큰 차이가 없는, 또는 어느 면에서는 무속적인 신앙과도 같은, 그러한 신앙이나 사상에 그치고 말았을 것이다"라고 하였다.

『대일경』 번역 이후의 체계화된 밀교경궤로서 구요신앙을 소개한

---

(『大正藏』21, pp. 410中-419下), 『諸星母陀羅尼經』(『大正藏』21, p. 420上), 『難儞計濕嚩囉天說支輪經』(『大正藏』21, pp. 463中-464下), 『佛母大孔雀明王經』 下(『大正藏』19, p. 437上), 一行 撰, 「宿曜儀軌」(『大正藏』21, p. 423中), 不空 撰, 「金剛頂瑜伽護摩儀軌」(『大正藏』18, p. 920上, 924上) 등 많은 經軌에 九曜關係 교설이 보인다.

39) 구집(九執, Nava Grahah)의 출처는 『대일경소』(『大正藏』39, p. 618下)에 보인다. 또한 일행(一行, 683-727)의 「범천화라구요(梵天火羅九曜)」에서는 화성을 사리성(四利星)·허한(虛漢)이라 하고, 수성(水星)을 참성(麁星)·적성(滴星)이라 했으며, 목성(木星)을 섭제(攝提), 금성(金星)을 장경(長庚)·나힐(那頡), 식신성을 라사(羅師)·화양(火陽)이라고 호칭하기도 하였다(『大正藏』21, pp. 459上-462下). 이외 수성을 여성(餘星)이라고도 하고 혜성을 장미성(長尾星)이라고도 하며 또는 기성(旗星)이라고도 한다(『諸星母陀羅尼經』, 『大正藏』21, p. 420上). 라후(羅睺, Rahuh)와 계도(計覩, Ketuh)는 은성(隱曜)으로서 '눈에 보이지 않는 별'이라는 뜻이며, 황도(黃道)·백도(白道)의 교차점이 일식·월식을 일으키는 지점인데 이것을 '교회(交會)의 식신(蝕神)'이라고 하였다. 그리고 그것을 승교점(昇交点)과 강교점(降交点)으로 구별하고 앞의 것은 '라후(羅睺)'라고 하고 뒤의 것을 '계도(計覩)'라고 하였다. 長部和雄, 『一行禪師の硏究』(神戶: 綱干印刷社), p. 295. 라후성은 머리와 손만이 있는 괴물형의 신상으로 만다라에 나타나고 있거니와, 라후(Rahu·Rahula)는 '계박(繫縛)', 또는 '해와 달을 잡는다'라는 뜻으로서 '집(執)'이라고도 한다. 이러한 뜻에서 부처님은 그 아들의 이름을 '라후라(羅睺羅)'라고 하였는데, 라후(羅睺)뿐만 아니라 다른 천체들도 그 행도(行度)를 잃었을 때 다른 성숙을 삼키거나 잡는다는 의미에서 구요를 인도에서나 불전에서는 '구집(九執)'이라고 호칭하기도 한다. 金岡秀友, 『密敎の起源』(東京: 筑摩書房, 1985), pp. 21-25. ; 서윤길, 앞의 책에서 인용.

것은 불공(不空, 705-774)의 『불모대공작명왕경(佛母大孔雀明王經)』의 번역이다. 선무외삼장의 제자인 일행(一行)은 이미 중국 재래의 역법과 천문지리에 밝았다. 일행이 선무외삼장의 구술을 필기함으로써 완성한 『대일경소(大日經疏)』에는 구요신앙이 소개되어 있는데, 그것은 도교적이거나 샤만의 전통과 달리 출세간의 정법을 추구하는 밀교적 세계관이 반영되어 있는 것이다.

중국의 역법은 교류를 통해 고려에도 전해져 역법의 유행과 더불어 구요신앙에도 주목하였을 것이다. 밀교도량으로서 구요에 대한 신앙은 구요와 이십팔수의 변화와 그 운행에 의해 인간의 운명뿐만 아니라 국가의 흥망도 정해진다고 보는 것이다. 『대일경』「입만다라구연진언품(入漫茶羅具緣眞言品)」에는 밀교도량을 개설하는 과정에 대해 "좋은 일신(日晨)을 맞아 날을 정할 때는 시분과 수치(宿値)와 제집(諸執, 구요)이 모두 다 상응해야 한다"[40]고 하여 택지법과 더불어 구요에 결집된 천문을 함께 살펴야 한다고 설한다. 택일의 한 예로 일행은 길일은 보통 백분월(白分月)이 되며, 그 중에서 1·3·5·7·13일이 보통의 길상일(吉祥日)이 되고, 8·14·15일은 최승(最勝)한 길일로서 이날에는 상응가지(相應加持)의 공덕이 무량하다고 주장한다.[41] 여기서 길일의 선택 이유는, 도량과 택지와 시의와 제요(諸曜)의 연기적 관계 때문이다. 또한 『마등가경』하권에는 별과 일월의 출현을 기준으로 택일법이 나오는데, "달[月]이 묘수(昴宿)를 떠난 날에 태어난 사람은 큰 명성을 얻어 다른 사람들로부터 공경함을 받게 되고 … 달이 묘수에 있어 월식이 있게 되면 나라에 재앙이 많고 화난

---

40) 『大正藏』18, p. 4下. "揀擇地 除去 石碎瓦破器 … 遇良日晨定日 時分宿値諸執 皆悉相應."
41) 『大正藏』39, p. 617下.

이 반드시 일어나게 된다"[42]고 설한 장면을 볼 수 있다. 이를 종합하면 택일은 하늘의 구요의 주재를 결정하는 것이고 이것이 만다라를 비롯해 도량이 설행되는 곳의 지신에게 동의를 얻는 이유가 된다고 설하는 것이다.

중국의 밀교가 신라에 들어오면서 선무외의 제자인 일행이 태장계의 법을 전하였으므로 일행의 천문, 역법의 경향을 상당히 전해 받았을 것으로 생각된다. 산천비보에 능했던 도선국사(道詵國師, 825-898)는 일행의 택지와 택일, 풍수에 대해 알았고, 이러한 경향은 밀교에서 비롯된 것이며, 고려 건국에도 태조 왕건의 출세를 위한 택지 등 최소한 고려의 풍속과 신앙에 상당한 영향을 주었다.[43]

도선국사에 대한 태조의 깊은 신앙과 신뢰는 내제석원과 외제석원의 건립과 더불어 구요당의 건립으로 이어진다. 그 배경을 따져보면 삼국과 통일신라, 고려로 이어지는 신앙의 배경에는 민족신앙으로서 하늘신앙을 대치하는 제석천, 사천왕과 더불어 구요의 존재를 외면할 수 없게 된다. 때문에 태조는 구요당을 건립하고, 하늘의 권속과 유기적 관계에 있던 산천과 바다의 제신을 옹호하고 사탑비보(寺塔裨補)설을 고려 건국의 유시로 삼았던 것이다.

## 2) 밀교경궤의 구요

고려시대에 유행했던 구요신앙은 불교에 바탕을 둔 것이며 특히 밀교와 관계가 깊다. 삼국시대 이후 별신앙을 도교에 뿌리를 둔 것으로 파악하는

---

42)  『大正藏』21, pp. 405中-406下.
43)  고려 태조는 '훈요(訓要)'에서 유일하게 도선을 거명하고 있다. 『高麗史』世家, 太祖 26年 4月 條.

것은 아시아지역의 고대신앙에서 유행했던 별신앙과 유관한 것으로 보인다. 고려시대의 구요신앙을 밀교신앙에서 연유한 것이라고 말할 수 있는 점은 밀교경궤에 구요의 체계에서 별신앙의 의궤가 설행되었기 때문이다. 구요신앙의 전거가 되는 밀교경궤를 열거하면 다음과 같다.

- 『제성모다라니경(諸星母陀羅尼經)』[44]
- 『불설성요모다라니경(佛說聖曜母陀羅尼經)』[45]
- 『불모대공작왕주경(佛母大孔雀明王經)』 하[46]
- 『마등가경』[47]
- 『불설치성광소재경(佛說熾盛光消災經)』[48]
- 『불설치성광대위덕소재길상다라니경(佛說熾盛光大威德消災吉祥陀羅尼經)』
- 『불설대위덕금륜불정치성광여래소제일체재난다라니경(佛說大威德金輪佛頂熾盛光如來消除一切災難陀羅尼經)』

위 경전 가운데 『불설성요모다라니경(佛說聖曜母陀羅尼經)』에는 구요진언을 설하고 "구요진언을 염송하는 자는 모두 성취를 얻게 된다"[49]고 하였다. 여기서 밀교의 성취는 3종실지 또는 5종실지를 가리키는 것으

---

44) 『大正藏』21, p. 420上.
45) 『大正藏』21, p. 421下.
46) 『大正藏』19, p. 437上.
47) 『大正藏』21, p. 400中下.
48) 『大正藏』19. pp. 338下-339上.
49) 『大正藏』21. pp. 421上-422中.

로 3종실지의 경우 식재, 증익, 조복이 있고 이에 경애와 구소를 더하면 5종실지가 된다. 실지의 내용은 세간실지의 경우 식재(息災)는 재난을 물리치는 것이며, 증익(增益)은 풍년과 출산, 조복(調伏)은 도적이나 외적을 물리치는 것이며, 경애(敬愛)는 화합을, 구소(鉤召)는 많은 중생들을 불러들이는 것이다. 밀교의 실지는 세간실지와 출세간실지 두 가지가 있는데, 출세간실지의 경우 성불을 위한 수행으로서 실지의 내용이 달라진다.

『대일경소(大日經疏)』에는 "토(土)는 신(信)이 되고, 목(木)은 진(進), 금(金)은 염(念), 수(水)는 정(定), 화(火)는 혜(慧)가 된다. 나머지 이집(二執)인 라후는 복장(覆障)이 주가 되고, 혜성(彗星)은 주로 불길한 것을 보여준다"[50]고 하여 구요를 십바라밀에 비유한 예가 그것이다. 또한 같은 소에는 구요 이외의 별에 대해 태장계만다라 도상의 제존에 배대한 예도 보이고 있다.

구요에 대한 신앙은 개인과 국가의 운명을 점칠 수 있는 점사의 근거가 된다. 『불모대공작명왕경(佛母大孔雀明王經)』에는 "구종의 집요

---

50) 『大毘盧遮那成佛經疏』卷4「入漫茶羅具緣眞言品」第二之餘(『大正藏』39, p. 618中下). "이 구집(九執) 중에서 해[日]는 본정보리심(本淨菩提心)에 비유되는 것으로서 곧 비로자나(毘盧遮那) 그 자체다. 달[月]은 보리의 행(行)에 비유되는데, 백월(白月) 15일은 모든 행이 다 원만하여 보리를 성취함과 같고 흑월(黑月) 15일은 모든 행이 다하여 반열반(般涅槃)과 같다. 그 중간은 때에 따라 오르고 내리므로 방편력(方便力)에 비유된다. 마땅히 알라. 백자명문(百字明門)을 이미 다 포섭하였다. 토요(土曜)는 중태장(中胎藏)을 지녔고, 수요(水曜)는 우방(右方) 연화(蓮花)의 권속을 지녔으며, 금요(金曜)는 좌방(左方) 금강(金剛)의 권속을 지녔고, 목요(木曜)는 상방(上方) 여래(如來)의 과덕(果德)을 지녔으며, 화요(火曜)는 하방(下方)의 대력제명왕(大力諸明王)을 지녔다. 다시 이와 같은 오집(五執)은 곧 오색(五色)의 소다라(蘇多羅)를 지녔다. 토(土)는 신(信)이 되고, 목(木)은 진(進), 금(金)은 염(念), 수(水)는 정(定), 화(火)는 혜(慧)가 된다. 나머지 이집(二執)인 라후는 복장(覆障)이 주가 되고, 혜성(彗星)은 주로 불길한 것을 보여준다."(就九執中 日喻本淨菩提心 卽是毘盧遮那自体 月喻菩提之行 白月十五日衆行皆圓滿 喻成菩提 黑月十五日衆行皆盡 喻涅槃 中間與時昇降 喻方便力 當知已攝百字明門也 土曜持中胎藏 水持右方蓮花 金持左方金剛眷屬 木持上方如來果德 火持下方大力諸明 復次如是 五執 卽持五色蘇羅 土爲信 木爲進 金爲念 水爲定 火爲慧 共餘二執 羅睺主爲覆障 彗星主見不祥)

(執曜)가 있는데 이것은 하늘이 순행하는 이십팔수의 때에 낮과 밤의 시분을 증감시키고, 세간의 풍요와 괴로움과 즐거움 등의 모든 상(相)을 먼저 나타낸다"[51]고 하여 세간사의 흥망이 구요의 운행에 결정된다고 보는 것이다.

## 3) 구요도량의 설행

조선시대 이후 한국의 불교문화 가운데 칠성신앙이 존속하여 지금까지 전해지지만 고려시대에는 칠성신앙보다 구요신앙이 더 친밀하게 지배계층과 대중들에게 파급되어 있었다. 많은 문인들의 저서에도 구요신앙의 흔적은 나타나고 있다. 고려 이규보(李奎報, 1168-1241)는 밀교의식에 참여하여 많은 소감과 의식문을 집필하였고 심지어 구요도량이 개설될 때에 그 해설서인 「성변소재도량소(星變消災道場疏)」를 남기기까지 하였다. 여기에는 "여래가 교령(敎令)의 법륜을 굴리면서 노여워하는 신상(身像)을 나타내고 신주(神呪)가 광명의 기염을 토해서 위엄으로 뭇 악마를 굴복시킵니다"[52]라고 하였는데 성변으로 인한 재해를 세존의 위신력으로 굴복시키는 것으로 신주의 위력이 함께 설해지고 있다.

　　또한 이규보의 「천변기양오성도량문(天變祈禳五星道場文)」에는 "목요(木曜)가 행로를 잃고 화성과 한자리에 있는지 더욱 두렵고 걱정됩

---

51) 『佛毋大孔雀明王經』下(『大正藏』19, p. 437上) "有九種執曜名號 此執曜天巡行二十八宿之時 能令晝夜時滅 … 世間所有豊儉苦樂 皆先表其相 … 此等九曜 有大威力 能示吉凶 … 宿有 二十八 四方各居七 執曜復有七 加日月爲九 總成三十七 勇猛大威神 出沒照世間 其共善惡 相."

52) 『東國李相國集』卷40,「星變消災道場疏」"如來旋敎令之輪 身現怒像 神呪熾光明之焰 威眠 群魔."

니다. … 이에 청정한 범식(範式)을 갖추어 훈연(熏筵)을 열고 승납(勝衲)의 고류를 초빙하여 구문(具文)의 영전(靈典)을 선창하는 조그마한 제사를 드리오니 영향(影響)히 감통하여 주소서"[53]라고 하였는데 이들은 모두 별자리의 변계를 미리 살피고 별신앙의 의궤와 신주로써 다스리려 했다는 것을 알 수 있다. 고려에서 신앙되었던 구요나 구요당에서 행해진 의식의 내용과 절차 또는 그 장치는 관계 경전의 교설에 의한 원전적 교설에 준하였을 것으로 생각된다.

유사한 예가 『동국이상국집』에 수록되어 있는데, 「구요당행천련기양십일요소재도장겸설초예문(九曜堂行天變祈禳十一曜消災道場兼設醮禮文)」에 "칠정(七政)이 기형(璣衡)의 바름에 잘 어울려 어기지 않으며 사방에 북이 울리는 일이 없고 창성하게 하소서"[54]라고 하여, 별들을 살핌으로써 왕의 실정을 가늠한 기준으로 삼았다는 사실도 알 수 있다.

고려왕실에 의한 구요당 신설은 태조 때 이루어진 일인데, 고종 4년 3월의 기사와 충렬왕 14년 12월에는 구요당의 시설물과 제사에 대해 다루고 있다. 원종(元宗)대에도 재위 14년 5월과 11월, 15년 5월에 각각 본궐(本闕)과 내전에서 십일요의 초제를 거행한 일이 있다.[55]

---

53) 『東國李相國集』卷39,「天變祈禳五星道場文」"木曜之失行 酒興火星而同舍 益深憂畏…… 玆淸淨範式 敞熏筵 邀迎勝衲之高流 宣暢具文之靈典 孫毫營締影響感通."

54) 『東國李相國集』卷39, 醮疏.

55) 『고려사』를 중심으로 하여 그 관계기사를 발췌해 보면 다음과 같다. 서윤길, 앞의 책에서 인용.
   태조(太祖) 7년 9월 … 외제석원·구요당·신중원(神衆院)을 창건.
   문종(文宗) 36년 5월 … 구요당에서 초제(醮祭)하여 비를 빌었다.
   예종(睿宗) 8년 4월 … 구요당에서 3일간 기우.
   인종(仁宗) 17년 8월 … 왕이 외제석원과 구요당에 행차.
   명종(明宗) 5년 5월 … 왕이 외제석원(外帝釋院) 및 구요당에 행차.
   고종(高宗) 4년 3월 … 구요당의 십일요장(十一曜藏) 내에서 소리가 있었는데 주악(奏樂)과 같았다.
   고종 35년 10월 … 왕이 구요당에 행차.

그런데 의종(毅宗) 4년 12월 왕이 친히 내전(內殿)에서 11요를 초제하였다고 되어 있는데, 11요는 도교의 영향을 받은 것으로 중국의 영향을 받아 수용한 것이다. 도교의 경전들에서는 구요보다는 오히려 십일요를 그 중심으로 삼고 있다. 그리하여 그 중심된 독립 경으로서 『원시천존설 십일요대소재신주경(元始天尊說十一曜大消災神呪經)』이 있는데 이에 의하면, 태양진군(太陽眞君)·태음진군(太陰眞君)·목성진군(木星眞君)·화성진군(火星眞君)·금성진군(金星眞君)·수성진군(水星眞君)·토성진군(土星眞君)·라후진군(羅侯眞君)·계도진군(計覩眞君)·자미진군(紫微眞君)·월패진군(月孛眞君) 등을 십일요(사실은 십일진군임)라고 밝히고 있다.[56] 십일요를 비롯해 이십팔수(二十八宿)·남북두(南北斗)·십이궁신(十二官神)을 수문전(修文殿)에서 초제하여 구요 외에 다양한 영성 관련 도량을 설행한 것을 알 수 있다.

구요당의 건립과 더불어 그 운영은 산직장상(散職將相) 2명과 감문위군(監問衛軍) 2명이 맡았으며,[57] 왕이 친히 도량을 집행한 사례도 보이고 있어 고려 왕실이 9요를 중심으로 한 영성제의에 얼마나 각별한 관심을 기울였는지 알 수 있다.

---

고종 36년 3월 … 왕이 구요당에 행차.
고종 37년 4월 … 왕이 외제석원과 구요당에 행차.
고종 37년 10월 … 왕이 외제석원 및 구요당에 행차.
고종 40년 6월 … 최항(崔沆)이 구요당을 대궐 서쪽에 창건.
충렬왕(忠烈王) 14년 12월 … 왕이 구요당에 행차하여 십일요(十一曜)에 제사지냄.
충렬왕 19년 6월 … 왕이 구요당에 행차.
충렬왕 19년 9월 … 왕과 공주가 구요당과 외제석원에 행차.
충숙왕(忠肅王) 1년 3월 … 왕이 친히 구요당에서 제사지냄.
충숙왕 2년 4월 … 왕이 친히 구요당에서 제사를 지냈다.

56)  『正統道藏』 2, pp. 492-494 및 「道藏子目佛藏子目引得」 p. 44 참조.
57)  『高麗史』 志37, 兵3 看守軍 條.

그러나 『조선왕조실록』 태조 원년(元年) 조를 보면, "도가(道家)에서 별에 제사 지내는 초제(醮祭)는 간략하고 엄격히 함을 소중히 여겨 정성스러움과 공경함을 다하여 업신여기지 아니하여야 될 것인데, 고려왕조에서는 초제의 장소를 많이 두고서 업신여기고는 존일(尊一)하지 않습니다. 원하옵건대 소격전(昭格殿) 한 곳만 두고 … 복원궁(福源宮)의 신격전(神格殿)과 구요당의 소전색(燒錢色)과 태청관(太淸觀)의 청계배성소(淸溪拜聖所) 등지는 일체 모두 폐지케 하소서. (이에) 임금이 그대로 따랐다."[58]라고 하여 고려시대에 중요시되었던 밀교도량으로서의 9요신앙을 도교의 습속을 가미시킴으로써 불교의 종교적 권위를 약화시키려 했던 의도를 보여주고 있다.[59]

## 4) 고려 구요신앙이 끼친 영향

고려왕조의 구요당 건립은 천신사상의 연장으로 국가의 위호와 관계가 깊다. 당대(唐代) 실역(失譯)인 『불설대위덕금륜불정치성광여래소제일체재난다라니경(佛說大威德金輪佛頂熾盛光如來消除一切災難陀羅尼經)』에는 다음과 같이 설한다.

---

58) 『太祖實錄』 2, 太祖 元年 壬申 11月 戊寅朔. "禮曹啓 道家星宿之醮 貴於簡嚴 盡誠敬而 不瀆 前朝多値 醮所瀆 而不專 乞只置 格戰一所 務要請潔 必專誠敬 其福源宮 神格殿 九曜堂 燒錢色大淸 觀淸溪排星所等處 一皆革法 上後之."

59) 서윤길은 "고려시대까지 모든 자료의 기록 중에는 그것을 도교적이라고 보는 견해는 전혀 찾아볼 수가 없다. 다만 『동국이상국집』의 「구요당행천변기양십일요소재도장겸설초제문(九曜堂行天變祈禳十一曜消災道場兼說醮祭文)」에 "이에 선관(仙館)에 의탁하여 의식을 베푼다[祇投仙館]"고 하였으나, 이것은 구요당이라는 장소에서 베푸는 십일요소재도량(十一曜消災道場)을 도교적으로 이해한 것이지 구요 자체를 그렇게 본 것은 아니다"라고 하였다.

미래세에 만약 해와 달이 오성·라후·계도·혜패(彗孛) 등 요괴한 악성(惡星)
이 본명궁(本命宮)을 침입하고, 모든 별자리를 범하고, 제좌(帝座)에 임하
여 능핍(陵逼)하고, 모든 재난을 일으킬 때는 청정한 곳을 택하여 도량을
건립할 것이다. 그리하여 이곳에 불상을 모시고 승중(僧衆)을 청하여 여법
하게 1일 내지 7일간 이 다라니경을 독송한다면 모든 재난은 사라지고 모
든 중생들은 무량한 복덕을 얻을 것이다.[60]

　　구요신앙의 목적은 이상에서 밝힌 바와 같이, 세간성취에서부터 출
세간성취에 이르기까지 그 폭이 매우 넓다. 『불설대위덕금륜불정치성광
여래소제일체재난다라니경(佛說大威德金輪佛頂熾盛光如來消除一切
災難陀羅尼經)』에서는 택지·택일을 하여 도량을 건립하고 불상을 모시
고 승려를 초빙하여 등을 밝히고 향을 사르고 촛불을 켜고 이 경을 1일 내
지 7일 동안 108편 내지 1,080편을 독송해야 그 복덕이 무량하고 모든 재
난이 물러간다고 하였다. 이처럼 신앙 목적만 폭넓은 것이 아니라 그 수
행이나 신앙 방법도 매우 복잡한 것에서 단순한 것까지 폭넓게 교설되어
있다.

　　고려 고종대 최항(崔沆, ?-1257)은 왕명을 받아 대궐의 서편[開城]
에 구요당을 건립하고, 건립공사가 마무리되자 고종은 친히 이곳을 관람
하고 그에 참여한 자들에게 각각 진급을 시켰는데,[61] 이것은 구요신앙이
고려 초부터 말까지 고려시대 왕실과 민간신앙을 주도한 내력을 보여준

---

60)　『大正藏』19, pp. 337下-338下. "於未來世中 若有國界 日月五星羅睺計覩彗孛 妖怪惡星照臨
　　所屬 本名宮宿及諸星位 或臨帝座於國於家 幷分野處 陵逼之時 或進或入 作諸災難者 應於
　　清淨處 置立道場 志心持是陀羅尼經 一百八遍 或一千八十遍 若一日二日及至七日 依法修
　　治檀場 受持讀誦 一切災難自然消滅 不態爲 … 但請僧衆 如法建立道場 安置佛像 潔戒護持
　　行香花燈燭 隨分供養 今諸衆生獲福無量 其災卽除."
61)　『高麗史』列傳 42, 崔沆傳.

다.

　우리의 역사상 영성신앙이 구요(九曜)나 십일요(十一曜)와 같이 하나의 조직적인 사상체계 속에서 독립된 신앙으로 전개되기는 고려시대에 이르러서의 일이다. 구요신앙은 고려의 한 시대는 물론이요, 조선 초기까지 하나의 중요한 사회적 기능을 유지하면서 지속되었다. 그리고 이러한 구요신앙의 사상적 원류도 전혀 도교적인 습합(習合)이나 재래 우리 민속 고유의 습합을 배제할 수는 없으나 보다 근원적이고 주류를 이루는 것은 밀교(密敎)라고 하겠다.

## 3. 다라니신앙의 형성

### 1) 제종의 개설과 다라니

한국의 밀교는 중국이나 일본과 다른 특수한 역사를 보여주고 있다. 중국의 경우 당조의 밀교가 한때 번성하였으나 곧 쇠락하고 티베트불교의 밀교와 당밀이 공존하는 양상을 보여준다. 일본의 경우 공해(空海)와 최징(最澄)에 의해 동밀(東密)과 태밀(台密)의 양 체계가 지금까지 존재하여 태장계와 금강계의 독특한 동아시아의 부법을 전승, 보존하고 있다. 한국불교의 밀교는 신라시대 때 수많은 유학승들이 양부의 부법을 전승받은 밀교승들이 많았으며, 고려시대에는 국가적으로 수많은 도량이 개설되었지만 양부 부법의 순밀보다 국가 규모의 도량의 설행이 외면적으로 많았던 것 같다. 여기에 명량의 문두루도량이 시설된 사천왕사 중심의 신인종 계통과, 밀본이나 혜통을 잇는 치병 중심의 총지업 계통의 양대 밀교가 번성하여 조선시대까지 그 흔적을 남기고 있다.

한국 밀교는 비록 양부 부법의 순밀의 기조에서는 부족한 점이 있지만 고려시대에는 밀교의궤의 형식적 도량에 그치지 않고 아자관의 수행을 선수(禪修)로 이해한 사례처럼 실용적이고 현실적 목적에서 밀교가 유행한 독자성이 있다고 할 수 있다. 신라시대에 유행한 밀교는 고려시대에 신인종, 지념업 양 계통의 밀교가업을 전했는데 신라 밀교의 면모는 불가사의(不可思議)의『대비로자나경공양차제법소』에서 보이듯 불교 주석의 형식을 모두 갖춘 높은 교학을 보여주고 있다. 그러나 고려시대의 다라니는 신인종과 총지업의 양 유파를 중심으로 살펴보는 것이 가능하고, 이외 묘세의 천태가와 화엄학 연구를 통해 보이는 다라니 유행의 단편적 자취가 고려시대 밀교 유전의 한 경향으로 간주될 것이다.

먼저 신인종은 신라시대 명랑법사를 개조로 삼는 것이 가능하다. 신인종의 신인(神印)은 산스끄리뜨어 무드라(Mudra, 한역 경전에서는 文豆婁라 음역)를 음사한 것이다. 신인종의 유래는 명랑법사가 문두루법, 즉 신인법을 사천왕사 터에서 최초 설행한 것에서 기인한다. 문두루법은 밀교 경전인 『관정경(灌頂經)』에 의거한 것이다. 『관정경』은 동진 영가(307-312) 연중에 백시리밀다라(帛尸梨蜜多羅)가 번역한 『관정경』(전12권)을 가리키는 것으로 여기서 제7경인 『복마봉인대신주경(伏魔封印大神呪經)』[62]이 신인법의 전거가 된다.

『삼국유사』 권2 문호왕법민(文虎王法敏) 조에 따르면 문무왕 10년(670) 당나라의 장수였던 설방(薛邦)이 50만의 당병으로 서해안에 접근할 때, 김춘추(金春秋)가 이 사실을 신라에 급히 알리고, 선덕여왕이 방편을 묻자 명랑은 경주 낭산의 남쪽 신유림에 신인법을 베풀었다. 이때 명랑은 채백으로 결계를 하고 풀로 오방신상(五方神像)을 만들어 유가에 밝은 승려 12명을 뽑아 신인비법을 행하였다고 전한다. 이듬해에도 당나라 장수 조헌(趙憲)이 거느린 5만의 군사가 침입했을 때 역시 신인비법을 설행하여 당군을 몰살시켰다.

태조 왕건은 신인비법과 사천왕사를 근거로 고려 신인종을 개창하게 하였다.

> 우리 태조께서 나라를 세울 당시 역시 해적들이 와서 소란을 피웠다. 그리
> 하여 안혜(安惠)와 낭융(朗融)의 후예인 광학(廣學)과 대연(大緣)의 두 대

---

62) 『大正藏』21, pp. 515-517.

덕에게 작법으로써 그들을 물리쳐주기를 청하였으니, (이 스님들은) 모두 명랑대사의 계통을 전해받았다. 그러므로 두 분 다 위로 용수에 이르기까지는 9조(九祖)가 된다. 또한 태조는 현성사(現聖寺)를 창건하여 한 종파의 근저로 삼았다.[63]

위에서 신인종의 종찰인 현성사는 대규모 사찰로 국가에서 중시되었다고 한다. 반면 『삼국유사』를 근거로 신인종의 연원을 신라시대 사천왕사의 건립에 맞추어 보려는 견해도 있지만, 종파로서의 의식이 명확해진 것은 고려시대로 볼 수 있다.[64] 신인종의 활약은 사적을 비롯한 기록에는 보이지 않지만, 조선조 태종 6년(1406) 3월 의정부 계청에 그 11종 가운데 하나로 나타난다.[65] 신인법과 사천왕사의 역할을 살펴보면 사천왕사는 제석천의 권속으로 제석신앙의 의미가 더 강했던 것으로 보인다.[66]

고려시대에는 제석신앙이 발흥하면서 고려 왕들이 현성사에 자주 행차하였는데,[67] 현성사와 더불어 신인종의 근저로 중요시된 것은 영통

---

63) 『三國遺事』 권5, 明朗神印.

64) 權相老, 「神印宗과 摠持宗」(『佛教』 59), pp. 2-5. ; 李載丙, 『朝鮮佛教史之研究』 I (서울: 東溪文化硏揚社, 1946), pp. 103-108. ; 朴泰華, 「新羅時代의 密教傳來考」(『趙明基博士華甲記念佛教史學論叢』, 1965), pp. 67-97. ; 文明大, 「新羅 神印宗의 研究」(『震檀學報』 41, 1976), pp. 188-213. ; 李鍾益, 「韓國佛教 諸宗派 成立의 歷史的 考察」(『佛教學報』 16, 1979), pp. 38-39 등에서 神印宗의 신라성립설을 주장하고 있다. 김영태는 "그때까지 일종으로 성립되어 있지 않았던 것을 태조가 현성사를 세운 뒤에 비로소 그곳을 근저로 하여 신인종이라는 일종이 성립을 보게 되었다"고 하였다. 金煐泰, 「五教九山에 대하여」(『佛教學報』 16, 1979), p. 73.

65) 문종 28년(1074) 7월 동경 사천왕사에서 27일 동안 문두루도량을 개설하였고, 이후 문두루도량은 숙종 6년 4월, 예종 3년 7월(진혁사), 예종 4년 4월(홍복·영명·장경·금강사 등), 고종 4년 4월과 12월(현성사)에 각각 설행된 기사가 『고려사』 「세가」편에 보인다.

66) 『高麗史』 「世家」 文宗 28年 7月 條.

67) 인종 13년 3월, 명종 5년 6월과 8월, 동 6년 10월, 고종 22년 9월, 동 43년 9월, 원종 13년 4월, 동 15년 4월, 충렬왕 1년 4월, 동 5년 11월, 동 11년 9월, 동 18년 9월, 충숙왕 1년 9월, 공민왕 1년 3월 등 많은 왕들이 현성사에 행차하고 있다.

사이다.[68] 문두루도량은 사천왕사와 현성사가 중심이 되는데, 이외 금강사를 비롯해 다른 사찰에서도 빈번히 설행되었다. 「서경금강사문두루도량문(西京金剛寺文豆婁道場文)」에는 "불가사의한 교화는 항하수의 모래알같이 많은 국토에 널리 입혀지고, 가장 뛰어난 힘은 신인의 법문보다 더 높은 것은 없다. 그 신통의 영험을 곡진히 빌어 병사와 무기들은 전의를 감추어 밖으로는 전쟁에 패하여 수모를 당하리라는 근심이 영원히 없어지고, 안으로는 사직이 번창하여 중흥의 경사를 맛보았다"[69]라고 하여 신인법의 위호적 성격을 대변하고 있다.

신인종과 함께 종파의 면모에 버금가는 밀교 종파는 지념업이다. 지념업은 고려말 최자(崔滋, 1186-1260)가 쓴 「지념업선사조유위대선사교서(持念業禪師祖猷爲大禪師敎書)」에 조유(祖猷)를 가리켜 지념업의 선사라고 하였다. 최자의 「지념업선사조유대선사교서」에는 "불교를 업으로 하는 자가 자기 수행에서는 정(定)이 성숙하고 혜(慧)가 원만하나 다른 사람을 이롭게 하는 공(功)이 민간에 나타나게 미친 일은 대개 적다. 모(某)는 총지의 법력으로써 학질과 역병을 몰아내어 사람들을 교(敎)하여 살린 것이 무릇 얼마인가."[70]라고 하여 치병(治病)에 총지의 법력을 빌린 기록이 있는데, 총지는 다라니(陀羅尼)의 다른 말이다. 또한 관고(官誥)에는 "낙산사 주지 선사 조유는 송지의 삼매력으로써 일체의 마귀를 제압할 수 있다."[71]고 하였다.

---

68) 『고려사』 「세가」에 의하면 인종 8년(1130) 4월 문하시중 이공수(李公壽)가 양부(兩府)의 대신들과 회의하고 백료(百寮)들에게 차등있게 출미(出米)하여 현성·영통의 두 사찰에서 재(齋)를 설행하고 국가를 위해 재(災)를 가시고 복을 빌었다. 『高麗史』 「世家」 仁宗 8年 4月 條.

69) 『東國李相國集』 卷39, 佛道疏.

70) 『東文選』 卷27.

71) 『東文選』 卷27, 「持念業禪師祖猷爲大禪師敎書」 "然業淨屠者 雖自己分上 定熟慧圓 其利他

일찍이 신라시대에는 신인법과 더불어 밀본(密本)과 혜통(惠通)이 치병으로 이름을 떨쳤다. 지념업의 선사였던 조유도 치병과 복마에 능했기 때문에, 호국과 병난과 관련된 사안은 왕이 국가적 행차로 신인도량이 설행된 반면, 치병의 경우 대중에게 더욱 친근하게 접근한 경향이 있다고 할 수 있다. 신라의 혜통과 관련한 사찰의 경우 신문·효소왕 연간에 창건된 것이고,[72] 고려시대에는 고려 목종 10년(1007)『보협인다라니경(寶篋印陀羅尼經)』의 개판이나,[73] 명종 16년(1186) 9월 광암사와 총지사에서 불정소재도량(佛頂消災道場)을 개설[74]한 기록에서 종조의 계통을 명시한 종파는 아니지만 이에 버금가는 활동의 근거가 있었음을 짐작할 수 있다.

『고려사』에는 주술에 능한 승려들의 지위가 사뭇 높아서 총지사의 주지인 회정은 주금사(呪噤師)로서 의업(醫業)에 능하였지만, 이에 기대려는 벼슬아치들이 많았다고 기록되어 있다.[75]

## 2) 국가 주도의 도량과 법회

밀교의 다라니 주송은 다양한 형태가 있는데 다라니의 성격을 파악하는

---

之功 公然顯及於生民者盖寡矣 某 以摠持法力 驅除虐癘 凡救活幾人耶";『東文選』卷27, 官誥 "法不自立 因言而立 眞乘摠攝於眞言 德無常師 主善爲師 大號宜加於大善 洛山寺住持禪師祖猷 以摠持三昧力能攝伏一切魔"

72) 權相老 編, 『韓國寺刹全書』 下, p. 1104.

73) 千惠鳳, 「高麗 最高의 寶篋印陀羅尼經」(『국회도서관보』 제9권 3호 및 『羅麗印刷術의 研究』, 서울: 景仁文化社, 1982, p. 28).

74) 『高麗史』「志」 2 天文 2 참조.

75) 『佛說優婆塞五戒相經』 卷1(『大正藏』24, p. 940), 『金光明最勝王經』 卷7(『大正藏』16, p. 435), 『十誦律』 卷2(『大正藏』23, p. 9) 등에는 眞言持誦僧을 大呪師·呪師·大力呪師라고 하였다.

것은 다라니의 출처인 밀교 경전이다. 이런 경전들은 다라니경, 신주경, 주경 등의 이름으로 끝난다. 밀교 경전에 담겨있는 사상과 실지, 진언유가의 이념은 경전의 의궤에 나타난 도량(道場)의 개설로 실천되는 것이 상례이다. 고려시대에는 그 어느 시대보다 많은 불교의례들이 행해진 시대로 도량의 성격은 곧 다라니의 주송 경향과 일치하게 된다.

고려시대에 개설된 도량은 여러 가지가 있는데 이들을 열거하면, 백좌인왕도량(百座仁王道場), 축수도량(祝壽道場), 장경도량(藏經道場), 휘진도량(諱辰道場), 금강명도량(金剛明道場), 금광명도량(金光明道場), 소재도량(消災道場), 반야도량(般若道場), 낙성도량(落成道場), 제석도량(帝釋道場), 마리지천도량(摩利支天道場), 경찬도량(慶讚道場), 문두루도량(文豆婁道場), 불정도량(佛頂道場), 불정심도량(佛頂心道場), 능엄도량(楞嚴道場), 용왕도량(龍王道場), 사천왕도량(四天王道場), 약사도량(藥師道場), 공작명왕도량(孔雀明王道場), 관정도량(灌頂道場), 보살계도량(菩薩戒道場), 아타바구신도량(阿吒波拘神道場), 무능승도량(無能勝道場), 보성도량(寶星道場), 제야도량(除夜道場), 승법문도량(勝法文道場), 연생경도량(延生經道場), 신중도량(神衆道場), 지풍도량(止風道場), 공덕천도량(功德天道場), 운우도량(雲雨道場), 천병화엄신중도량(天兵華嚴神衆道場), 화엄도량(華嚴道場), 대일왕도량(大日王道場), 영보도량(靈寶道場), 기은도량(祈恩道場), 석복도량(釋服道場), 진병도량(鎭兵道場), 화엄삼매참도량(華嚴三昧懺道場), 북제천병호국도량(北帝天兵護國道場), 기상영복도량(祈祥迎福道場), 만다라도량(曼茶羅道場), 구명도량(救命道場)[76] 등 많은 도량의 명칭을 볼 수 있다.

---

76) 『高麗史』「世家」

도량의 유형은 많지만 목적도 다양하고 신중이나 권속별로 분류하는 것도 어렵다. 예를 들어 제석도량만 보더라도 목적에 따라 위국과 치병의 여러 목적이 있고, 제석도량과 관련이 있는 것도 사천왕도량을 비롯해 비사문천도량, 아타바구신도량이나 북제천병호국도량 등이 있다.[77] 모두가 사천왕 중의 하나인 것이다. 또한 불정도량과 불정심도량은 그 명칭만 다를 뿐 내용은 같은 것으로 보아야 할 것이며, 이들은 고려시대 왕실을 중심으로 송주되었던 다라니의 내용이라 말할 수 있다.

　　도량과 더불어 법회도 고려시대 다라니 송주의 유형을 전하는 다른 기록이다. 법회의 경우『고려사』에는 다음의 명칭을 전하는데 예를 들어, "연등회(燃燈會), 인왕회(仁王會), 경성회(慶成會), 용화회(龍華會), 수륙회(水陸會), 문수회(文殊會), 경회(經會), 무차대회(無遮大會), 화엄법회(華嚴法會), 존승법회(尊勝法會), 담선법회(談禪法會), 성기양법회(星祈禳法會), 축성법회(祝聖法會), 연성법회(連聲法會), 안택법회(安宅法會), 백련회(白蓮會), 참경회(懺經會)"[78] 등이 그것이다.

　　『고려사』「세가(世家)」에는 금강경도량(金剛經道場), 담론도량(談論道場)[79] 등의 명칭도 볼 수 있는데, 도량에서 볼 수 있는 구국이나 치병의 목적 외에 경전이나 논쟁을 주제로 한 출세간의 인명을 다루는 도량도 설행되었던 것 같다. 『고려사』에는 담론법석(談論法席)과 오교법석(五敎法席)[80]의 사례를 볼 수 있다.

---

77)　서윤길, 앞의 책 참조.
78)　앞의 책.
79)　禹貞相·金煐泰,『韓國佛敎史』(서울: 進修堂, 1969), p.127 참조.
80)　『高麗史』「世家」.

## 3) 민간 다라니신앙의 수용

고려시대에 유행했던 밀교도량이나 다라니 독송의 경우 잡밀의 계통이어서, 불공 시대 이후에도 고려에는 천수다라니나 불공견삭다라니와 같이 신라로부터 계승된 다라니나 밀교신앙이 여전히 사회적으로 지배적인 것으로 생각된다. 민간에 유행했던 다라니류를 살펴보면, 먼저 천수다라니는 신라시대에 관음신앙이 먼저 수용되고 이후 십일면관세음보살의 수용과 함께 천수관음류의 경전이 뒤이어 수용되어 왕실뿐만 아니라 민간 계통에도 유행하기 시작하였다. 고려시대의 관음신앙이 신라와 비교하여 크게 다르지 않지만, 고려시대에는 천수의궤가 유행하고 뒤이어 준제진언이 개입됨으로써 이후 조선시대와 현대에 이르도록 천수의궤에는 준제진언이 포함되어 독송되고 있다.

신라의 『천수경』류에 준제진언이 개입된 것은 고려말 천태종의 원묘국사(圓妙國師) 요세(了世, 1163-1245)와 깊은 관계가 있다. 요세의 행장은 「만덕산백련사원묘국사비명(萬德山白蓮社圓妙國師碑銘)」에 요약되어 있다.[81] 요세는 선수행을 닦기도 하고 약사신앙에 몰입하기도 했지

---

81) 비명에 의하면, 요세는 자가 안빈(安貧)이며 속성이 서씨(徐氏)로서 고려 의종(毅宗) 17년 10월 신번(新繁, 경남 의녕)에서 태어났다. 어려서부터 남달리 총명하여 12세에 강양(江陽, 경남 합천군) 천악사(天樂寺)의 균정(均定)에게 출가하여 천태교관(天台敎觀)을 수학하였다. 22세에는 승과(僧科)에 합격하였으나 종지(宗旨)에 뜻을 두고 널리 강석(講席)에 참석하여 수련을 쌓은 결과 몇 년이 못 되어 일가(一家)를 형성할 덕망을 얻게 되었다. 그리하여, 34세가 되던 해 봄에는 서울의 고봉사(高峯寺)에서 법회를 개설하였는데, 이때에 명망있는 여러 승려들이 모여 이론(異論)이 봉기(蜂起)하였으나 요세의 등좌일후(登座一吼)에 모두가 굴복하고 말았다. 그해 가을 동지 10여 명과 함께 전국의 유명한 사원을 찾아다니며 정진과 후진양성에 힘을 기울이게 되었다. 임진년 여름 4월 8일 처음으로 보현도량을 맺고 법화삼매를 닦아 정토에 왕생하기를 구하였다. 한결같이 천태삼매의 법식에 따라서 연로한 몸으로 법화참회를 닦았으며, 전후로 발심할 것을 권유하여 이 경을 염송하는 자가 천여 명에 이르렀다. 오랜 세월을 천태법화신앙의 홍포(弘布)와 제자양성에 힘을 기울이다가, 제자 천인(天因)에게 후사(後事)를 위촉하고, 1245년

만[82] 노년에는 천태와 법화에 마음을 두었다.[83] 요세가 천태에 전념하기 이전 약사신앙이나 53불에 대한 예참을 알았던 것은 다라니를 소재로 한 신앙에도 관심이 많았다는 방증이 된다. 『법화경』에는 「다라니품(陀羅尼品)」이 있고, 중국의 천태종에도 천태지의의 4종삼매 가운데 방등삼매(方等三昧)[84]를 설하며 천태의 후손들은 밀교와 관련된 저술을 많이 남겼다. 천태지의의 제자인 관정(灌頂)은 "언어다라니라 하는 것은 자비를 훈습하여 말로 갖가지 법을 설하는 것이니 모두가 법화삼매의 다른 이름이다"[85]라고 하여 법화의 수행을 다라니의 부류로 이해했다.[86]

요세는, 비명에 따르면 "항상 선관을 닦고 경을 외고 전수하는 여가에 법화 일부를 외우고 준제주 천 번을 염하며 아미타불 만 번을 부르는

---

7월 7일 서쪽을 향해 앉아서 입적하였다. 『東文選』 卷117 ; 『朝鮮金石總覽』 卷上 ; 『朝鮮佛教通史』 卷下(서울: 慶熙出版社, 1968), pp. 319-323.

82) 了世와 普照의 관계는 韓基斗, 「高麗佛教의 結社運動」(『朴吉眞博士華甲紀念 韓國佛教思想史』, 1984, pp. 551-583)에 자세히 다루었으므로 참고하기 바란다.

83) 『東文選』 卷117. "忽自念言若不發天台妙解 永明壽百二十 病何由逃出 因自警悟 及講妙宗 至是心作佛 是心是佛 不覺破顏."

84) 『大正藏』46, pp. 943-949.

85) 『大正藏』46, p. 603. "語言陀羅尼者 卽是慈熏口說種種法也 皆法華三昧之異名."

86) 吉藏 撰, 『法華義疏』 「陀羅尼品」 第26(『大正藏』34, p. 629). "(법화)는 난을 구호함과 경을 널리 펴는 두 가지 품으로 되어있다. 그 중 첫 번째는 일단 사람에게 입각해서 난을 구호함이니 「관음품」에 설해진 바와 같고, 이제 신주를 설하는 데에는 법에 입각하기 때문에 이 품이 있게 되었다. 두 번째는 다문과 일문의 두 가지가 있는데, 예로부터 설명해온 '많은 보살들이 각각 도를 넓혀 중생을 이롭게 한다'는 내용을 일문이라 한다면 이 품에서 '많은 사람들이 신주를 설함'을 밝힌 내용이니, 말하자면 많은 사람들이 함께 도를 넓히고 중생에게 이익하게 하므로 이 품이 있게 되었다. 세 번째는 법화에 갖가지 방편이 있음을 설한 것이니, 인(人)·법(法)·현(顯)·밀(密)을 경우에 맞게 설한다. 위에서 인과에 대한 설명은 법문을 기준으로 해서 법화를 설한 것이며, 보살의 덕행에 대한 설명은 인문을 잡아 법화를 설한 것이다. 이 인·법 두 가지는 다시 현현문(顯現門)으로 법화를 설한 것이고, 이제 밝히고자 하는 신주는 비밀문(祕密門)으로 법화를 설한 것이다."(護難弘經二品 一以人難如觀音品說 今欲說神呪 法護難故有此品來也 二者有多一兩門 上來明諸菩薩各各弘道利物 名爲一門 今品明衆人說神呪 謂多人共弘道利物故 有此品 三者說法華有種種門 或法或人或顯或密 如上說因果卽就法門說法華 說諸菩薩德行卽是就人門說法華 此人法二種卽顯現門說法華 今明神呪謂祕密門說法華.)

것으로 일과를 삼았다"[87]고 하였는데, 준제주의 연원은 요대(遼代) 도전
(道殿)[88]의『현밀원통성불심요집(顯密圓通成佛心要集)』에서 그 출처를
볼 수 있다. 도전은 자신의 저서에서 "비로자나법신관을 닦는 모든 수행
자가 우선 보현보살의 행원을 일으키고 삼밀로 신심을 가지한다면 문수
사리의 큰 지혜바다에 깨달아 들어갈 수 있으니 이로써 상근기는 반드시
현밀을 동시에 닦아야 한다는 사실을 알 것이다"[89]라고 하여 현밀쌍수(顯
密雙修)를 권장하였다. 여기서 비로자나법신관은 곧『대일경』의 태장계
수법을 말하는 것이며 보현행원과 문수보살은 사실상 중국 밀교의 화엄
과의 깊은 관계를 반영한 것이다.

　　준제주에 대해서는『현밀원통성불심요집』권상에 "준제는 다른 모
든 주를 포함하지만 다른 주들은 준제를 포함할 수 없는 것이, 마치 큰 바
다는 여러 물줄기를 다 포함할 수 있지만 여러 물줄기는 큰 바다를 받아
들일 수 없는 관계와 같다"[90]고 하였다. 준제주의 출처를 살펴보면, 준제

---

87) 『東文選』권117. ;『朝鮮金石總覽』卷上. "每禪觀誦授之餘 誦法華一部 念准提神呪一千遍 彌
　　陀佛號一萬聲 以爲日課."
88) 저자인 道殿의 전기에 대해서는『顯密圓通成佛心要集』의 陳覺의 서문과 性嘉의 「후서」에
　　간략히 전하는데, 도전은 자는 '法幢'이고, 속성은 杜씨로 山西 雲中 사람이라고 기록되어 있
　　다.(『大正藏』46, p. 1006中. "今我親教和尚 諱道殿字法幢 俗姓杜氏雲中人也.") 어려서부터
　　유교와 불교를 배웠고, 출가 후에는 지계가 단정하였으며, 불교의 전적을 정밀히 탐구하였다고
　　한다. 현교에서는 화엄의 종학에 밝았고, 밀교에서는 준제 등의 법문을 익혔다고 한다. 항상 현
　　교와 밀교를 겸학할 것을 권장했기 때문에, '顯密圓通法師'라는 별명을 얻었다. 후손으로는 제
　　자인 '性嘉'의 이름만 볼 수 있다.
89) 『大正藏』46, p. 999. "三顯密雙辯者 若雙依顯密二宗修者 上上根也 謂心造法界帝網等觀 口
　　誦準提六字等呪 此有二類 一久修者顯密齊運 二初習者先作普賢觀己 … 夫欲頓入一乘修習
　　毘盧遮那法身觀者 先應發起普賢行願 復以三密加持身心 則能悟入文殊師利大智慧海 是知
　　上根須要顯密雙修."
90) 『大正藏』46, p. 996. "何以多示准提眞言令人持誦 答云一爲准提總含一切諸眞言故 准提能
　　含諸呪 諸呪不含准提 如大海能攝百川 百川不攝大海 … 但只專心持誦亦具一切三昧 故大
　　悲心經云 陀羅尼是禪定藏 百千三昧常現前故."

주의 음역은 "옴자례주례준제사바하(唵者禮主禮准泥娑嚩賀)"[91]로 되어 있지만, 실제 준제주의 염송을 정연한 밀교의식의 절차를 갖추어 염송했는지는 알 수 없다.[92] 그러나 준제보살의 연원을 살펴보면 관세음보살의 변현 가운데 하나인 다라보살(多羅菩薩)이라는 것을 알 수 있다.

다라보살이 인도에 성행한 사실은 『대당서역기』 제8권의 「마갈타국(摩掲陀國)」 조에서 제라석가가람(鞮羅釋迦伽藍)에 대한 기록에도 나와 있다. 여기에 따르면 "정사의 중앙에는 입상의 부처님이 계신데 높이가 3장이나 되었다. 왼쪽에는 다라보살상을, 우측에는 관자재보살상을 모시었다. 이 세 불상은 모두 놋쇠로 주조하였는데 위신이 있었다"라고 하였다. 다라보살의 탄생이 관세음보살과 직접적인 관련이 있음을 명시한 대목은, 『대방광만수실리경(大方廣曼殊室利經)』 「관자재보살수기품(觀自在菩薩授記品)」에서 관자재보살이 보광명다라삼매(普光明多羅三昧)에 들어 우측 눈의 광명을 낼 때 이로부터 출현한 여인이 다라보살이라고 하는데, 여기서 다라보살은 생사의 고통에 빠진 중생을 구할 것을 부처님께 서원하고 있다.[93] 『대일경』의 태장계 만다라에는 다라보살과 비구지보살

---

91) 금강지 역 『불설칠구지불모준제대명다라니경(佛說七俱胝佛母准提大明陀羅尼經)』 ; 불공 역 『칠구지불모소설준제다라니경(七俱胝佛母所說准提陀羅尼經)』 ; 지바가라 역 『불설칠구지불모심대준제다라니경(佛說七俱胝佛母心大准提陀羅尼經)』

92) 『준제다라니염송의궤』에 나타난 주송법을 보면 다음과 같다. 준제주를 수습하여 성취코자 하는 자는 먼저 자기 자신을 청정(목욕과 정의)하게 한 다음 법식에 따라서 승지를 택하여 도량(만다라)을 건립하여야 한다. 그런 다음에 규정된 일(日)·시(時)에 도량에 들어가 예불·참회·수희·권청·발원을 하여 보리심계를 자수하고, 가부좌와 불부·연화부·금강부 등의 삼마야결인(三摩耶結印)을 하여 주송하면 일체의 공덕이 성취되는 것이다. 勝地擇法과 道場建立法은 서윤길, 「道詵裨補思想의 淵源」(『佛敎學報』 13, pp. 171-190) 참조.

93) 『大方廣曼殊室利經』 「觀世音菩薩授記品」(『大正藏』 20, p. 450下) "爾時觀自在菩薩摩訶薩 頂禮尊足讃如來已 還就本座作是言 此陀羅尼過去諸佛毘婆尸等 及我世尊釋迦如來 所共 宣說隨喜印可 及於未來彌勒世尊 阿僧祇等一切諸佛 亦當宣說 作是語已 入於普光明多羅三 昧 以三昧力 從其面輪右目瞳中放大光明 隨光流出現妙女形 住於殊勝妙色三昧 無價雜寶而 爲嚴身 如融眞金映琉璃寶 所謂成就世出世間密言之要 能息衆生種種苦惱 亦能喜悅一切衆

이 짝을 이루어 관세음보살을 협시하는 형태로 묘사되고 있다.[94]

태장계 만다라의 다라보살에 대한 자세한 해설은 『대일경소』에 나와있는데 다음과 같다.

다음 관세음보살의 우측에는 다라보살을 그린다. (만다라의) 모든 성인들은 모두 대일여래를 향하고 있다. 여기서는 관세음보살의 우변은 곧 서쪽에 앉는 것이다. 이들이 모두 여기에 들어있다고 한 것에서 이것은 관자재삼매이기 때문에 여인상을 짓는 것이다. 다라는 '눈'의 뜻이 있으며 푸른 연꽃은 깨끗하고 티없음을 가리킨다. 이와 같은 드넓은 눈으로 중생을 섭수함에 아주 앞서지 않으며 또한 뒤늦지 않기 때문에 중년의 여인의 모습을 짓는 것으로 너무 늙지도 않고 너무 어리지도 않은 것이다. 푸른 색은 항복을 뜻하는 색이며, 백색은 대비를 뜻하는 색이다. 그 신묘함이 두 가지 묘용 가운데 있기 때문에 두 가지 색을 화합하게 하는 것이다. 이러한 의미로 인해 푸르지도 않고 희지도 않은 것이다. 그 모습은 합장을 하고 있는데 손에는 이 푸른 연꽃을 지니고 있으며 손바닥은 관세음보살을 가리키고 있는데, 미소를 띤 모습으로 몸 전체에 깨끗한 금색의 원광을 두르고 있으며, 몸에는 흰옷을 걸치고 있다. 머리에는 상투가 있어 천계(天髻)의 모양을 짓고 있으나 대일여래의 보관과는 다르다.[95]

---

生 遍入諸佛法界自性 由如虛空平等住故 普告衆生作如是言 誰在變苦誰在流溺生死海中 我令誓度."

94) 『大日經』「入漫茶羅具緣眞言品」(『大正藏』18, p. 7上) "觀世自在者 光色如皓月　商佉軍那華 微笑坐白蓮　髻現無量壽 彼右大名稱　聖者多羅尊 靑白色相雜　中年女人狀 合掌持靑蓮 圓光靡不遍　暉發猶淨金　微笑鮮白衣 右邊毘俱胝　手垂數珠鬘 三目持髮髻　尊形猶皓素 圓光色無主 黃赤白相入."

95) 『大日經疏』卷5(『大正藏』39, p. 632上) "次於觀音右邊 畵多羅菩薩 凡諸聖者皆面向大日 今言觀音右邊 卽是座西 他皆放此 此是觀自在三昧 故作女人像 多羅是眼義 靑蓮華是淨無垢義 以如是普眼攝受群生 旣不先時亦不後時 故作中年女人狀 不太老太少也 靑是降伏色 白是大悲色 其妙在二用之中 故令二色和合 以是義故不靑不白也 其像合掌 掌中持此靑蓮 手面皆向觀音 如微笑形 通身圓光如淨金色 被服白衣 首有髮髻作天髻形 不同大日髮冠也."

『대일경소』에서 다라(tārā)의 어원이 눈(眼)을 가리킴은 곧 관자재보살의 관(觀)과 어원적으로 관련이 있는 것으로 생각된다. 또한 중년부인의 모습을 한 것은 중생을 적절하게 구호함을 의미하는데, 다라보살의 신색이 청색과 백색이 섞인 것이라면 실제 연두색에 가까운 것이다. 여기에는 중생에 대한 자비와 원적을 항복시키는 두 가지 묘용이 상징화되어 있다고 볼 수 있다.[96)]

한역본인 『대방광만수실리경』의 다라니와 이에 대한 산스끄리뜨 원어를 편의상 다라니의 어순에 따라 해석하면 다음과 같다.

那慕 囉怛娜(二合) 怛囉(二合)夜耶　　namo ratna trayaya
　　　　　　　　　　　　　　　　　　삼보에게 귀의합니다.

娜莫阿利耶嚩嚕吉帝濕嚩(二合)囉耶　namaḥ aryavalokitesvaraya
　　　　　　　　　　　　　　　　　　성 관자재보살에게 귀의합니다.

冒地薩埵耶摩訶薩埵耶　　　　　　　bodhisattvaya mahasattvaya
　　　　　　　　　　　　　　　　　　보살이시며 대마하살에게

摩訶迦路尼迦耶　　　　　　　　　　mahakaruṇikaya
　　　　　　　　　　　　　　　　　　대자비하신 그에게

怛姪他　　　　　　　　　　　　　　tad yatha
　　　　　　　　　　　　　　　　　　그와 같이

---

96) 『대일경소』(『大正藏』39, p. 681 下)의 해석은 다음과 같다. "多자는 여여하다는 뜻이다. 점 하나를 더하면 阿字가 된다. 이른바 여여한 작용을 뜻한다. 囉자는 티끌이라는 뜻이다. 육진은 곧 생사의 대해를 말한다. 이 여여한 도리의 성품을 관하기 때문에 일체의 모든 번뇌가 곧 여래의 본불생임을 알아 대해를 건너는 것으로 능히 이러한 생사의 대해를 건너 제법에 대해 해탈함을 얻는 것이다. (다라니에서) 중복하여 말하는 것은 범어를 해석할 때 濟度를 강조하는 것으로 자신을 제도하고 나서 다시 일체중생을 널리 제도하는 것이기 때문에 이름하여 極度라 한다. 만약 사람이 자신을 제도하지 못한 채 다른 이를 제도하는 것은 도리에 맞지 않는다. 만약 자신을 제도하고서야 다시 능히 사람을 제도할 수 있는 것이다. 이것은 이러한 뜻이다. 다음 多자는 곧 여래의 체를 가리키는 것이다. 여래를 관하고서 번뇌의 대해를 건너는 것으로 여래의 자성을 성취함을 얻는 것이다. 대본의 『대일경』에는 오백의 다라존이 있는데 모두 관세음보살의 눈으로부터 탄생한 것이니 모두 아미타불의 자매의 삼매인 것이다."

唵多利咄多唎咄唎莎嚩(二合)[97]        oṃ tare tuttare ture svaha
                                         옴! 따레 뚜따레 뚜레 스와하-

위에서 "옴! 따레 뚜따레 뚜레 스와하-"라고 한 범어의 음사어가 "옴 자례주례 준제 사바하"라고 하는 것을 쉽게 알 수 있다. 부림은 'Bhrṃ'으로 다라보살의 종자진언인 것이다.

다라보살은 관세음보살의 눈물에서 권화한 보살이기 때문에 관세음보살의 구원력에 미치지 못하는 중생들을 구하며, 그 종교적 가피력이 신속하다고 알려져 있다. 다라보살에 대한 신앙은 티베트를 비롯해 중국, 일본, 몽골 등 밀교가 전파된 지역 대부분에서 크게 신앙되는데 준제진언은 다라보살의 진언과 음사의 예가 동일한 것을 보여준다.

동아시아 불교국가 가운데 고려만 유독 다라보살의 진언이 준제(准提)진언으로서 『천수경』의 독송의궤에 편입된 직접적 연유는 알 수 없지만, 고려는 요시대의 밀교를 수용함으로써 도전의 『현밀원통성불심요집』에서 현밀겸수의 교의와 준제진언의 독송을 입수한 것으로 보인다.

고려시대 유행한 다라니 가운데에는 현재 한국불교에 현행하고 있는 다라니가 많다. 이 가운데 상당 부분은 신라시대 형성된 것이 대부분인데 그 가운데 하나가 관정광진언(灌頂光眞言)이다. 관정광진언은 "옴 아모가 바이로차나 마하무드라 마니파드마 즈바라 프라바르타야 훔"이라고 송주되는 것으로, 이것이 지장신앙과 관계가 깊은 것으로 생각되기 쉽지만 밀교의 법신관에 더 친근한 진언이다. 관정광진언을 처음 소개한 스님은 원효이다. 스님의 『유심안락도(遊心安樂道)』는 정토왕생을 다룬

---

97) 『大方廣曼殊室利經』(『大正藏』20, p. 451中).

것으로 정토의 교리와 수행을 7단원에 걸쳐 요약한 것이다. 여기에는 왕생할 수 있는 9품의 중생들을 소개하고, 삼악도에 떨어질 중생들을 위해 죄장을 소멸하는 방편으로 불공대관정광진언(不空大灌頂光眞言)을 소개한다. 『유심안락도』에는 다음과 같이 설해져 있다.

> 범부는 통하기 어려우나 성인의 교화에는 술법(術法)이 있다. 『불공견삭신변진언경(不空絹索神變眞言經)』 제28권 「관정진언성취품(灌頂眞言成就品)」에 다음과 같이 설해져 있다.
> "시방 모든 불국토의 삼세 모든 여래와 비로자나부처님이 한 때에 다 오른쪽 두려움이 없는 손을 펴시고 청정연화명왕(淸淨蓮華明王)의 이마를 만지면서 불공대관정광진언(不空大灌頂光眞言)을 설하여 말씀하시기를, '옴 아모가 바이로차나 마하무드라 마니파드마 즈바라 프라바르타야 훔'이라 하였다. 만일 중생이 곳에 따라 대관정광진언을 얻어듣고 두 번이나 세 번, 또는 일곱 번 귓가에 지나기만 하면 곧 모든 죄의 업장을 없애게 될 것이다. 만일 중생이 십악(十惡)과 오역(五逆)죄와 사중(四重)죄를 지은 것이 티끌과 같이 세계에 가득하여, 목숨을 마친 후 악도에 떨어졌다면, 이 진언을 흙과 모래를 가지고 108번을 외워 그 모래를 시다림(屍陀林) 속에 흩거나, 시체 위에 흩거나, 묘 위나 탑 위에 흩어야 한다. 또한 지옥이나 아귀 중에도 흩고, 수라에도 흩으며, 일체 불공여래(不空如來) 불공비로자나여래에게 진실로 대관정광진언을 기원하여 흙과 모래를 가지고 뿌리면, 그때 곧 광명이 몸에 비치고 모든 죄의 업보를 없애어 고통스런 몸을 버리고 서방 극락에 가서 연화대에 화생(化生)할 것이다. 그리하여 보리도에서 다시는 타락하지 않을 것이다."[98]

---

98) 『遊心安樂道』(『大正藏』47, p. 119中下) "答 愚情難通 聖教有術 故不空罥索神變眞言經 第二十八卷 灌頂眞言成就品曰 爾時十方一切刹土 三世一切如來 毘盧遮那如來 一時皆伸右無畏手 摩淸淨蓮華明王頂 同說不空大灌頂光眞言曰 唵(唯中抬聲引呼一) 荷暮伽 廢(無計反) 嚕者娜(二) 摩訶畝陀(能乙反) 囉麼抳(三) 鉢頭麼(二合) 入嚩攞(四) 跛(二合) 囉靺韠野

원효는 위와 같이 설하고 진언을 만나면 그 공덕이 매우 크니 쉬지 말고 염송하라고 권하고 있는데,[99] 본래 대관정광진언의 출처는 『불공견삭신변진언경(不空絹索神變眞言經)』으로, 경전에는 "만약 아수라나 악도에 태어났을 때 일체 불공(不空)여래인 불공(不空)비로자나가 여래진실의 본원인 대관정광진언신통위력으로 가지(加持)한 모래로 감응하면 즉시 광명을 얻고 몸에 모든 죄의 업보와 고된 몸을 버리고, 서방극락국토에 왕생하여 연꽃 위에 태어나 다시는 보리가 퇴전하지 않는다"[100]라고 하여 정토와 비로자나여래의 법신관이 결합된 모습을 보여주고 있다.[101]

## 4) 고려시대 다라니의 평가

통일신라가 당나라로부터 왕성하게 불교를 수입하여 수용하였던 시대 이후에 또다시 밀교를 수입할 수 있었던 시대는 고려시대이다. 고려시대 당

---

舒(五) 若有衆生 隨處得聞此大灌頂光眞言 二三七遍經耳根者 卽得除滅一切罪障 若諸衆生 具造十惡五逆四重諸罪 猶如微塵 滿斯世界 身壞命終 墮諸惡道 以是眞言加持土沙一百八遍 屍陀林中 散亡者屍骸上 或散墓上 遇皆散之 彼所亡者 若地獄中 若餓鬼中 若修羅中 若傍生中 以一切不空如來不空毘盧遮那如來眞言本願 大灌頂光眞言加持土沙之力 應時卽得光明 及身 除諸罪報 捨所苦身 往於西方極樂國土 蓮華化生 乃至菩提 更不墮落."

99) 『遊心安樂道』(『大正藏』47, p. 119下) "惟夫大悲無方 長舌無難 不行不信 後悔無及 然則不信 用者 徒負厚恩 報日轉遠 有順行者 接魂華蓮 孝順便立 幸逢眞言 令出不難 凡百君子 誰不 奉行 散沙墓上 尙逝界 況乎呪衣著身 聆音誦字矣."

100) 『不空絹索神變眞言經』(『大正藏』19, p. 606中) "若修羅中若傍生中 以一切不空如來不空毘 盧遮那 如來眞實本願大灌頂光眞言神通威力加持沙土之力 應時卽得光明及身除諸罪報捨 所苦身 往於西方極樂國土 蓮華化生乃至菩提更不墮落".

101) 이것은 후대에 『대일경』의 세계관을 그린 태장계 만다라에서 비로자나여래가 모든 불세계를 통합하는 구심점에 있다는 사실과도 무관치 않다. 대본의 『불공견삭신변진언경』의 탄생은 세 자재왕여래의 세계를 설한 '모다라니진언'과 비로자나여래가 중심인 '불공견삭비로자나불대 관정광진언'을 통합한 것이다. 이것은 훗날 통합된 우주관의 형성으로 나아가는 과도기적 모 습으로 보여주는 것이다.

시 중국은 송나라에서 원나라로 이어지는 시대로 오대(五代) 이후로는 밀교를 익히기 위하여 중국으로 유학한 구법승이 더 이상 없었기에 송나라 초기에 법천(法天), 천식재(天息災), 시호(施護) 등이 전파한 인도의 후기 밀교는 한반도에서 유행되거나 전파되지 못하였다. 고려는 요나라가 고려와 국경을 가까이한 관계로 중앙아시아의 변용된 밀교를 수용했을 가능성이 있다.

고려시대의 다라니 주송은 잡밀의 경우 독자적인 교의나 형식을 갖추지 못했지만 『대일경』의 역출 이후 밀교의 도량이나 의궤가 정비되면서 밀교의 실천원리와 수행으로 정연한 모습을 갖게 된다. 중국의 경우 다라니는 『대일경』 이전부터 많은 서역의 승려들이 중국에 밀교 경전을 역출하였기 때문에 중국에 형성된 종파들은 밀교의 소재들을 수용하게 된다. 고려는 중국의 밀교를 수용하는 과정에서 불공(不空) 시대의 밀교와 이후의 밀교가 확연하게 차이가 나는데 그것은 중국의 밀교가 불공 이후 급격히 사라졌기 때문이다.

예를 들어 고려시대의 천태와 밀교를 비교할 때 중국에 훼불사건이 일어난 이후 천태의 경우는 중국에서 단절된 천태를 복원할 수 있도록 경전과 제의를 전할 수 있었지만 밀교의 경우는 그렇지 못하여 고려시대 중국으로부터 들어온 밀교가 불공류의 완전한 의궤나 의식이 전해진 것은 아니었던 것으로 보인다.

고려시대의 다라니신앙이 크게 국가의 위호를 중심으로 한 도량의 형태와, 민간을 중심으로 한 신앙으로 평가하면, 고려시대 설행된 수많은 도량을 고려할 때 다라니를 포함한 밀교가 극성기(極盛期)를 구가했음을 알 수 있다. 불공삼장이 화엄과 천태의 제존에 대해 밀교의 경궤를 역출한 것처럼 많은 불교신앙이 밀교의궤나 의식, 예참의 형태로 모양을 갖추어 나간 것은 상상하기 어렵지 않다.

고려시대에는 신라 말부터 선불교가 들어와 5교9산을 형성하였지만 천태와 밀교의 융성으로 인해 실용적인 선불교의 경향이 형식과 차제 중심의 종파와 갈등이 없지 않았을 것이다. 교의나 실천원리에 대한 갈등은 교단을 지원하는 정치세력에 의해 영향을 받고 초중기 고려 왕실을 주도했던 밀교와 천태의 지원세력이 약화되자 고려 후기에는 선불교의 세력이 확대된 것으로 보인다. 그러나 다라니의 독송을 위시한 밀교수행이 선불교와 교감하거나 소통한 선례가 전혀 없지 않다. 『진각국사어록』에 따르면 수선사(修禪社) 제2세 진각국사(眞覺國師, 1178-1234)와 어떤 총지승과의 대화를 볼 수 있는데, 진각국사는 아자(阿字)다라니를 수행하는 밀교 아사리를 인정하는 모습을 볼 수 있다.[102] 이외 진각국사는 선의 법석에서 자리를 마치며, "람! 람! 람!"의 세 종자를 외침으로써 다라니에 대한 이해가 결코 낮지 않음을 보여준다. 밀교에서 람(Raṃ) 종자는 곧 화신(火神)인 아그니의 종자에서 비롯된 것으로 모든 번뇌를 불사른다는 의미로 정화(淨化)와 성취(成就)의 뜻이 있다.

진각이 활동하던 시대에 밀교의 비법을 전하는 아사리가 있었을 뿐 아니라 강종은 관정의궤에 따라 즉위하였으며,[103] 고종은 혈구산이 대일왕(大日王) 상주처라는 계시를 받아 밀교계의 혈구사를 지었으며,[104] 꿈에 노비구(老比丘)로부터 『대일경』을 염송하라는[105] 지시를 받았다. 이들

---

102) 『眞覺國師語錄』室中對機(月精寺版 p. 84)에 "寺問僧 闍梨何業 僧云陀羅尼 … 寺云 儞正道着"이라 하였다.

103) 『高麗史』「世家」康宗 元年 1月 條 참조.

104) 『高麗史』 卷36, 「列傳」白勝賢傳 참조.

105) 『高麗史』 卷36, 「列傳」嬖幸 1, 鄭世臣傳 참조.

모두는 대보살의 위신력을 빌리는 신앙의 발로가 아니라 수선(修禪) 못지 않은 수행의 방편이었다는 사실을 알 수 있다.

자은종 계통의 혜영(慧永, 1228-1294)도 "옴아로늑계사바하(唵阿盧勒繼娑婆訶)"라는 진언을 외웠는데, 이것은 『금강정경』에서 관자재보살의 심진언(心眞言)으로, 그 의미는 "광명(alorik)을 성취한다(svaha)"이다.[106] 알로릭(alorik)은 무명을 밝히는 광명으로 비로자나여래의 로짜나(盧舍那, rocana)와도 상통하는 것으로 항상 지혜광명이 번뇌무명을 무찌르는 것을 놓지 않는 화두(話頭)에 버금가는 의미를 가졌을 것이다.

고려시대의 밀교는 조선 초 제종통합의 과정에서 모든 의례적 거처와 밀교의 경궤를 산실했을 것인데, 그 이유는 고려말 유생을 중심으로 한 신정치세력이 국가의 외호 의궤를 주도한 정치적 중심지인 밀교사원을 중점적으로 파괴했을 가능성이 크다. 그 결과 조선 태종 6년(1406) 3월 의정부 계청의 11종명 중에는 지념업(持念業)이 없는 대신 총지종만이 남아있고, 나아가 조선 태종 17년(1417)에는 『진언밀주경(眞言密呪經)』이나 『다라니집(陀羅尼集)』 등 밀교 관계의 서적을 불살라버리게 하고, 간신히 청우법(請雨)이나 시식수법(施食修法)만이 남아있게 되었다.[107]

그러나 성종(成宗) 16년(1485)에 『오대진언(五大眞言)』이 『총집문(摠集文)』이라는 이름으로 목판본이 나왔고, 선조 2년(1569)에는 혜징(慧澄), 인주(印珠) 등에 의해서 무등산 안심사(安心寺)에서 『진언집(眞言集)』이 중간되었다. 정조 8년(1784) 쌍계사에서 『비밀교(秘密敎)』가 목판본으로 나오기까지 총 8차에 걸쳐 계속 다라니집이 출간되었다.

---

106)   慧永의 『白衣解』.
107)   『朝鮮佛敎通史』 上篇, p. 163.

조선 초의 정치적 정황과 달리 밀교는 왕실에 여전히 그 필요성이 부각되고 성종 이후부터 다시 옛 모습을 찾게 되었다. 특히 민간신앙으로서 밀교는 큰 지지를 받았는데, 그 원동력은 고려시대에 활발했던 다라니 신앙이었다. 조선시대 말경에는 전라도 무안에 총지사라는 절이 있어 유생과의 갈등 끝에 18세기에 불타 사라졌지만, 조선시대는 정연한 밀교의 실담자를 기술할 수 있는 승려가 여전히 있어 밀교는 조선 후기까지도 상당 기간 존속했을 것으로 보인다.

# Ⅳ. 밀교경전의 간행과 유통

남권희 경북대 교수

## 1. 시기별 밀교 문헌의 간행

고려시대 기록물로서의 밀교문헌은 개별 경전의 형태로 간행되어 유포되거나 대장경 조성의 일부가 되기도 하고 밀교 경전만을 별도로 독립하여 판본(板本)이나 사경(寫經)의 형태로 제작된 후 여러 유형의 의식에 사용되거나 불상이나 탑을 만들 때 납입하기도 하였다.

그 중 다라니와 만다라는 불교 전반에 걸쳐 폭넓게 사용되었으며 특히 각종 의식과 관련하여 다양한 방식으로 나타났다. 그 중에는 필사(筆寫)나 인쇄의 방식으로 제작되기도 하고 형태면에서는 낱장이나 두루마리, 절첩(折帖)의 형태로 전해지는 것도 많다.

현재 전하고 있는 자료나 기록을 통해 볼 때 이미 신라시대부터『무구정광대다라니(無垢淨光大陁羅尼)』가 필사나 판본의 형태로 8세기 경에 나타나 「황룡사구층탑찰주본기(皇龍寺九層塔刹柱本記)」에 다라니 4종 경(經) 1권을 넣었다거나 「황복사탑금동사리함명(皇福寺塔金銅舍利函銘)」의 납입 기록과 나원리(羅原里) 석탑, 화엄사 탑 등에서 발견된 필사자료 등으로 확인할 수 있다. 그 표기의 방식도 한자(漢字)와 범자(梵字)로 나타나 부여의 장하리(長蝦里) 삼층석탑에서는 범문다라니가 발견되었고[1] 역시 같은 부여의 무량사 오층석탑에서 13세기 경의 다라니경이 청동내합(靑銅內盒)에서 발견되었지만[2] 이후 구체적인 조사가 이루어지지 않았다.

통일신라시대까지의 납입물의 소의 경전이었던『무구정광대다라

---

1) 1931년 기단부에서 象牙製 阿彌陀如來立像, 木造金箔小塔, 黑漆函, 銀盒, 水晶屋 등이 발견되었다.
2) 1971년 5층 탑신의 원형 舍利孔 내 靑銅內盒에 水晶瓶, 紫檀木, 粉香 등이 발견되었다.

니』를 이어 고려시기에는 같은 기능으로『보협인다라니(寶篋印陀羅尼)』가 이를 대신하여 납입되어 여러 불복장의 발견 사례와 월정사 탑 등에서 확인되었다. 이 밖에 현존하는 자료로서 낱장 형태가 아닌 문헌은 11세기부터 나타나 대장경에 포함되거나 국가의 안녕을 지키고 개인들의 특정 목적 즉 현재의 번뇌와 고통, 병마로부터 벗어나고 복락을 얻고자하는 기원으로서의 경전들이 간행되었다.

이와 같은 여러 문헌이나 낱장 형태의 자료들은 그 간행의 시기나 장소, 한자, 실담자 등 다라니와 본문의 표기방법, 원형(圓形), 만자형(卍字形) 등 상징적 형태로 표현된 다양한 양식으로 나타난다. 뿐만 아니라 국가적인 차원에서 조성한 목판 대장경의 일부에 밀교 경전이 포함되었음은 물론이며, 13세기 후반부터 국왕의 발원으로 밀교대장(密敎大藏)을 목판으로 간행하였고 사경원(寫經院) 등에서도 금은자(金銀字)로 대장경을 조성하였다. 이러한 분위기는 각 문중이나 귀족, 개인들까지도 불교 신앙의 표현으로까지 이어져 공덕경과 같이 금은니(金銀泥)로써 경전을 쓰거나 조성하는 경우가 많아져 비록 부분적이나마 현존 실물을 통하여 당시의 밀교문헌 조성과 유통을 짐작할 수 있다.

## 1) 11세기 경전

### (1) 『불설속명경(佛說續命經)』

이 책의 외형적인 형태는 6면의 내용이 수록된 짧은 단경(單經)으로 11세기 간행으로 추정되는 절첩본(折帖本)이며 한 면에는 6행에 15자의 배열을 기본으로 한 두 글자의 드나듦이 있다. 그 간행에 대한 권말의 기록에 의하면 전부호장(前副戶長) 중윤(中尹)의 지위를 가진 이동수(李東壽)가 원주의 미륵사에서 목판으로 새겨 널리 배포하고자 조성한 것이다.

〈그림 1〉『불설속명경』의 권수(卷首)

〈그림 2〉『불설속명경』의 권말(卷末)

이 자료는 사찰 간본(刊本)이나 대장경 등에서 그 서명을 확인할 수 없으며 다만 돈황의 사경 중에 전해지고 있는 몇 종류가 『돈황보장(敦煌寶藏)』에 수록되어 있다.

책에 수록된 내용은 부처가 아난을 보고 이 경을 쓰고 항상 지니고 외우는 사람이 오래도록 장수하고 모든 재앙이 침범하지 않으며 공덕을 이룰 것이라는 내용을 설하였다는 기록과 더불어, 제목을 포함하여 1-8행까지의 내용에서 "모든 대중들의 복이 각기 다르므로 각자가 마음을 다하여 이 경전을 베껴쓰면 모든 악과 어려움, 죽음으로부터 벗어나 갱생을 얻을 수 있으므로 경의 이름이 속명이라 한다"는 내용이다. 또 25행부터의 권말 내용은 문수사리와 여러 보살과 천왕을 부르고 그들로부터 몸을 보호받으려면 모든 사람들이 마음을 다하여 여덟 보살과 신왕(神王)을 송(誦)함으로써 전쟁, 도적, 원한, 질병 등이 모두 소멸된다는 것이다. 이 권말의 내용은 경전의 앞부분과 함께 돈황의 필사본에서는 나타나지 않는다.

(2) 『불설해백생원결다라니경(佛說解百生怨結陀羅尼經)』

이 자료는 7면의 절첩본(折帖本) 형식으로, 첫 장에는 상부에 보개(寶蓋)가 있고 연화대(蓮花臺) 뒤에 이중의 광배(光背)가 표시된 부처상이 새겨진 변상도(變相圖)가 있으며 한 면에는 4행 11자를 기준으로 몇 자의 출입이 있다. 형식은 제목에 이어 한자로 된 진언이 있고 본문이 마친 뒤에도 '해원결진언(解寃結眞言)'이 한문과 한자 차자표기(借字表記)의 진언이 혼합되어 4행으로 기술되어 있다.

　권말의 하단에는 간행 당시의 기록으로, 입내시위위경(入內侍衛尉卿) 김지성(金之成)이 왕실과 나라 백성이 편안하기를 기원하면서 글 잘 쓰는 사람에게 쓰게 하여 을유년 7월에 간행한다는 기록이 있다. 이 때의 을유는 정종(靖宗) 11년(1045)으로 추정된다.

　이러한 간행이 있은 후 경인년 4월에 정순(鄭珣)이 돌아가신 부모가 고통으로부터 벗어나 불국토에 들어가기를 기원하면서 인출(印出)하였다는 기록이 마지막 4행에 걸쳐 묵서(墨書)로 필사되어 있다.

<그림 3> 『불설해백생원결다라니경』의 권수(卷首)

<그림 4> 『불설해백생원결다라니경』의 권말(卷末)

이 책의 간행시기인 1045년 이후의 인출과 묵서의 기록 시기인 경인은 문종(文宗) 4년(1050)일 가능성이 높다. 이 책은 대장경 등에서는 나타나지 않으며 다만 돈황의 사경 중에 전해지고 있는 몇 종이 『돈황보장(敦煌寶藏)』에 수록되어 있다.

이상과 같은 11세기의 판본 외에도 이 무렵의 중앙 정부에서는 거란의 침입으로부터 국가를 지키려는 진병대장경(鎭兵大藏經)인 『초조대장경(初雕大藏經)』의 조성을 추진하였고 관련된 불교 도량의 의식들과 함께 경전의 전경(轉經)과 독송이 이루어졌다.

이러한 의식 중에서도 호국신앙과 관련하여 많은 경전이 조성되고 불사가 이루어졌다. 그 중 현종(顯宗)은 고비(考妣)의 명복을 빌기 위하여 현종 9년(1018) 현화사(玄化寺)를 짓기 시작한 후 현종 11년(1020) 무렵 낙성 단계에 이르자 공인(工人)들에게 특명을 내려『금광명경(金光明經)』과 같은 책을 판각하게 하였다. 특히『금강명경』은 호국신앙의 중요한 경전이며, 사천왕신앙과 함께 신라나 고려 때 열린 인왕경도량, 금광명경도량, 금강명경도량, 사천왕도량 등도 이 경을 근거로 한 것이다.

## 2) 12-13세기의 경전

12세기에 간행된 대표적인 밀교문헌으로는『약사경』과『금광명경』,『대불정다라니(大佛頂陀羅尼)』등이 있다. 이 시기 역시 대내외의 전쟁과 여러 가지 피폐를 벗어나고 나라의 안녕과 국왕, 신료, 민중들이 병마와 재앙으로부터 벗어날 수 있기를 기원하는 목적으로 조성된 자료들이라 할 수 있다. 대표적인 예로서 중국으로부터 대장경을 들여와 목판으로 진병대장경(鎭兵大藏經)인『초조대장경』과『재조대장경』이 두 차례 조성되었고 그 내용 중 일부가 역시 밀교 경전이었다. 그러나 일부 경전들은 단독 경전으로 간행되거나 판을 거듭하며 중간(重刊)과 번각(飜刻)을 거듭하여 유통되었다.

12세기로 접어들어 사원경제가 풍요해지고 왕실, 귀족, 권신 및 부유한 개인들이 국태민안과 공덕, 추천을 기원하는 시주불사가 활발하게 이루어짐에 따라 사찰판 간행이 점차 촉진되었다. 이 시기의 사찰 판본으로, 교장(敎藏)의 조조(雕造)를 주재해 온 의천이 돌연 발병하자 그 발병의 치유를 기원하기 위하여『약사유리광여래본원공덕경(藥師瑠璃光如來本願功德經)』을 흥왕사(興王寺)의 교장도감(敎藏都監)에서 숙종(肅宗) 7년(1102)에 간행하였다. 약칭『약사경』으로 일컫는 이 경은 교장도감에서 유일하게 간행한 정장(正藏) 중의 하나이며 권수에 대장경판과 같이 '국

(鞠)'자의 함자 표시가 있어 『거란대장경』의 체제를 그대로 유지하였고 권말에는 '건통이년고려국대흥왕사봉선조조(乾統二年高麗國大興王寺奉宣雕造)'의 간기가 보인다.

이 『약사경』은 문수보살이 석가불에게 대원(大願)과 공덕을 설법해 주기를 요청하고, 문수보살의 요청에 따라 석가불이 약사여래의 열두 가지 소원과 공덕을 말씀하신 내용으로 되어 있다. 약사여래는 유리광왕(瑠璃光王) 또는 대의왕불(大醫王佛)이라고 하는데, 중생의 온갖 병고를 치유하고 모든 재난을 제거하며 수명을 연장하는 부처이다. 약사여래의 이름을 듣거나 지극한 마음으로 받아들이면 무한한 공덕과 이익이 있다는 내용이 기술되어 있다. 끝으로는 이 설법을 듣고 약사여래에 귀의한 12약차대장(藥叉大將)들이 약사여래의 권속이 되어, 약사여래를 받드는 이들을 보호할 것을 맹세하는 내용이 쓰여져 있다. 그리고 『약사경』을 읽는 공덕으로 국토가 태평해지고 풍우가 순조로워 풍년이 들며, 병과 어려움도 없어진다는 내용이 들어 있다.

이와 같은 『약사경』은 삼국시대에 이어 통일신라, 고려시대에도 크게 유행하였다. 부처님의 힘에 의탁하여 질병을 퇴치하고자 하는 현실적인 요구를 수용하고 있는 『약사경』이 광범위하게 유통되면서 약사신앙은 빠르게 전파되었다. 『약사경』에는 일상생활의 현실적인 소망이 담겨져 있어, 약사신앙이 사부대중의 요구에 부합하는 민간신앙으로 자리잡게 되었던 것이다.[3]

---

3)  한국학중앙연구원 장서각, 『藥師琉璃光如來本願功德經』(성남: 한국학중앙연구원 출판부, 2013), pp. 76-77.

<그림 5>『약사유리광여래본원공덕경』[4]

<그림 6>『금광명경』권3[5]          <그림 7>『대불정다라니』[6]

　　13세기로 접어들어 최충헌 일족이 무단정치의 토대를 구축, 세습화
하면서 자신들의 호신(護身)과 수복무강(壽福無彊)을 위해 불경을 사가
판(私家版)으로 간행하게 되었다. 희종(熙宗) 2년(1206)부터 고종(高宗)
6년(1219년) 간의 초기에 최충헌과 그의 아들 우(瑀), 향(珦) 3부자의 호
신을 위해 패휴용(佩携用) 세소자(細小字)『불정심관세음보살대다라니
경(佛頂心觀世音菩薩大陀羅尼經)』의 합각본(合刻本)을 간행하여 고리
가 달린 작은 은갑에 넣어 끈으로 매어 늘 차고 다녔다. 이 경은 형태가 목

4)　해인사 성보박물관,『서원 : 해인사 비로자나불 복장유물 특별전』(합천: 해인사 성보박물관,
　　2008), p. 54.
5)　앞의 책, p. 55.
6)　앞의 책, p. 59.

판 절첩본으로 전체 크기가 5.3cm×27.5cm, 광고(匡高)는 4.7cm, 글자 배열은 5행 8-12자이다.

경의 본문 내용은 권상(卷上)이 『불정심다라니경(佛頂心陀羅尼經)』, 권중(卷中)이 『불정심요병구산방(佛頂心療病救産方)』, 권하(卷下)가 『불정심구난신험경(佛頂心救難神驗經)』이고, 그 끝에 '일자정륜왕다라니(一字頂輪王陀羅泥)', '자재왕치온독다라니(自在王治溫毒陀羅尼)', 「관세음보살보문품(觀世音菩薩普門品)」을 순서대로 수록하고 있다.

권말(卷末)에는 "특위진강후최(特爲晉康侯崔) 겸□남□□시장군우(兼□男□□侍將軍瑀) 전중내급사향(殿中內給事珦) 우난복수무강지원(尤難福壽無彊之願)"의 발원기가 있어서, 진강후(晉康侯) 최충헌을 위하여 사성(寫成)되었고 아울러 초취(初娶)인 송청녀(宋淸女) 태생의 최우와 최향을 위하여 당시 이들 삼부자가 겪었던 어려운 난을 해소하고 수복강녕(壽福康寧)을 누리기를 기원하는 뜻에서 판각한 것임을 알 수 있다.

판각의 시기는 최충헌이 진강후에 책봉된 해가 희종(熙宗) 2년(1206)이고 사망한 해가 고종(高宗) 6년(1219)이므로 그 사이에 새겨진 것으로 여겨지며 인쇄의 상태는 글자의 획이 깨끗하지 못하고 이지러진 곳도 많아 판독하기 쉽지 않은 글자들도 적지 않다.[7]

고종 3년(1216)에도 그의 수복무강을 빌기 위하여 부하 김숙룡(金叔龍)[8]이 『불설치성광대위덕금륜왕소재길상다라니경(佛說熾盛光大威德金輪王消災吉祥陀羅尼經)』 권자본을 개판(開板)하였다. 그의 아들 최우

---

7) 千惠鳳, 『國寶24 : 書藝·典籍 II』(서울: 藝耕産業社, 1986), p. 273.
8) 金叔龍은 高麗 高宗 9年(1222)에 後軍兵馬使로서 의주에 들어온 契丹軍을 소탕하였다.

(개명: 이[怡])가 대권을 이어받은 후에도 신변 호보를 위해 패휴용(佩携用) 세소자(細小字)『불정심관세음보살대다라니경』을 또 개판하였다.

〈그림 8〉『불설치성광대위덕금륜왕소재길상다라니경』(1216) 권말(卷末)

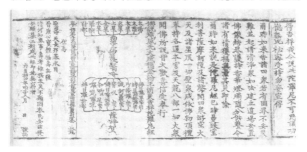

〈그림 9〉『불정심관세음보살대다라니경』(고종 연간)

　　『불설치성광대위덕금륜왕소재길상다라니경』은 당나라 불공이 한역한 경전[9]으로 내용은 부처가 천문(天文)으로 생겨난 재난을 제거하는 다라니를 설하고 그 공덕과 수법을 설한 경전이다.『고려대장경』에 유사한 이름의 경전이 있기는 하지만 이 경전은 보이지 않는다. 형태적으로는 첫머리에 변상화가 그려져 있었으나 현재는 1/3 정도만 남아 있으며, 권말에는 '구요지언(九曜眞言)'이 도식화로 표현되었다. 권말의 원문을 보면,

---

9)　대구 東大寺 소장본

상진안동도(尙晋安東道) 안찰부사(按察副使)인 김숙룡이 고려 고종 3년 (1216)에 국왕의 장수와 나라의 평안, 최충헌의 장수과 국태민안을 기원하여 간행하였다.

이와 같이 독립된 다라니류 경전 외에도 일반적으로 밀교 경전으로 분류하기는 하지만 선종에서도 많이 쓰인『능엄경』이 있다.『능엄경』은 고종 22년(1235)에 녹명향전장(鹿鳴鄕前長) 이승광(李勝光)의 재물시주로 간행한『대불정여래밀인수증요의제보살만행수능엄경(大佛頂如來密因修證了義諸菩薩萬行首楞嚴經)』[10]이 있다. 이것은 계환(戒環)이『수능엄경』에 약해(略解)를 한 것으로, 권수(卷首)에 과판(科判)을 두고 천태의 오시교판에서부터 타설(他說)을 비판한 것인데 송판본(宋板本)의 번각본(飜刻本)이다. 1239년의 다라니가 발견된 수국사의 불복장에서는 절첩본의 형태로 비록 간행 시기에 관련된 기록이 경전 자체에는 없으나 이때로부터 멀지 않은 시기로 추정된다. 대체로 다음과 같은 밀교 관련 문헌이 포함되어 있다.

① 『불설장수멸죄호제동자다라니경(佛說長壽滅罪護諸童子陁羅尼經)』
② 『불정심관세음보살대다라니경(佛頂心觀世音菩薩大陁羅尼經)』
③ 『불설마리지천보살다라니경(佛說摩利支天菩薩陁羅尼經)』
④ 『대방광보살장경중문수사리근본일자다라니경(大方廣菩薩藏經中文殊舍利根本一字陁羅尼經)』
⑤ 『오대진언집(五大眞言集)』

---

10)  이 책 末에 "時乙未七月日謹誌 / 財主鹿鳴鄕前長李勝光 / 同願道人等 克圓 了非"로 표시.

이 기록과 관련하여 최종준(崔宗峻, ?-1249)이라는 인물이 등장하고『동국여지승람』철원도호부(鐵原都護府) '인물' 조에서 최씨 집안이 상세하게 언급되어 있는데, 당시 최씨 가문은 무신정권과 대몽항쟁기간에 막강한 위치에 있었고 이후 철원(별칭 창원[昌源]) 지역에서 영향력을 행사하던 집안으로 심원사(深源寺)의 중수에 참여하였을 것이다.

그 밖에도 고종 28년(1241)에는 동북면병마부사(東北面兵馬副使) 겸 상서이부시랑(尚書吏部侍郎) 이모(李某)가 최이의 수복무강을 빌기 위해『불설장수멸죄호제동자다라니경(佛說長壽滅罪護諸童子陀羅尼經)』을 간행하였다. 현존하는『장수경』들은 이때를 즈음하여 빈번하게 간행되기 시작하여 조선 초기까지 그 유행을 이어갔다.

충렬왕 4년(1278)에 신하사(新荷寺)에서는 전향(典香) 정현(正玄)과 경산부부사(京山府副使) 전중내급사(殿中內給事) 전노(田盧)가 함께 서원하여『불설장수멸죄호제동자다라니경』을 권자본 형태로 각판하였는데 권말제(卷末題)는『불설장수명경(佛說長壽命經)』이다. 이에 의하면 왕, 왕실이 번성하고 아내인 양씨와 자식들이 오래도록 편안하고 복을 받기를 바라고 또한 선친과 친족 권속들이 고통을 벗어나 법계로 들기를 기원하면서 판을 새겨 널리 전한 것이다.

충렬왕 19년(1293)에 인흥사(仁興寺)에서 개판한『대비심다라니경(大悲心陀羅尼經)』는 절첩식 2판 3장으로 이루어져 있으며, 그 내용은 '대비심다라니계청(大悲心陀羅尼啓請)'으로 시작해서 '천수천안관세음보살광대원만무애대비심다라니신묘장구(千手千眼觀世音菩薩廣大圓滿無碍大悲心陀羅尼神妙章句)'의 긴 이름이 이어져 나오고 끝에 다라니경으로서 "관세음보살백불언(觀世音菩薩白佛言)" 이하 16행이 있는데 일반의『대비심다라니경』1권과는 다른 약경(略經)이다. 이것의 본래 제목은 『천수천안관세음보살광대원만무애대비심다라니경(千手千眼觀世音菩薩廣大圓滿無碍大悲心陀羅尼經)』이며 흔히 『대비심다라니경』, 『천수(심)경』등으로 줄여 부른다. 이들은 모두 일연과 그의 문도 선린(禪隣), 인흥사가 간행에 관여한 것으로 그 내용으로 볼 때 13세기 후반기에 인흥사가 현실적 구원과 실천적 성격을 띤 관음신앙을 표방하고 이와 관련된 다라니신앙을 강조하고 있었다는 것을 알 수 있다.

충렬왕 22년(1296)에는 제주의 묘련사(妙蓮寺)에서 호국경전으로 대표되는 『금광명경』을 간행하였다. 이 책은 장소(章疏)의 중조본(重彫本)으로서 "원정이년병신세(元貞二年丙申歲) 고려국제주묘련사봉선중수(高麗國濟州妙蓮寺奉宣重修) 간선폭포사주지선사안위(幹善瀑布寺住持禪師安位)"와 같이 교장(敎藏)의 원간기(原刊記)를 본받고 있다.

이와 같이 13세기에는 밀교 문헌과 다라니의 간행이 빈번해졌고 더불어 충렬왕 시기의 불교계는 원의 직접적인 간섭 통제로 친원적 성격을 갖게 됨에 따라 국가불교적 성격이 강한 원의 불교 영향으로 고려 불교계 역시 국가 불교적 성격을 농후하게 띠게 되었다. 그리고 중앙은 원을 정점으로 형성된 지배층의 불교로 바뀌면서 귀족적 성격을 갖게 되었다.

이렇게 밀교 경류가 많이 간행된 배경은 중앙이 진병(鎭兵)에 몰두하고 무신과 문벌들에 의한 파행적 국가 운영이 지속됨에 따라 민간에서는 과도기의 불안한 민심이 교리체계를 통한 지적 이해보다는 현실적 불안을 즉각 소멸해준다는 주술적, 신이적 신앙으로 변화하여 나타나게 된 것이다. 즉 밀교적 색채가 농후한 의식절차를 중요시하는 신앙심은 신이나 이적을 요망하는 신비주의 경향으로 바뀌었다. 몽고가 침입한 13세기 중엽부터 고려말에 가까워질수록 이러한 신비주의적 경향은 그 농도를 더해갔다. 주술적 요소가 농후한 신비주의적 경향은 토착적 고유신앙과 사회기층에서 쉽게 습합되어 혼용된 형태로 나타나며, 불안한 민심은 고유신앙과 혼용된 신앙형태에서 다양한 주술적 신비성에 감득하고 매혹되었다.[11]

특히 이 시기에 중앙과 민간에 유포된 참회사상은 관련 문헌의 간행에도 영향을 주어 송으로부터 전래된『자비도량참법(慈悲道場懺法)』이 자주 간행되었는데 현존『자비도량참법』중 경주 기림사 소장의『자비도량참법』권4, 권8-10 등의 잔존본이 있다. 특히 권4는 절첩본의 형태로 일본 남선사(南禪寺)에 소장된 동경부유수(東京副留守) 이덕손(李德孫)이 1258년에 간행한 판본이나 개인이 소장하고 있는 일부 여러 판본과 형태적으로 크기, 1행 13자의 구성 등 대부분 일치하고 있지만, 글자의 서체나 장차(張次)의 매김이 달라 저본은 같을 수 있으나 서로 다른 시기에 판각된 것으로 판단된다. 특히 본문중 석독구결(釋讀口訣)[12]이 있는 점이 특이하다.

〈그림 10〉『자비도량참법』권4

11)  徐景洙,「麗末鮮初 佛敎의 密敎的 傾向」,『韓國密敎思想硏究』(서울: 동국대학교 출판부, 1986). p. 347.
12)  현존하는 고려본 釋讀口訣 자료는『大方廣佛華嚴經疏』권35,『大方廣佛華嚴經』권14, 舊譯『仁王經』,『合部金光明經』권3,『瑜伽師地論』권20과 이 자료를 포함하여 6종이다.

그 밖에 1346년의 발원문이 있는 서산(瑞山) 문수사 복장에서 발견된 3종의 경전이 있다. 그 중 『구역인왕경(舊譯仁王經)』은 13세기 후반의 목판본으로 자체(字體)는 『고려대장경』 자체의 하나인 구양순체지만, 판식(版式)은 1행 17자의 사간본(寺刊本) 양식이어서 이제까지 알려진 고려시대 불경의 판식과는 조금 다르다. 이 자료에는 지금까지 알려진 석독구결 가운데 가장 먼저 발견된 것으로 국어사 연구에 중요한 자료이다.

〈그림 11〉『구역인왕경』[13)]

〈그림 12〉『고왕관세음경』[14)]

그리고 같은 복장에서 발견된 『고왕관세음경(高王觀世音經)』의 내용은 관세음보살, 나무불, 나무법, 나무승, 불국유연(佛國有緣) 등의 경문

13)
14)  앞의 책, p. 26.

이 쓰여 있으며, 정광비밀불(淨光秘密佛)을 비롯한 많은 부처의 이름들이 나열되어 있어 중생들이 부처에 귀의하기를 바라고 그들이 경문을 외고 암송하면 제보살들이 중생을 구제한다는 것을 설하고 있다. 또 고왕관세음을 받들어 천 편을 독송하면 중죄를 지은 자도 죄가 소멸하게 되며 관세음보살 이하 8대 보살의 이름을 유념하여 공덕을 쌓기를 바라는 내용을 수록하고 있다.

역시 같은 복장에서 나온『오대진언(五大眞言)』도 목판으로 간행되었으며 다섯 종류의 진언을 범자로 적고 한자의 음역을 범어로 대조한 책이다.『오대진언』은 '사십이수진언(四十二手眞言)', '신묘장구대다라니(神妙章句大陀羅尼)', '수구즉득다라니(隨求卽得陀羅尼)', '대불정다라니(大佛頂陀羅尼)', '불정존승다라니(佛頂尊勝陀羅尼)'이다.

〈그림 13〉『오대진언』[15]

3) 14세기의 경전

개별적인 밀교 경전의 간행은 14세기에 이르러 빈번하게 나타나『장수

---

15) 앞의 책, p. 27.

경』이나 『자비도량참법』 등과 같은 경전 간행이 국가는 물론 개인과 문중에서 기복과 소재(消災)의 염원으로 발원한 경우가 많았다.

그 예로 1306년 『불정심주』(국립중앙박물관 소장)의 경우 호신용으로 지니고 다닐 목적으로 상하단에 고리가 달린 금속제 경갑(經匣) 속에 들어있는 작은 수진본(袖珍本)이며 13세기 초에 간행된 것으로 추정되고 있는 『불정심관세음보살대다라니경』과 거의 같은 모양이다. 권수에는 변상도가 1면이 있고 각 면당 4행, 범자 6자를 배열하고 한자로 쓰여진 주문의 제목과 주문의 음을 실담자로 번갈아 병기하고 있다.

〈그림 14〉 『불정심주』[16]

발원문의 내용은 수복을 누리고 자신의 나쁜 액이 없어지길 바라는 고창군부인 오씨가 1306년에 발원하여 새긴 것임을 알 수 있다. 권말에는 '소삼재부(消三災符)'를 비롯한 20종 부적의 제목과 도형이 있고 전체 64면으로 구성되어 있다.

14세기 사찰판으로 충숙왕(忠肅王) 3년(1316)에는 『상교정본자비도량참법(詳校正本慈悲道場懺法)』이 개판되었다. 이 책은 심왕(瀋王)의

---

16) 위덕대학교 회당학술정보원, 『韓國의 傳統 陀羅尼 : 東齋文庫 所藏資料 特別展』(경주: 위덕대학교 출판부, 2004), p. 51.

복수무강(福壽無疆)을 빌고 주상과 문무백관이 안녕하고 전쟁이 없고 풍요를 누릴 수 있기를 빌고 있다. 당시 보현사의 석연(釋連)이 발원하고 진오(眞悟)가 판각하여 변산에서 간행되었다.

충숙왕 17년(1330) 1월에는 천마산(天磨山) 보성사(寶城寺)에서 고려에 전해진 범문 다라니가 잘못되었으므로 지공화상의 도움으로 이를 고쳐 정본으로 편찬한 『백산개진언(白傘皆眞言)』을 달목(達牧)이 글씨를 쓰고 달전(達全)이 새겨 개판하게 되었다. 이 책은 다시 공민왕 14년(1365)에 이르러 우두산(牛頭山) 견암사(見岩寺)에서 전충수(全忠秀)의 주관으로 목판 절첩본의 『정본일체여래대불정백산개총지(正本一切如來大佛頂白傘盖摠持)』로 번각하여 간행되었다가 10년 뒤인 1375년에 지리산 무위암(無爲菴)에서도 간행되었다.

〈그림 15〉『정본일체여래대불정백산개총지』(1365)

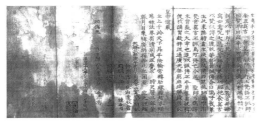

역시 이 시기에도 13세기에 이어 기복의 경전이 자주 간행되었다. 그 중 충혜왕 복위 3년(1342)에 순정군부인(順政郡夫人) 안씨가 돌아가신 부모와 집안의 평안을 빌기 위하여 한 면에 25행 17자 절첩본으로 된 불타바리(佛陀波利) 번역의 『불설장수멸죄호제동자다라니경(佛說長壽滅罪護諸童子陀羅尼經)』을 간행하였다. 이후 이 책은 공민왕 1년(1352)에 중랑장(中郎將) 남궁백(南宮伯)이 시재하여 법현(法玄)이 개판하기도 하였고 1376년에도 개판되었다.

〈그림 16〉『장수경』(1342)

이 시기에는 앞 시기에 보였던 『자비도량참법』이 원대의 영향으로 상교본(詳校本)이 주가 되어 공민왕 1년(1352)에는 『상교정본자비도량참법(詳校正本慈悲道場懺法)』이 간행되었다. 이 책의 권말 간기에 의하면 1352년 10월에 화주인 수한(守閑), 신규(信珪) 등의 알선 아래 사주(社主)인 정서(正西), 정초(正招), 대선(大選)인 야림(若琳), 낭장(郞將)인 남궁백(南宮伯), 별장(別將)인 유맹(柳猛), 최용봉(崔龍鳳), 김두언(金豆彦) 등의 시주로 개판되었다. 글씨는 연허(衍虛)가 쓰고 연판(鍊板)은 영철(靈哲), 선일(禪一)이 맡았으며 간각(刊刻)은 요심(了心), 성주(省朱), 법공(法空), 지인(智印), 법현(法玄), 옥여(玉如) 등이 담당하였다. 이러한 개별 경전은 물론 다른 경전과 합쳐지거나 개별 경전의 말미에 진언을 추가하여 기복을 비는 자료가 비교적 많았다. 즉 이 시기에 개판된 것으로 정확한 간기는 남아 있지 않지만 『금강반야바라밀경』과 여러 경전이 합부된 수진본이 개인 소장으로 남아 전한다.[17]

17)  南權熙, 「淸州牧 元興社 刊行의 金剛般若波羅密經과 高麗時代의 金剛經 刊行」, 『古印刷文化』 第6輯(청주: 청주고인쇄박물관, 2000), pp. 171-172.

책의 구성 형식은 『금강반야바라밀경』, 「대방광불화엄경 입부사의해탈경계보현행원품」, 『사십이장경』, 『불유교경(佛遺敎經)』, 『위산경책(潙山警策)』의 순서로 『금강행원불조삼경합부(金剛行願佛祖三經合部)』 3경이 합철되어 있고, 『금강반야바라밀경』의 권말에는 '금강심진언(金剛心眞言)'과 '반야무진장진언(般若無盡藏眞言)', '보궐진언(補闕眞言)'이 있으며, 이어 「화엄경행원품」은 반야의 번역으로 이루어진 6장(張)의 분량이다. 『사십이장경』의 권말에는 '수능엄신주'와 모든 장애와 어려움을 제거해주는 '마리지천다라니(摩利支天陀羅尼)'를 수록하고 이어 발문을 적고 있다.

〈그림 17〉 수진본 『금강경』, 「화엄경보현행원품」, 『사십이장경』의 합부경(1373)

이미 13세기부터 자주 간행되었던 『능엄경』은 기림사 소장의 『대불정여래밀인수증요의제보살만행수능엄경』 권4-7, 권8-9의 경우 정확한 판각처는 알 수 없으나 송판의 번각본 계통이며 권말의 기록에 의하여 1370년에 인출되었던 것 중의 하나임을 알 수 있다.

이 책은 충선왕 1년(1309)에 승통 충온(冲昷), 도인 각원(覺源) 등이 국대부인(國大夫人) 정씨, 노씨 지월(智月)과 함께 새긴 목판에서 찍어낸 것으로 권말 지문(識文)에 의하면 이 경전은 수행과 깨닫는 데 반드시 필요한 것이나 당시 대자(大字)의 구본은 수행승이 가지고 다니기가 불편하여 작은 글자로 다시 새겨 200질을 찍어냈다고 한다. 이후 경술에 거사 임계(林桂)가 돌아가신 부모를 위하여 다시 인출한 기록이 7권말에 있다

〈그림 18〉 호접장본(蝴蝶裝本) 『(소자)능엄경』(1370)

이 밖에도 정확한 간행시기의 기록은 없지만 14세기 간행되었을 것으로 추정되는 『불설상천왕천제석청명장생경(佛說上天王天帝釋請命長生經)』, 『장수멸죄호제동자다라니경(長壽滅罪護諸童子陀羅尼經)』, 『불설아미타불근본비밀신주경(佛說阿彌陀佛根本秘密神呪經)』 등이 있다.

그 중 『불설상천왕천제석청명장생경』은 절첩본의 형태로 목판은 한 장에 27행이며 한 면에 5행 15자를 배열하였다. 현존의 상태는 제1장이 낙장되어 권수제와 역저자 사항을 알 수 없다. 장(張)의 연결부분에 판수제(板首題)나 권차는 없고 장차만 '이(二)'부터 '구(九)'까지 새겨져 있다. 이 경전의 서명은 권말제에 의하여 확인할 수 있고 권말 부분에는 '천제석진언(天帝釋眞言)', '제석심진언(帝釋心眞言)', '제석천왕진언(帝釋天王眞言)', '제석천후진언(帝釋天后眞言)'의 4종 진언이 한자 표기로 기록되어 있다.

〈그림 19〉『불설상천왕천제석청명장생경』

     목판 간행의 절첩 형태로, 같은 14세기에 간행되었을 것으로 추정되는『장수멸죄호제동자다라니경』은 한 장이 5면 30행으로 구성되고 한 면은 6행 17자가 배열되어 있다. 이 책의 판심제(版心題)는 2-3면 절첩 부분에 '장(長, 약서명) 십삼(十三, 장차),' 이후 14-18장 등으로 이어지며 글자의 서체는 부드러운 필서체가 가미된 서법으로 이 시기의 다른 판본에서 잘 나타나지 않는 서체이다.

     형태는 앞뒤 부분이 훼손, 낙장되어 6, 7장 정도만 남아 있고 권말 부분에는 간기가 없으며 권말제는『불설장수명경』이다.

〈그림 20〉『장수멸죄호제동자다라니경』

     이 시기 독립된 경전으로 전본이 많지 않은 문헌으로『불설아미타

불근본비밀신주경』은 절첩 형태의 낱장 1장만 잔존하고 있다. 비록 경전은 권수와 권말, 판수제 등 제목이 보이지 않지만 그 내용으로 추정하면 번역자가 '조위조삼장(曹魏朝三藏) 보리유지(菩提流支) 봉조역(奉詔譯)'이며 제목은 『불설아미타불근본비밀신주경(佛說阿彌陀佛根本秘密神呪經)』으로 『만속장(卍續藏)』[18]에만 수록되어 있다. 고려시대에 사찰에서 간행된 판본으로 5면을 한 장으로 하고 한 면에는 6행 16자를 배열하였다.

〈그림 21〉『불설아미타불근본비밀신주경』

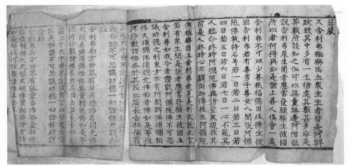

---

18) 『卍續藏』卷3(『新纂續藏經』卷2, No.205)

## 2. 대장경 속의 밀교 문헌

고려시대의 대장경에 포함된 밀교 경전은 12세기 전반에 송의 개보칙판(開寶勅版) 대장경을 바탕으로 조성된 『초조대장경』과 13세기 전반의 『재조대장경』에 포함된 것이 대부분이지만 이 밖에 별도로 편집, 간행된 14세기 조성의 『밀교대장(密敎大藏)』을 포함된 문헌들이 목판에 새겨 간본(刊本)으로 전래되었다. 뿐만 아니라 이제현의 기록으로만 확인되는 『금서밀교대장(金書密敎大藏)』은 이미 이루어진 『밀교대장』 90권에 40권을 추가하여 금니(金泥)로 130권을 조성한 것으로 밀교자료의 집대성에 포함할 수 있다.

이 대장경 속의 일부 경전들은 독립된 문헌으로 간행하기도 하였는데, 특히 다라니류는 당시까지 서로 다른 한자 음사표기로 나타난 경우도 있고 실담자를 이용해 표기하거나 한자와 병기해 간행한 것도 적지 않다.

이미 기존의 연구에서 대장경의 체제 중 밀교부에 해당하는 경전에 대하여 비록 연구자들마다 약간의 차이는 있지만 대체적으로 윤곽은 드러나 있다. 즉 대장경에 포함된 밀교 경전은 당대(唐代)의 선무외, 금강지, 불공 등 순밀승에 의하여 역출된 경전과 송대(宋代)의 천식재(天息災), 시호(施護), 법천(法天) 등에 의한 것, 요대(遼代)의 법오(法悟), 지복(志福) 등에 의한 『석마하연론(釋摩訶衍論)』의 주석서들에 이르기까지 광범위하게 포함하고 있다. 이들의 관련된 경전은 구체적으로 선무외(5부 17권), 금강지(8부 11권), 불공(109부 152권)와 같이 『초조대장경』의 초기 조성시에 포함된 것과, 『거란대장경』과 함께 송조(宋朝)의 신역본 전래와 함께 간행에 포함시킨 11세기 후기에는 천식재(19부 58권), 시호(115부

258권), 법천(44부 73권) 등의 번역본을 포함하여 356부 660권[19]을 들 수 있다. 그밖에도 의천의 교장에 이르러서는 밀교경전 중 11종 2론에 대한 장소(章疏)가 77부 266권에 달하고 이 가운데 요(遼)의 지복(志福), 각밀(覺密), 사효(思孝) 등의 것도 13부 56권에 이른다.[20]

## 1) 초조대장경 속의 현존 밀교 문헌

『초조대장경』의 실물 자료는 국내 소장 157종 214권[21]과 일본 남선사(南禪寺) 소장 548종 1,712첩[22]과 대마도 대마역사민속박물관 소장본 『대반야바라밀다경』 586첩, 안국사 31첩 등 국내외 소장본 2,500여 책 이상을 확인할 수 있다. 비록 대장경 전체는 아니지만 현존하는 자료를 중심으로 남선사 및 국내의 각 소장처에 현존하는 『초조대장경』 가운데 밀교 경전의 현황은 다음과 같다.

〈표 1〉 남선사 소장 초조대장경 속의 밀교 문헌[23]

| 연번 | 經名 | 번역자 | 卷次 | 冊數 | 函次 | 千字番 |
|---|---|---|---|---|---|---|
| 1 | 佛說仁王般若波羅蜜經 | 鳩摩羅什 (344-414) | 卷1-2 | 2 | 羽 | 71 |
| 2 | 虛空藏菩薩神呪經 | 曇摩蜜多 (356-442) | [單卷] | 1 | 弔 | 97 |

---

19) 宗釋, 『밀교학개론』(서울: 운주사, 2003), p. 243. ; 徐閨吉, 『高麗密敎思想史硏究』(서울: 불광출판 부, 1993), p. 26. 191종 356권(다라니경류 168종 256권)
20) 종석, 앞의 책, p. 243.
21) 고려대장경연구소, 『고려 초조대장경 조사완료 국내보고서』(서울 : 고려대장경연구소, 2010)
22) 남권희, 「남선사 초조대장경의 서지적 분석」, 『한국중세사연구』 제28호.(부산: 한국중세사학회, 2010), pp. 65-136.
23) 임기영, 「고려시대 밀교 문헌의 간행 및 특징」, 『書誌學硏究』 제58집(수원: 한국서지학회, 2014.6), pp. 408-410.

| | | | | | | |
|---|---|---|---|---|---|---|
| 3 | 寶星陀羅尼經 | 波羅頗蜜多羅<br>(565-633) | 卷1-10 | 10 | 殷 | 103 |
| 4 | 大乘金剛髻珠菩薩修行分 | 菩提流志<br>(-727) | [單卷] | 1 | 臣 | 117 |
| 5 | 大雲輪請雨經 | 不空<br>(706-774) | 卷上 | 1 | 大 | 150 |
| 6 | 佛說灌頂經 | 帛尸梨蜜多羅<br>(256-335) | 卷1-11 | 10 | 常 | 152 |
| 7 | 藥師琉璃光七佛本願功德經 | 玄奘<br>(602-664) | 卷下 | 1 | 恭 | 153 |
| 8 | 佛說藥師如來本願經 | 達摩笈多<br>(-619) | [單卷] | 1 | 恭 | 153 |
| 9 | 不空羂索神變眞言經 | 菩提流志<br>(-727) | 卷11-14,<br>16-19 | 8 | 慕 | 162 |
| 10 | 不空羂索呪經 | 闍那崛多<br>(523-600) | [單卷] | 1 | 潔 | 164 |
| 11 | 不空羂索神呪心經 | 玄奘<br>(602-664) | [單卷] | 1 | 潔 | 164 |
| 12 | 不空羂索陀羅尼自在王呪經 | 寶思惟<br>(-721) | 卷上, 下 | 2 | 潔 | 164 |
| 13 | 不空羂索陀羅尼經 | 李無諂<br>(未詳) | 1卷 | 1 | 潔 | 164 |
| 14 | 千手千眼觀世音菩薩<br>姥陀羅尼身經 | 菩提流志<br>(-727) | [單卷] | 1 | 潔 | 164 |
| 15 | 佛說千手千眼觀世音菩薩<br>廣大圓滿無导大悲心陀羅尼經 | 伽梵達麿<br>(7세기) | [單卷] | 1 | 潔 | 164 |
| 16 | 觀世音菩薩秘密藏如意輪<br>陀羅尼神呪經 | 實叉難陀<br>(652-710) | [單卷] | 1 | 潔 | 164 |
| 17 | 佛說陀羅尼集經 | 阿地瞿多<br>(7세기) | 卷3, 4,<br>5, 7 | 4 | 効 | 166 |
| 18 | 大法炬陀羅尼經 | 闍那崛多<br>(523-600) | 卷18-20 | 3 | 彼 | 179 |
| 19 | 大威德陀羅尼經 | 闍那崛多<br>(523-600) | 卷11-20 | 10 | 靡 | 181 |

| | | | | | | |
|---|---|---|---|---|---|---|
| 20 | 占察善惡業報經 | 菩提燈<br>(7세기) | 卷上, 下 | 2 | 墨 | 193 |
| 21 | 一字佛頂輪王經 | 菩提流志<br>(-727) | 卷1-5 | 5 | 悲 | 194 |
| 22 | 大陀羅尼末法<br>中一字心呪經 | 寶思惟<br>(-721) | 單卷 | 1 | 悲 | 194 |
| 23 | 廣大寶樓閣善住<br>秘密陀羅尼經 | 菩提流志<br>(-727) | 卷上,<br>中, 下 | 3 | 悲 | 194 |
| 24 | 牟梨曼陀羅呪經 | 未詳 | [單卷] | 1 | 詩 | 197 |
| 25 | 舍頭諫晋日太子<br>二十八宿經 | 竺法護<br>(231-308) | [單卷] | 1 | 思 | 284 |
| 26 | 讚觀世音菩薩頌 | 慧智<br>(416-484) | 單卷 | 1 | 獸 | 436 |
| 27 | 陀羅尼雜集 | 未詳 | 卷1,<br>3-7, 10 | 7 | 啓 | 444 |
| 28 | 佛說守護大千國土經 | 施護<br>(10세기) | 卷中 | 1 | 棄 | 482 |
| 29 | 聖多羅菩薩一百八名<br>陀羅尼經 | 法天<br>(-1001) | 單卷 | 1 | 經 | 488 |
| 30 | 毗俱胝菩薩一百八名經 | 法天<br>(-1001) | 單卷 | 1 | 經 | 488 |
| 31 | 諸佛心印陀羅尼經 | 法天<br>(-1001) | 合本<br>(四經) | 1 | 經 | 488 |
| 32 | 大方廣菩薩藏文殊師<br>利根本儀軌經 | 天息災<br>(-1000) | 卷2-5, 7,<br>12, 19, 20 | 8 | 府,<br>羅 | 489-<br>490 |
| 33 | 佛說聖寶藏神儀軌經 | 法天<br>(-1001) | 卷上, 下 | 2 | 相 | 492 |
| 34 | 一切如來大祕密王未曾有<br>最上微妙大曼拏羅經 | 天息災<br>(-1000) | 卷3-5 | 3 | 路 | 493 |
| 35 | 佛說大摩里支菩薩經 | 天息災<br>(-1000) | 卷1-4, 6 | 5 | 路,<br>俠 | 493-<br>494 |
| 36 | 佛說尊勝大明王經 | 施護<br>(10세기) | [單卷] | 1 | 槐 | 495 |

| 37 | 佛說如意寶摠持王經,<br>佛說聖六字大明王陀羅尼經 | 施護<br>(10세기) | 合本<br>(二經) | 1 | 槐 | 495 |
|----|------|------|------|---|---|-----|
| 38 | 一切如來說佛頂輪王一百八名讚,<br>增慧陀羅尼經,<br>聖六字增壽大明陀羅尼經 | 施護<br>(10세기) | 合本<br>(五經) | 1 | 八 | 499 |
| 39 | 聖多羅菩薩梵讚 | 施護<br>(10세기) | [單卷] | 1 | 八 | 499 |
| 40 | 佛說持明藏瑜伽大教尊那<br>菩薩大明成就儀軌經 | 法賢<br>(-626) | 卷1, 4 | 2 | 兵 | 504 |
| 41 | 佛說大乘觀想曼拏羅<br>淨諸惡趣經 | 法賢<br>(-626) | 卷上 | 1 | 高 | 505 |
| 42 | 底哩三昧耶不動尊<br>威怒王使者念誦法 | 不空<br>(706-774) | 卷1 | 1 | 尹 | 532 |
| 43 | 菩提場所說一字頂輪王經 | 不空<br>(706-774) | 卷1, 2,<br>4, 5 | 4 | 佐 | 533 |
| 44 | 佛說雨寶陀羅尼經 | 不空<br>(706-774) | 單卷 | 1 | 時 | 534 |
| 45 | 佛說救拔焰口餓鬼陀羅尼經 | 不空<br>(706-774) | 單卷 | 1 | 阿 | 535 |
| 46 | 八大菩薩曼荼羅經,<br>能淨一切眼疾病陀羅尼經 | 不空<br>(706-774) | 合本<br>(二經) | 1 | 阿 | 535 |
| 47 | 金剛頂勝初瑜伽<br>普賢菩薩念誦法 | 不空<br>(706-774) | 卷1 | 1 | 衡 | 536 |
| 합계 | 47종 | | | 130 | 119 | |

〈표 2〉 국내 소장 초조대장경 속의 밀교 문헌

| 연번 | 經名 | 번역자 | 卷次 | 冊數 | 函次 | 소장처 |
|----|------|------|------|------|------|--------|
| 1 | 藥師琉璃光如來<br>本願功德經 | 玄奘<br>(602-664) | 單卷 | 1 | 恭 | 구인사,<br>영남대 등 |
| 2 | 佛說陀羅尼集經 | 阿地瞿多<br>(7세기) | 卷3 | 1 | 效 | 성암[24] |

---

24) 성암고서박물관의 경전들은 현재(2018년) 확인하기 어렵다.

| 3 | 舍利弗陀羅尼經 | 僧伽婆羅<br>(479-524) | 單卷 | 1 | 良 | 호림 |
|---|---|---|---|---|---|---|
| 4 | 妙臂印幢陀羅尼經 | 實叉難陀<br>(652-710) | 單卷 | 1 | 良 | 개인 |
| 5 | 無量門破魔陀羅尼經 | 玄暢<br>(416-484) | 單卷 | 1 | 良 | 개인 |
| 6 | 大法炬陀羅尼經 | 闍那崛多<br>(523-600) | 卷19 | 1 | 彼 | 호림 |
| 7 | 大威德陀羅尼經 | 闍那崛多<br>(523-600) | 卷8,<br>10, 17 | 3 | 短,<br>靡 | 성암 |
| 8 | 大方等陀羅尼經 | 法衆<br>(5세기) | 卷3 | 1 | 使 | 성암 |
| 9 | 金剛頂瑜伽中略出念誦經 | 金剛智<br>(669-741) | 卷3 | 1 | 詩 | 성암 |
| 10 | 聖持世陀羅尼經 | 施護<br>(10세기) | 單卷 | 1 | 壁 | 수국사 |
| 11 | 舍頭諫太子二十八宿經 | 竺法護<br>(231-308) | 單卷 | 1 | 思 | 연대 |
| 12 | 佛說無能勝幡王<br>如來莊嚴陀羅尼經 | 施護<br>(10세기) | 單卷 | 1 | 杜 | 성암 |
| 13 | 消除一切閃電障難隨求<br>如意陀羅尼經 | 施護<br>(10세기) | 單卷 | 1 | 隸 | 성암 |
| 14 | 佛說大吉祥天女十二名号經 | 法賢<br>(-626) | 單卷 | 1 | 佐 | 호림 |
| 15 | 讀誦佛母大孔雀明王經 | 不空<br>(706-774) | 卷上 | 1 | 時 | 호림 |
| 16 | 佛說一切如來眞實攝大乘<br>現證三昧大敎王經 | 施護<br>(10세기) | 卷21 | 1 | 沙 | 성암 |
| 합계 | 16종 | | 18 | 18 | | |

여기서 확인되는 밀교 경전의 한역 시기는 3세기 축법호(竺法護)에서부터 당대(唐代) 8세기의 불공 및 11세기 초 송대(宋代)의 법천, 시호, 법현의 한역본에 이르기까지 포함하고 있다.

또한 8세기 이전에 번역이 이루어진 『약사경』이나 『불공견삭신주심경』 등 밀교 경전의 상당수는 『개원석교록』이나 비슷한 시기 중국의 대장경 목록에서도 그 서명이 확인되는 판본들이다. 여기서는 『초조대장경』의 밀교 문헌 전체를 예시할 수 없으므로 한 사례로 『약사유리광여래본원공덕경』을 보면, 판식(版式)은 상하단변(上下單邊)에 계선(界線)이 없으며 권수제 아래에 '공(恭)'의 함차가 표시되어 있다.

〈그림 22〉 초조본 『약사유리광여래본원공덕경』[25]

또 『대일경』과 함께 밀교 경전 중에서 대표적인 것으로 들고 있는 『대교왕경(大敎王經)』이 있다. 『대교왕경』으로 불리는 현존본 『불설최상근본대락금강불공삼매대교왕경(佛說最上根本大樂金剛不空三昧大敎王經)』 권6은 법현이 번역한 것이다. 이 경전은 『이취광경(理趣廣經)』으로도 불리는데 몇 개의 『이취경』에 여러 종의 의궤를 첨가한 것이다. 매장은 14자 23행으로, 권말에는 강법화경사문(講法華經沙門), 도일(道一) 등 20명의 증의(證義), 철문(鐵門), 필수(筆授), 증범문(證梵文), 증범의(證梵義), 윤문(潤文)을 맡은 사람의 명단이 수록되어 있다.

---

25) 해인사 성보박물관, 앞의 책, p. 53.

<그림 23>『불설최상근본대락금강불공삼매대교왕경』권6[26]

　　이와 같이 『초조대장경』에 포함된 경전들은 대장경의 전래와 함께 국가사업으로 판각되는 과정을 거쳤으므로 당연히 인도 및 중국에서 번역된 초기의 밀교 경전뿐 아니라 11세기 초 북송 승려들에 의한 한역본 밀교 경전 상당수가 활발한 교류를 통해 고려로 유입되었고 당시의 고려사회와 불교사상과 함께 통섭되었을 것이다.

## 2) 교장(敎藏)의 대상에 포함된 밀교 문헌

『초조대장경』의 판각이 마무리된 이후에도 송(宋)과 요(遼)로부터의 경전 유입은 계속되었고 그 중 11세기말 고려불교 교학연구의 정점으로 볼 수 있는 의천에 의한 교장의 수집과 판각 사업에서도 밀교 경전을 대상으로 한 주석서를 일부 확인할 수 있다.

　　비록 현존하는 것이 지극히 일부이지만 의천이 수집한 교장의 목록으로 알려진 『신편제종교장총록(新編諸宗敎藏總錄)』에 의하여 『관정경』이나 『소재경(消災經)』 등의 밀교 경전에 대하여 소(疏), 초(鈔), 과

---

26) 　호림박물관, 『佛敎美術名品展』(서울: 성보문화재단, 2002), p. 135.

(科), 기(記) 등의 주석 및 논서들이 다음과 같이 포함되어 있다.

〈표 3〉 교장의 대상에 포함된 밀교 문헌

| 연번 | 經名 | 章疏名 | 卷數 | 撰(述)者 |
|---|---|---|---|---|
| 1 | 毘盧神變經 | 義釋 | 14 | 一行(唐, 683-727) |
| | | 科, 大科 | 5, 1 | 覺苑(遼, 11세기) |
| | | 演密鈔 | 10 | 覺苑(遼, 11세기) |
| | | 胎藏敎 | 3 | 文一 |
| 2 | 消災經 | 疏, 鈔, 科 | 1, 3 ,1 | 福客 |
| | | 疏, 記, 科 | 1, 2, 1 | 靈鑑 |
| 3 | 八大菩薩曼茶羅經 | 疏, 科 | 2, 1 | 思孝(遼) |
| | | 崇聖抄 | 3 | 志實(遼) |
| 4 | 釋摩訶衍論 | 通玄疏 | 4 | 志福(遼) |
| | | 通玄科, 大科 | 3, 1 | 志福(遼) |
| | | 通贊疏, 通贊科, 大科 | 10, 3, 1 | 安臻(遼) |
| | | 贊玄疏, 贊玄科, 大科 | 5, 3, 1 | 法梧(遼) |
| 5 | 灌頂經 | 疏 | 1 | 神曇 |
| 6 | 金光明經 | 疏 | 6 | 眞諦(499-569) |
| | | 文句 | 3 | 天台 |
| | | 科 | 2 | 亡名 |
| | | 科文, 大科 | 3, 1 | 知昭 |
| | | 述贊 | 7 | 憬興(新羅) |
| | | 玄義 | 1 | 天台 |
| | | 玄義科 | 1 | 知禮(宋, 960-1029) |
| | | 외 14종 | 61 | |
| 7 | 仁王經 | 疏 | 4 | 玄範(唐) |
| | | 古迹記 | 1 | 太賢(新羅) |
| | | 科 | 4 | 道初 |
| | | 외 9종 | 40 | |

| 8 | 藥師經 | 疏 | 1 | 靖遇 |
|---|---|---|---|---|
| | | 義玄鈔 | 5 | 圓鏡 |
| | | 외 5종 | 6 | |
| 9 | 本生心地觀經 | 文殊說般若經疏 | 2 | 智圓(宋, 976-1022) |
| | | 疏 | 8 | 士安 |
| | | 科, 大科 | 3, 2 | 雲普 |
| 10 | 大寶積經 | 普入不思議法門經疏 | 1 | 智圓(宋, 976-1022) |
| | | 妙慧童女會疏, 科 | 2 | 思孝(遼) |
| 11 | 天請問經 | 疏 | 1 | 文軌 |
| | | 廣勝鈔, 科 | 3 | 省辯 |
| 합계 | 11경전 | 75종 | 268권 | |

이상과 같이 교장에 포함된 밀교 경전은 비록 연구자들에 따라 경전
의 성격을 분류하는 관점이 다르지만[27] 대체로 11경전의 75종, 권수로는
268권에 달하고 당과 신라, 송과 요의 승려들 찬술서가 고루 포함되어 있
다. 특히 요의 불교적 특징이 화엄사상과 융합된 밀교적 색채가 두드러진
점에서 관련된 주석서의 간행이 주목할 만하다.

개별 문헌으로 볼 때, 교장에 수록된 경전 중 『소재경』은 정식 이름
이 『불설대위덕금륜불정치성광여래소제일체재난다라니경(佛說大威德
金輪佛頂熾盛光如來消除一切災難陀羅尼經)』인데 고려시대 밀교의례
가운데 가장 많이 이루어졌던 소재도량의 소의 경전이다. 주석서도 많이
유입되어 중기 밀교의 핵심 경전의 하나로 알려진 『비로신변경(毘盧神變
經)』도 당시 불교의 밀교적 성향을 파악하는 관점에서는 주목할 만하다.

---

27) 김수연, 「高麗時代 密敎史 硏究」, 박사학위논문(서울: 이화여자대학교, 2012), pp. 78-79 註.

## 3) 재조대장경 속의 밀교 문헌

『재조대장경』은 그 판목이 해인사에 현존하고 있고 그 인본(印本)도 여러 소장처에 산재하고 있으므로 개별경전의 목록을 제시할 필요는 없을 것이나 전체의 경전 중에서 밀교 문헌이 차지하는 비중과 분포가 어떻게 나타나는지는 이미 선행의 연구가 있으므로 이를 제시하면 다음 표와 같다.

〈표 4〉 재조대장경 속의 밀교 문헌[28]

| 분 류 | | | 密敎文獻 | | 收錄函次 |
|---|---|---|---|---|---|
| 1 | 開元18년<br>(730)<br>이전<br>譯經 | | 밀교경전 130部 | | 臣117~羔199<br>思284<br>竟304<br>獸436 |
| | | 後漢 1部 | 失譯1部 | | |
| | | 吳 4部 | 支謙4部 | | |
| | | 西晉 2部 | 竺法護1部 | 失譯1部 | |
| | | 東晉 18部 | 帛尸梨密多羅1部 | 竺曇無蘭8部 | |
| | | | 佛馱跋陀羅1部 | 難提1部 | |
| | | | 失譯7部 | | |
| | | 姚秦 3部 | 鳩摩羅什1部 | 失譯2部 | |
| | | 西秦 1部 | 聖堅1部 | | |
| | | 北涼 1部 | 法衆1部 | | |
| | | 劉宋 3部 | 求那跋陀羅1部 | 功德直1部 | |
| | | | 畺良耶舍1部 | | |
| | | 梁 10部 | 僧伽婆羅2部 | 失譯8部 | |
| | | 北魏 4部 | 曇曜1部 | 菩提流支1部 | |
| | | | 佛馱[陀]扇多2部 | | |
| | | 北齊 1部 | 萬天懿1部 | | |

28) 앞의 논문, p. 75.

| | | 北周 | 3部 | 闍那耶舍2部 | 耶舍崛多1部 | |
| | | 隋 | 11部 | 闍那崛多10部 | 那連提耶舍1部 | |
| | | 唐 | 72部 | 李無諂1部 | 實叉難陀4部 | |
| | | | | 阿地瞿多1部 | 般刺蜜帝1部 | |
| | | | | 菩提流志11部 | 寶思惟5部 | |
| | | | | 佛陀波利1部 | 杜行顗1部 | |
| | | | | 提雲般若2部 | 伽梵達摩1部 | |
| | | | | 彌陀山1部 | 地婆訶羅3部 | |
| | | | | 智通4部 | 慧智1部 | |
| | | | | 玄奘9部 | 義淨11部 | |
| | | | | 智嚴1部 | 善無畏5部 | |
| | | | | 金剛智4部 | | |
| | | 미상 | 1部 | 失譯1部 | | |
| 2 | 開元19년 이후 唐代 譯經 | 밀교경전 103部 | | | | 磻529～合54 |
| | | 金剛智 4部 | | 不空 94部 | | |
| | | 阿質達霰 3部 | | 般若 1部 | | |
| | | 尸羅達摩 1部 | | | | |
| 3 | 宋代 新譯 | 밀교경전 107部 | | | | 杜481～經48 |
| | | 天息災 6部 | | 法賢 43部 | | |
| | | 法天 23部 | | 施護 33部 | | |
| | | 法護 1部 | | [唐代失譯1部] | | |
| | | 밀교경전 15部 | | | | 遵573～馳605 |
| | | 施護 15部 | | | | |

　　또 『재조대장경』에 포함된 밀교 문헌과 각 경전의 성격에 대하여 전
종석[29]도 355부 660권에 대한 개별 목록 및 이 경전들에 대한 성격을 검

---

29)　全宗釋,「高麗時代의 密教經典 傳來 및 雕造考」,『鏡海法印申正午博士華甲紀念 佛教思想

토하였다.

　이와 같은 『재조대장경』은 『초조대장경』과 바탕이 같으므로 개보칙판 대장경(開寶勅版 大藏經)과 금장(金藏)이라는 동북아 초기 대장경의 체계속에서 거란장의 보입(補入)에 의하여 밀교 경전이 보충되는 과정을 거쳤다. 이러한 대장경 속의 밀교 문헌의 성격을 통해본 고려불교의 밀교적 성격은 당대 승려 불공에 의하여 결집된 정순(正純) 밀교와 화엄종이나 정토종 또는 선종에 다라니사상이 융합되었고 송대의 잡밀 사상이 녹아든 복합적 성격이었다.

　論叢』(서울: 荷山出版社, 1991), pp. 543-580. 여기서는 355부로 정리되어 있지만 같은 저자의 『밀교학개론』에서는 356부로 파악하였다.

## 3. 밀교대장

### 1) 밀교대장의 사료 기록

역사 기록과 현존본으로 볼 때 밀교 관련 문헌으로 대표적인 것은 금자(金字)나 은자(銀字)의 대장경이었다. 그러나 근년에 들어 목판본『밀교대장』이 3종 발견되면서 '밀교대장'이라는 명칭이 일반 명칭이 아니라 한 종류의 문헌 시스템으로 확인 되었다. 즉 같은 서명 아래 권차별로『재조대장경』에 수록된 밀교 경전을 함차(函次)별로 구분하고 실담자와 한자를 병기하는 일종의 선집(選集)의 형태를 갖추고 있는 것으로 확인되었다. 그 판각과 조성의 시기 역시 13세기 후반 이후로 비정되고 있다.

한편 이 밀교대장이라는 독립된 명칭이 나타나는 기록 중 금자(金字)로 고려시대 밀교 경전을 집성하였던 밀교대장의 관련 기록으로, 이제현의『익재난고(益齋亂藁)』권5에서 충숙왕 15년(1328)의 발원에 의하여 추진되었던『금서밀교대장경(金書密敎大藏經)』의 사성(寫成)에 대한 언급을 들 수 있다.

> 불교 경전으로 중국에 들어와 번역된 것이 헤아릴 수 없이 많지만 이른바 다라니만큼은 중국에서 번역하지 못하였다. 또 중국뿐만 아니라 인도 사람들도 알아듣고 이해하는 것이 불가능하였고 오직 부처나 부처와 더불어 할 때만 알고 이해할 수 있다고 한다. 그 뜻이 오묘하고 신비롭기 때문에 이해할 수가 없고 따라서 공경함이 더해지고 존숭함이 지극하게 되므로 사람들에게 감응함이 깊고 신령스러운 자취가 당연히 많았을 것이다. 옛사람이 이와 같음을 알아 모으고 편찬하여 90권을 만들었으며 그 이름을『밀교대장』이라 하고 간행하여 세상에 전하게 하였다. … 구본을 여러 경전과 대교

하여 빠지거나 잘못된 곳을 고치고 또한 미처 수집하지 못한 40여 권을 추가로 구하여 옛 것과 합하여 130권으로 엮고 글씨 잘 쓰는 사람을 시켜 나누어 베끼게 하였다.[30)]

이와 같이 90권으로 편찬된『밀교대장』이『익재난고』의 기록처럼 목판으로 간행되었던 것인지 그 후의 사경처럼 필사한 것인지, 전래 경위는 어떠한지에 대한 기록은『조선왕조실록』등의 자료에 간접적으로 나타나 있다.

즉 세종 5년(1423)에 일본국 사신이 대장경 목판을 내려달라는 요청을 받은 왕은 유후사(留後司)에 전지(傳旨)하여 금사사(金沙寺)의 진언대장경 목판과 영통사[31)]의『화엄경』목판 및 운암사[32)]의 금자(金字)로 사경한 3본『화엄경』1부와 역시 금자 단본『화엄경』1부 등을 수참(水站)의 배에 실어오도록 하였다.[33)] 각종 문헌상의 기록으로 볼 때 이 밀교대장의 경판을 보관하던 금사사는 바닷가의 경관이 좋은 곳으로 19세기까지 여러 문장가들의 시제로서 많이 등장하던 곳이지만 고려시대의 기록은 많지 않다.

이어 같은 해 12월에 규주(圭籌), 범령(梵齡)과 도선주(都船主) 구준(久俊) 등 135명이 포함된 일본 사신을 접견하는 자리에서 세종은 일본 왕이 구하고자 하는 대장경판은 우리나라에서도 한 벌밖에 없어 줄 수

---

30)  李齊賢,『益齋亂藁』卷5, 序,「金書密敎大藏序」

31)  權相老,『韓國寺刹全書』上,『退耕堂全書』卷2(서울: 退耕堂權相老博士全書 刊行委員會, 1998), p. 1298. 경기도 開城 安定門 밖의 사찰로 추정됨.

32)  權相老,『韓國寺刹全書』下,『退耕堂全書』卷3(서울: 退耕堂權相老博士全書 刊行委員會, 1998), p. 104. 동일 이름의 사찰이 다수 있으나 경기도 開城 舞仙峯 아래 恭愍王 玄陵 齋宮으로 추정됨.

33)  『世宗實錄』, 世宗 5年(1423) 癸卯 10月 25日 壬申.

가 없지만 요청을 물리칠 수도 없어 다만 밀교대장경판과 주화엄경판(註華嚴經板), 한문대장경 전질을 보내겠다고 하였다. 이에 대하여 일본 사신은 일본 왕이 해마다 사람을 보내어 불경을 청하여 번거로움을 끼칠 수 있으므로 경판을 내려주시면 번잡을 줄일 수 있을 것이라 억지를 쓰기도 하였다.

위에서 세종이 언급한 밀교대장경판과 배에 실어오도록 한 금사사의 진언대장경은 같은 것인데 바로 고려의 90권본『밀교대장』의 목판이다. 이 때 같이 전달되었던 주화엄경판은 이미 문종 때 대각국사 의천이 송의 정원법사에게 부탁하여 송의 서체와 기술로 그 곳에서 새긴 120권의『대방광불화엄경소』로 당시의 상인인 서전(徐戩)이 직접 판목을 고려로 전래시킨 판이다. 이 판은 후에 공민왕 때 이미충(李美冲)의 발원으로 권수에 변상을 다시 새겨 붙인 것으로 현재 국내의 기관과 개인소장본에서 그 인출본을 확인할 수 있다.

당시의 경판에 대한『실록』과 일본측의 추가적인 기록에서 세종 6년(1424) 1월에 일본의 규주(圭籌) 등이 지신사(知申事)에게 올린 글에서 조선의 왕은 대장경이 한 벌뿐이라 줄 수가 없고 그 대신 금자(金字)『화엄경』80권, 범자 밀교경판, 대장경 1부, 주화엄경판, 이 네 가지를 준다고 한 내용을 언급하고 있다.

한편 이 때 일본으로 전래된 경판과 경전들을 처음에는 경도(京都)의 상국사(相國寺)에 두었음을 세종 6년(1424) 회례사들이 복명한 기록[34]에 언급되어 있으므로 그 전래는 분명하나 그 이후의 유전(流轉)은 알 수 없고 그 실물 역시 현재까지 확인되지 않는다.

---

34) 『世宗實錄』, 世宗 6年(1424) 甲辰 12月 17日 戊午.

여기서 이미 앞의 진언대장경이라는 용어와 범자 밀교경판이라는 개념 역시 같은 것으로 고려『재조대장경』이 조성된 1251년 후로부터 충숙왕 때의 금자『밀교대장』이 조성되는 1328년 이전의 어느 시기에 90권으로 편찬되어 새겨진 후 1424년에 일본으로 건너가게 되었다. 그러나 이『밀교대장』은 고려부터 조선 초기까지 판에서 찍어내어 책을 만들어 왕실에서 특별한 목적으로 비치하기도 하였으니 그 전래에 대한 기록 중 『신증동국여지승람』권3의 '한성부' 불우(佛宇) '흥덕사(興德寺)' 조에 언급되어 있다. 즉 흥덕사[35]는 동부 연희방(燕喜坊)에 있으며 교종을 교리로 하는 종파였다. 사찰내의 전각에 대해서 태종의 명으로 1401년 가을에 지은 권근(權近)의『덕암전기(德安殿記)』[36]에,

> 태종 1년(1401) 여름에 태상왕(태조)이 명하여 예전 살던 집 동쪽에 터를 정하고 따로 새집을 짓게 하였다. 태조는 전례에 들어 고려 태조가 삼한을 통일하고 그 사가를 광명(光明), 봉선(奉先)의 두 절로 만들어 나라를 이롭게 하려 하였으므로 전대의 일을 생각하여 장차 새 집을 절로 만들어 영원히 나라를 복되게 하고 백성을 이롭게 하며 사직을 견고하게 하고자 하였다. 이에 따라 정전에는 석가모니의 탄생도를 걸고 북쪽 문 위에 시렁을 만들어 가운데는 밀교대장경 한 부를 봉안하였으며 동쪽에는 새로 새긴 대자(大字)『능엄경』[37] 판본을 두고 서쪽에는 새로 새긴 수륙의문(水陸儀文)

---

35) 현재 자세한 위치는 미상이며 왕실 사찰로 건립되었고 1424년 종파를 선종과 교종으로 통합시켰을 때 교종의 都會所가 되었다가 연산군 때 폐사되었다. 현존하는 경주 祇林寺 佛腹藏本 중의 蝴蝶裝本『楞嚴經』(1370년 간행)의 10권말에는 墨書로 '正統元年丙辰(1436년) 七月初十日 興德寺來'라는 기록이 있다. 문화공보부 문화재관리국,『동산문화재지정보고서 '88지정편』(서울: 동국, 1989), pp. 94-96

36) 權近,『陽村先生文集』卷13, 記類「德安殿記」

37) 판본은 1401년 前 楊井寺 주지인 信聰의 글씨로 새긴 목판본『楞嚴經』권으로 보물959호로 지정되어 있다. 프랑스 국립도서관 소장본의 권말이 더 완전하다.

판본을 간직하도록 하였다.

라는 기록에서 『밀교대장』의 목판이 세종 때까지 금사사에 보관되고 있었고, 그 인본도 태조가 별도로 비치하여 국가의 안녕을 기원한 것으로 보아 일본으로 전래되기 전까지는 잘 관리되고 있었음을 짐작할 수 있다.

## 2) 『밀교대장』 권9

〈그림 24〉『밀교대장』 권9의 권수와 권말

이 책의 크기는 29.9cm×15.4cm이며 표지는 앞뒤가 연결된 청지(靑紙)로 싸였고 장정은 호접장(蝴蝶裝) 형태인 목판본이다. 내부의 판식은 상하의 변란이 단변(單邊)이며 광고(匡高)는 21.1cm이다. 책의 전체 분량은 14장이며 인쇄 단위 한 장은 전체 30행을 8행, 7행, 7행, 8행으로 구분하여 접은 형태이며 권차와 장차는 매 장의 제1행과 2행 사이에 '제9권(第九卷) 제[ ]장(第[ ]丈)'과 같이 새겼다. 최근 발견된 이 책의 또 다른 권차인 권제61도 본문은 같은 체제로 구성되었고 전체가 21장이며 장정의 형태는 절첩본으로 본 연구대상의 자료와는 다르다. 그러나 인쇄의 상태나 지질[38]의 측면에서 간행의 시기는 비슷할 것으로 추정된다.

책의 권수제는 '밀교대장(密敎大藏)'이며 전체에 대한 편찬자 표시 부분이 없고 권수제에 이어 진언이 수록된 경전명과 권차가 제시되어 있으며 그 하단부에『재조대장경』의 함차 표시가 있고 다음 행에 재조본에서의 역저자 표시와 같이 기술되어 있다. 이어 진언의 제목을 한자로 제시하고 내용은 먼저 실담자로 기술하고 다음 행에서 해당되는 한자음을 표기하였다.

해당하는 진언 부분을『재조대장경』과 비교하면 실담자 부분은 재조본에 없는데 이는 당시에 통행되던 판본이나 필사본류를 저본으로 등재본을 만들었을 것으로 추정되고, 세분 사항으로 표제도 재조본과는 달리 축약형으로 표현되어 있다. 진언 부분의 한자 표기가 다르거나 축약이나 생략된 부분도 있으며 성조 표시나 구절 표시도 생략된 부분도 많다. 이 때 실담자와 한문 부분의 글자 수가 한 행에 15자를 유지하고 있는데, 이는 기본적으로 한 행에 14자로 배자하는『재조대장경』을 따르지 않고 있다. 이『밀교대장』의 구성에서 인용된 서명의 함차가 재조본과 동일하지만 본문의 대교에서 한자 표기가 다른 부분이 간혹 나타나고 한 행 당 15자로 구성한 것과 근본적으로 내용구성에서 해당 재조본에는 수록되

---

38) 종이는 미색의 楮紙로 3cm 당 17-18촉의 발이 보인다.

지 않은 실담자를 병기하고 있다는 것은 별도의 편찬 과정을 통해 이루어진 것으로 판단된다. 그러나 한 행이 15자로 구성되어 있는 판본은 고려본 『오대진언(五大眞言)』 등에서 그 예를 찾아볼 수 있으므로 진언에 해당하는 당시의 관행적인 형식이라 볼 수도 있을 것이다.

본문 중에는 한자음 표기에 기입된 구절 구분 표시, 장단음을 비롯한 성조 표시, 그밖의 성운에 관련된 표시 등이 있으며, 이는 『오대진언』의 고려본이나 조선본(한글 병기)과 같은 현상으로 볼 수 있다. 책의 권말에는 권말제와 더불어 하단 여백에 좌우가 바뀐 '만(卍)'자 문양이 새겨져 있으며 4행에 걸쳐 본문내 16자에 대한 음의(音義)를 대응음과 반절[39] 표기로 수록하고 있다.

한편 이 자료의 판각에 관련된 인물로는 제9장 2행 하단부에 소자(小字)로 '백여(白如) 도(刀)'라고 새겨서 당시의 각수(刻手)임을 알 수 있으나 이보다 앞서 조성된 『재조대장경』의 각수들 인명록과 비교해 볼 때 동일 인명은 확인되지 않는다. 이는 조성된 시기가 1328년 이전의 시기라는 점과 재조본이 완성되는 1251년 이후라고 볼 때 만약 재조본 완성과 머지않은 시기라면 당연히 앞서 대장경 판각의 경험이 있는 각수가 동원되었을 것이나 확인되지 않으므로 적어도 한 세대가 지난 정도의 시기로 그 간행의 시기는 약 13세기 말 경으로 추정해 볼 수 있다.

이 『밀교대장』 권9의 내용은 대장경 구성의 천자문 순서 함차중 141-150에 해당하는 '뢰(賴, 141), 급(及, 142), 신(身, 147), 발(髮, 148), 대(大, 150)'자 함의 7종의 경전에 포함된 진언들이며 특이한 사항은 '발

---

39) 권61에서는 '註'는 '知古反'(7장 11행), '冗鳥'는 '胡恨反'(8장 14행)이나 권말 음의에서는 '胡限切'로서 한자와 반절의 표기를 달리한 것도 있다. 권9와 권61 모두 음의에서는 '切'로 표기되었다.

(髮)' 함에 해당하는 『대승입능가경』 권제6의 10행 "능가경주(楞伽經呪)"와 4행 "능가경주왈(楞伽經呪曰)" 중에서 후자가 연결되어 배치되지 않고 권말로 옮겨진 것이다. 함차의 구성상 위치가 서로 떨어진 것과 표기상 다른 경전에서는 중복이 나올 때 "우다라니(又陁羅尼)"나 "우설주왈(又說呪曰)"이라고 표시한 것과는 차이가 나지만 현재로서는 그 이유를 알 수 없다.

이 책에 수록된 경전과 수록 위치의 표기는 다음과 같다.

① 『지심범천소문경(持心梵天所問經)』 4권 뢰(賴) (권1-4)
② 『사익범천소문경(思益梵天所問經)』 4권 급(及) (권1-4)
③ 『승사유범천소문경(勝思惟梵天所問經)』 권제6 급(及) (권1-6)
④ 『[입]능가경([入]楞伽經)』 권제8 신(身) (권1-10)
⑤ 『대승입능가경(大乘入楞伽經)』 권제6 발(髮) (권1-7)
⑥ 『대운륜청우경(大雲輪請雨經)』 권상 대(大) (권상-하)
⑦ 『대운경(大雲經)』 「청우품(請雨品)」 제64 대(大) (1권)


이 중 『지심범천소문경』과 『사익범천소문경』은 표기에는 4권이라 하였으나 실제 내용은 다른 경전의 표기와 같이 제4권으로 확인된다. 즉 경전에서의 해당 위치를 권차로 표시하는 것을 원칙으로 하였다.

## 3) 『밀교대장』권36

이 판본은 국립중앙박물관에 소장된 1333년 금동아미타삼존 복장물에서 확인된 것으로 자료의 소개는 관련 도록[40]에 '다라니 목판본' 37.8cm×61.3cm로 기술되어 있으나 실물에 의하여 체제, 서체, 지질 등 서지학적 검토를 해보면 고려 『밀교대장』의 낙장된 일부임을 알 수 있다. 또 1행 뒤에 판각된 '제삼십육권(第三十六卷) 삼장(三丈)'은 『밀교대장』권제36의 제3장을 의미한다. 30행에 1행당 15자이며 먼저 실담자가 배열되고 다음 행에 한자로 음을 표기하였다. 이러한 형식은 이미 발견된 권9나 권61과 같고 서체나 전체의 배열과 구성도 같음을 알 수 있다.

〈그림 25〉『밀교대장』권36

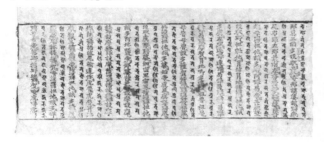

이 책의 내용을 『재조대장경』에서 확인하면, '고(高)'자 함 K.no.1224-11에 해당하는 『불설낙차다라니경(佛說洛叉陁羅尼經)』이며 번역자의 표시는 '서천역경삼장(西天譯經三藏) 조산대부(朝散大夫) 시광록경(試光祿卿) 명교대사(明敎大師) 신(臣) 법현(法賢) 봉조역(奉詔譯)'이다.

---

40)  국립중앙박물관, 『발원, 간절한 바람을 담다 : 불교미술의 후원자들』특별전시회도록(서울: 국립중앙박물관, 2015)

이 다라니가 포함된 '고(高)' 함에는 법현이 번역한 다라니 12종이
포함되어 있다.

① 『불설구지라다라니경(佛說俱枳羅陁羅尼經)』(등 12경)
② 『불설소제일체재장보계다라니경(佛說消除一切災障寶髻陁羅尼經)』
③ 『불설묘색다라니경(佛說妙色陁羅尼經)』
④ 『불설전단향신다라니경(佛說栴檀香身陁羅尼經)』
⑤ 『불설발란나사박리대다라니경(佛說鉢蘭那賖嚩哩大陁羅尼經)』
⑥ 『불설숙명지다라니경(佛說宿命智陁羅尼經)」
⑦ 『불설자씨보살서원다라니경(佛說慈氏菩薩誓願陁羅尼經)』
⑧ 『불설멸제오역죄대다라니경(佛說滅除五逆罪大陁羅尼經)』
⑨ 『불설무량공덕다라니경(佛說無量功德陁羅尼經)』
⑩ 『불설십팔비다라니경(佛說十八臂陁羅尼經)』
⑪ 『불설낙차다라니경(佛說洛叉陁羅尼經)』
⑫ 『불설벽제제악다라니경(佛說辟除諸惡陁羅尼經)』

현존하는 1장 외에도 이 11종의 경들 모두 『밀교대장』에는 포함되었
을 것으로 추정된다. 전존 부분은 경의 앞부분 한문 부분 7행이 없이 바로
다라니가 시작된다. 생략된 한문 부분은 "이시세존고아난언(爾時世尊告
阿難言) … 세존즉설낙차다라니왈(世尊卽說洛叉陁羅尼曰)"이며 이 진
언의 마지막 1행과 마지막 한문부 "이시아난문설시다라니이(爾時阿難聞
說是陁羅尼已) 환희신수작례이퇴(歡喜信受作禮而退)" 등은 포함되지
않았다.

## 4)『밀교대장』권61

이 경전은 호림박물관에 소장되어 있으며 여기에 포함되어 있는 경전은
총 6건으로 '반(磻), 계(溪)' 함에 속한 것들이다.

〈그림 26〉『밀교대장』권61(호림박물관 소장)

['반(磻)' 함](앞부분 3건의 경전은 권61에는 포함되지 않았음)
① 『금강정경유가수습비로자나삼마지법(金剛頂經瑜伽修習毗盧遮那三
    摩地法)』
② 『대위력오추슬마명왕경(大威力烏樞瑟摩明王經)』권하
③ 『부동사자다라니비밀법(不動使者陀羅尼秘密法)』권1
④ 『천수천안관세음보살대신주본(千手天眼觀世音菩薩大身呪本)』
⑤ 『천수천안관세음보살광대원만무애대비심다라니주본(千手天眼觀世
    音菩薩廣大圓滿無礙大悲心陀羅尼呪本)』1권
['계(溪)' 함]
⑥ 『대승유가금강성해만수실리천비천발대교왕경(大乘瑜伽金剛性海曼
    殊室利千臂千鉢大敎王經)』권3

이 경들은 『재조대장경』의 '반(磻)' 함 전체가 아니라 그 중 진언이 포함된 일부에 해당한다. 비록 제외된 경전 중에서도 함차의 순서 중 앞부분인 까닭에 수록되지 않았을 가능성도 있고 다른 경전에서 중복되어 제외되었을 가능성도 있어 확실한 근거는 추가적인 경전의 발견에 의지할 수 밖에 없다. 발견된 권61의 특징은 다른 권차인 권9와 함께 30행 15자의 체제에 경전명과 해당 함차, 저역자 사항, 진언제목, 실담자표기 진언, 한자음 표기, 권말 한자 음석(音釋)의 순서로 배열하였다. 문장 중에서는 구절 표시를 우측에 숫자를 작게 표시하였고 발견된 두 권에서 모두 각수(刻手)를 기록하고 장차(張次)의 경우 '장(丈)'으로 표시하였다. 권61의 경우 형태적으로는 절첩본이며 권말의 '산원김정(散員金靖) 각(刻)'이라는 각수명과 직위 등에 의하여 13세기 후반(1259-1265년 경)에 새겨진 것으로 추정하고 있다.[41]

---

41) 박광헌, 「고려본 밀교대장 권61에 관한 서지적 연구」, 『書誌學研究』 58(수원: 한국서지학회, 2014.6), pp. 458-459.

# 4. 사경

고려시대 사경은 귀족불교라는 고려시대 신앙 성격이 말해주듯 국왕과 귀족이 중심이 되어 이루어졌다. 초기에는 도읍의 주요 사찰을 중심으로 사경하였으나 무신이 집권한 이후부터는 국가에서 설치한 사경원에서 행하였다. 고려 초기 불교는 자연 유가종과 화엄종이 주류를 이루었고 이들 종파는 지장·미륵신앙과 더불어 신이적이고 주술적인 신라불교의 밀교적 특징을 그대로 지니고 있었다.

사경의 형식으로 볼 때 문종, 숙종, 의종까지는 금자(金字), 은자(銀字)의 사경들이 사찰에서 사성(寫成)되었으며, 국왕 발원의 금·은자사경이 대찰에서 이루어지고 있었다. 발원자에 따라서는 우선 국왕 발원의 필사기가 있고 감지(紺紙) 금(金), 은자(銀字) 사경으로 표지에는 당초보상화문(唐草寶相華文)이 있으며 권수에는 화염에 싸인 신상(神像)이나 설법도가 그려져 있으며, 보통 1행 14자로 쓰여 있는 금(金), 은자(銀字) 장경이나 밀교적 경전을 베껴 쓴 사경을 들 수 있다. 개인 발원 사경으로서 자신들의 복락과 안녕을 빌기 위해 제작된 감지(紺紙) 금, 은자 사경으로 현존하는 고려 사경의 많은 수가 이에 해당한다. 이들 사경은 절첩으로 6행씩 나뉘어져 있는데 보통 1행 17자이다. 특히 국왕 발원 사경은 주로 고려의 '충(忠)'자 임금 때 많이 이루어졌는데 국왕이 발원하여 전문 사경승에 의해서 이루어졌기 때문에 본문 글씨나 표지 장식과 제본 등에서 개인 발원경에 비해 정교함이 뛰어나다.

사경은 정부는 물론 사찰과 개인에 의하여 제작되지만 고려시대에 가장 대표적인 사경 조성 기관으로는 사경원(寫經院)과 사경소(寫經所), 금자원(金字院), 은자원(銀字院) 등의 명칭이 기록으로 전하고 있다. 사경원이란 기록이 처음 보이는 것은 명종 11년(1181)이며, 금자원, 은자원이라는 기록은 후대인 충렬왕조부터 나타나기 시작한다. 초기에 승려들은 필사자를 고용하여 금자, 은자 사경들을 사성(寫成)토록 감독·지도하였으며, 충렬왕 이후 금자원, 은자원이 생기고난 후 사경승의 지위가 높아졌을 것이다.

충렬왕조에 들어서부터 국왕 발원의 금은자 대장경 사성(寫成)이 원년(1275)에 시작되어 지속되었다. 충렬왕 7년(1281) 3월에는 승지 염승익(廉承益)이 집의 일부를 금자대장사경소(金字大藏寫經所)로 쓸 것을 청하여 허락받았다. 충렬왕 9년(1283) 9월에는 왕이 금자대장원(金字大藏院)에 공양하면서 사경 불사를 독려하였고, 충렬왕 15년(1289) 윤 10월에는 금자원에 행차하여 대장경의 사성(寫成)을 경찬하였다. 충렬왕 24년(1298) 정월부터 7월까지는 충렬왕이 원 황제의 명으로 일수왕(逸壽王)이 되고 아들 충선왕이 원에서 돌아와 왕위에 올랐다. 이 시기 왕은 금은자 대장소(大藏所)에 행차하여 5대부경, 즉 『화엄』, 『대집(大集)』, 『반야』, 『법화』, 『열반』의 5부 대승경에 대하여 말하였는데, 이는 당시 금은자 사경 불사에 대한 왕의 관심을 보여주는 것으로, 이처럼 충렬왕 초기부터 국왕 발원 금은자대장경의 사성(寫成)이 지속적으로 이루어졌다.[42]

충렬왕에서 충숙왕에 이르는 사이에 금은자대장경의 사성(寫成)이 활발하였으며 이후 약 반세기간은 각 계층의 문무신은 물론 일반인들까지 사경 불사에 적극성을 띠었기에 고려 사경의 기술은 최고에 이르렀다. 공민왕조부터 고려 말기까지는 사경의 사성(寫成)이 기술적인 면에서 전

---

42) 張忠植, 「直指寺 金字大藏經의 考察」, 『韓國佛敎의 座標 : 綠園스님 古稀紀念學術論叢』(서울: 불교시대사, 1997), pp. 394-415.

반적으로 후퇴하는 경향이 있지만, 그 사경 공덕만은 여전히 활기를 띠며 지속되었다. 그리하여 관리와 무관 그리고 민간인들이 나름으로 발원 시 재하여 사성(寫成)한 사경의 종류가 다양하였다.[43) 이 때 조성된 금은자 사경 중에 밀교 관련 경전은 다음과 같다.

## 1) 사경 대장경류

### (1) 금자 대장(金字 大藏)

| 경명 | 재질 | 년도 | 함차 | 표지화 | 변상화 | 소장처 |
|---|---|---|---|---|---|---|
| 佛說雜藏經 | 紺紙 金字 | 1284 | 辭 | × | × | 日本 大和文華館 |
| 百千印陀羅尼經四經合 | 紺紙 金字 | 1284 | 景 | ○ | ○ | 日本 龍谷大學校圖書館 |
| 佛說大吉祥陀羅尼經 佛說普賢陀羅尼經 | 紺紙 金字 | 1324 | 陪 | ○ | △ | 日本 神戶市國立博物館 (前 太山寺) |
| 蘇悉地羯羅供養法 上卷 | 紺紙 金字 | [14C] | 容 | ○ | ○ | 日本 慈賀縣 西明寺 |

①『불설잡장경(佛說雜藏經)』

이 경전은 발원문을 통해 지원(至元) 21년인 충렬왕 10년(1284)에 제작 되었다는 사실을 알 수 있다. 발원문은 "지원이십일년(至元二十一年) 갑 신세(甲申歲) 고려국(高麗國)/ 국왕궁주특위(國王宮主特爲)/ 황제만년 (皇帝萬年) 법계함령(法界含靈) 공증보리(共證菩提)/ 발원사성(發願寫

---

43) 張忠植, 「高麗國王·宮主 發願 金字大藏經考」, 『불교와 역사 : 이기영박사 고희기념논총』(서 울: 한국불교연구원, 1991), pp. 707-724.

成) 금자대장(金字大藏)"이라고 기록되어 있으며 그 옆에 '선사(禪師) 지양(之讓) 서(書)'라고 서사자에 관한 기록이 있다. 일반적인 고려 국왕 발원 사경과는 달리 이 사경은 1행 17자로 쓰여 있으며 발원자가 국왕궁주(國王宮主)로 되어 있다.

② 『백천인다라니경(百千印陀羅尼經) 사경합(四經合)』
해당 경전은 지금까지 학계에 밝혀지지 않은 자료이며 앞 부분인 『백천인다라니경』과 함께 총 4개의 경(『백천인다라니경』, 『구면연아귀다라니신주경[救面然餓鬼陀羅尼神呪經]』, 『장엄왕다라니주경[莊嚴王陀羅尼呪經]』, 『향왕보살다라니주경[香王菩薩陀羅尼呪經]』)이 합본된 것으로 감지금자(紺紙金字), 1행 17자 내지 18자로 사성(寫成)되었으며, 표지화 및 변상화가 잘 남아 있다. 현재까지 알려진 사경 표지화들과 비교해 볼 때, 표지화가 5개의 연당초문으로 장식되어 있고, 분노형의 독신 신장상이 변상화로 그려진 점 등은 국왕 및 왕실 발원 사경의 전형적인 형태를 지니고 있다.

〈그림 27〉 『백천인다라니경 사경합』 발원문(오른쪽), 권수제

권말에는 "지원이십일년(至元二十一年) 세재갑신(歲在甲申) 고려

국(高麗國) / 국왕(國王) 궁주특위(宮主特爲) / 황제만년(皇帝萬年) 사해평화(四海和平) 법계함생(法界含生) 공증보리(共證菩提) / 발원사성(發願寫成) 금자대장(金字大藏) / 중군녹사겸수제의군기주부(中軍錄事兼修制衣軍器注簿) 최정(崔楨) 서(書)"라는 발원문이 확인된다. 또한 표지의 내지로 보이는 면에는 금자(金字)로 '고려국왕왕(高麗國王王) 〈수결(手決)〉'과 나란히 제국대장공주(齊國大長公主)인 '원성전(元成殿) 〈봉인(封印, 파스파문자, 주인[朱印])〉'이 날인되어 있는 것이 특징이다.

③ 『불설대길상다라니경(佛說大吉祥陀羅尼經)·『불설보현다라니경(佛說寶賢陀羅尼經)』

일본 태산사(太山寺) 소장으로 고베시립박물관에 기탁되어 있는 『불설대길상다라니경·불설보현다라니경』은 체제가 『불설대길상다라니경』과 『불설보현다라니경』의 합본이며, 『불설대길상다라니경』 부분에 해당하는 제4지(紙)의 뒷면에 쓰인 이서(裏書)에는 "불설대길상다라니경(佛說大吉祥陀羅尼經) / 배(陪) / 산인(山人) 일정(日正)"이라고 기록하였다.

〈그림 28〉 일본 태산사 소장 『불설대길상다라니경·불설보현다라니경』[44)]

---

44)  권희경, 『고려의 사경』(대구: 글고운, 2006), p. 54.

④『소실지갈라공양법(蘇悉地羯羅供養法)』상권

일본 사가현 서명사(西明寺) 소장의『소실지갈라공양법』상권은 감지금니(紺紙金泥) 사경으로, 발원문이 없어 확실한 연대를 알 수 없으나, 1행 14자의 사경 체제나 표지화, 변상화의 양식이 고려 국왕 발원 사경들과 같다.

이 경전은 불부(佛部), 연화부(蓮花部), 금강부(金剛部)로 구분되는 공양법을 설한『소실지갈라경』중에서 공양에 대한 부분을 초역한 것이다. 상권은 공양하는 절차를 요약한 후, 몸과 마음을 정갈하게 하는 법, 주문에 따르는 행동과 수인 및 주의사항 등을 기록하고 있다.

'소실지갈라'는 '묘성취작업(妙成就作業)'으로 번역하며 소바호(蘇婆呼)와 비나야(毘奈耶)의 주술을 의미한다. 또한 소실지갈라의 오장엄법 중에 명왕(明王)이 들어 있으므로 이 사경 변상에는 명왕이 표현되어 있다.

이러한『소실지갈라공양법』상권을 살펴보면 여러 여래와 법보살 무리들에 대한 내용과 공양법의 내용을 개괄적으로 설명하고 있다.

경전의 내용을 좀 더 살펴보면 관정, 진언, 수인에 대한 설명이 기록되어, 먼저 관정에 대한 설명이 나오고 다음으로 진언 내지 수인에 대한 설명이 나오고 있는데, 군다리명왕(軍茶利明王)의 진언과 수인이 네 번이나 나오고 있다. 뿐만 아니라『소실지갈라공양법』중권에서는 호신법 명왕의 수인을 만든다는 내용도 보여서 이 독존상을 명왕 특히 군다리명왕으로 보고 있다.

## (2) 은자 대장(銀字 大藏)

| 경명 | 재질 | 년도 | 함차 | 표지화 | 변상화 | 소장처 |
|---|---|---|---|---|---|---|
| 不空羂索神變眞言經 제13권 | 紺紙銀字 | 1275 | 慕 | ○ | ○ | 리움미술관 |
| 文殊師利問菩提經 | 紺紙銀字 | 1276 | 敢 | ○ | ○ | 日本 京都國立博物館 |
| 阿育王太子法益壞目因緣經 | 紺紙銀字 | 1325 | 禽 | ○ | × | 日本 京都國立博物館 |

① 『불공견삭신변진언경(不空羂索神變眞言經)』 제13권

『불공견삭신변진언경』 제13권은 발원문이 완전히 보존되어 있는 고려 국왕 발원 중에서 비교적 상태가 양호한 사경이며 밀교 사경을 언급할 때 대표적으로 언급된다.

〈그림 29〉 리움미술관 소장 『불공견삭신변진언경』[45]

권말에 "지원십이년(至元十二年) 을해세(乙亥歲) 고려국(高麗國) /

---

45)  앞의 책, p. 48.

왕발원사성(王發願寫成) 은자대장(銀字大藏)"이라는 발원문이 있고, 이면에는 '삼중대사(三重大師) 안제(安諦) 서(書)'라고 서사자를 기록하였으며, 좌측에 '불공견삭신변진언(不空絹索神變眞言) 제십삼권(第十三卷) 제십육장(第十六丈) 모(慕)'라고 기록되어 있는데 '모(慕)'자는 함차이다. 이러한 발원문과 이서(裏書)에 의해 이 사경은 충렬왕 원년(1275) 즉위하자 국왕이 발원하여 제작한 은자 사경이라는 것을 알 수 있다.

충렬왕 원년의 『불공견삭신변진언경』은 경전의 명칭에서도 알 수 있듯이 밀교 경전으로 총 30권으로 이루어져 있는데, 이 중 제13권에는 「보편심인진언출세간품(普遍心印眞言出世間品)」과 「보편심인진언세간품(普遍心印眞言世間品)」의 2개의 품이 수록되어 있다.

「보변심인진언출세간품」에서는 '보편심인'의 주문을 외우면 여러 가지 신통력을 얻어 불교의 깊은 이치를 깨달아 성불할 수 있음을 설한 것이고, 「보편심인진언세간품」에서는 '보편심인'의 주문을 외워 복을 얻는 여러 가지 방법에 대해 설하면서 그 예로서 보배의 지팡이를 만드는 방법을 설하고 있다.

② 『문수사리문보리경(文殊師利問菩提經)』
이 경전은 일본 교토국립박물관에 소장되어 있고 내서(內書)에 "문수사리문보리경(文殊師利問菩提經) / 일명(一名) 가야산정경(伽耶山頂經) / 감(敢) / 요진구자삼장(姚秦龜玆三藏) 구마라집(鳩摩羅什) 역(譯)"이라고 적혀 있으며, 권말에는 "지원십삼년(至元十三年) 병자(丙子) 고려국왕발(高麗國王發) / 원사성(願寫成) 은자대장(銀字大藏)"이라는 발원문이 있다.

이 발원문에 의해 충렬왕 2년(1276)에 국왕에 의해 제작된 은자 사경이라는 것과, 내서의 기록으로 『문수사리문보리경』은 일명 『가야산정경』이라는 것을 알 수 있으며, 번역자는 요진 쿠차국의 삼장 구마라집이다. '감(敢)'자는 함차이다.

〈그림 30〉 일본 교토박물관 소장 『문수사리문보리경』[46)]

『문수사리문보리경』은 원래 권자본이었던 것을 뒤에 보수하면서 절첩본의 형태로 변형되었다. 문수보살에게 깨달음에 대해 묻는 내용을 담고 있는데, 주로 공사상과 그에 대한 이치를 가르치는 밀교 경전이다.

③ 『아육왕태자법익괴목인연경(阿育王太子法益壞目因緣經)』
이 경전은 일본 교토국립박물관에 소장되어 있으며, 권말에 "태정이년(泰定二年, 1325) 을축사월(乙丑四月) 일(日) 고려(高麗) / 국왕발원사성(國王發願寫成) 은자대장(銀字大藏)"과 같은 필사기가 확인된다.

기록을 통해 사성 시기가 1325년으로 확인되며, 권수제는 '아육태자법익괴목인연경(阿育太子法益壞目因緣經) 서(序)'이며 아래에는 '금(禽)'자의 함차도 확인된다.

---

46) 앞의 책, p. 48.

<그림 31> 일본 교토박물관 소장 『아육왕태자법익괴목인연경』[47)

이 경전은 담마난제(曇摩難提)의 번역으로 불교 경전 중에는 잡장류에 속하며, 아육왕의 태자가 두 눈을 잃게 된 원인과 선악의 응보에 관해 설한 경전이다. 표지화는 완벽하게 남아있으나 변상화는 없다.

## 2) 금서밀교대장(金書密敎大藏)

앞서 살펴본 바와 같이 현존하는 고려 국왕 발원 내지 왕실 발원의 금은자 사경 중 밀교 관련 경전이 많다. 고려 밀교적 경향은 일연이 지은 『삼국유사』에서도 찾아볼 수 있다. 또한 국가적 차원에서 국초에 송과 요로부터 대장경을 수입하여 사찰이나 대장도감 등에서 조판을 하는 한편, 금은자 사경을 제작하여 호국과 왕실의 안녕을 도모하려 했던 고려왕실의 특징으로 미루어 볼 때, 『재조대장경』을 완성한 직후인 충렬왕대의 불교가 사경의 원력으로 불행한 시대를 벗어나고자 했음을 알 수 있다. 그러므로 경전도 정장(正藏)보다 밀교적 경전이나 특수 경전인 잡장류(雜藏類) 등에 더 많은 관심을 가졌을 것으로 추정된다.

---

47) 앞의 책, p. 202.

충숙왕 때 찬술된 익재 이제현의 「금서밀교대장서(金書密敎大藏序)」에 의하면 『밀교대장경』 130권이 금서(金書)로 사성(寫成)되었다고 하는데, 이는 바로 이러한 일연 시대를 잘 대변해주는 것으로 특히 구본 90권과 새로 수집한 40권을 더 첨가하여 사서한 것이라는 「금서밀교대장경서」의 설명 중에 "수만 권이나 되는 대장경을 임금의 세력으로 해낼 수 있으나, 비용이 많이 들어 민폐가 큰 것이므로 밀교대장경은 백성에게 피해를 입히지 않고, 간략하게 요점만 얻으면서도 신속·정밀하게 만들어 낼 수 있었다"는 부분은 금은자 사경의 사성(寫成)으로 인해 재정적으로 민폐를 끼쳤던 전대의 여러 문제들도 추측케 한다.

## 3) 금은자 사경 및 묵서경(墨書經)

### (1) 금은자 사경

국왕 발원의 금은자 대장은 주로 함차나 한 행의 글자 수로 판단되기도 하며 형식적인 면에서도 표지화나 변상도 등에 의하여 구분하기도 한다. 이에 비하여 사찰이나 개인의 발원에 의하여 제작된 밀교 사경도 많았을 것이나 현존하는 자료 중에서 볼 때 백지금니(白紙金泥)의 『장수멸죄호제동자다라니경(長壽滅罪護諸童子陁羅尼經)』을 들 수 있다.

이 경전은 절첩본의 형태이며 본문의 상하에는 금니단선(金泥單線)을 그리고 광고(匡高) 19.0cm에 금사란(金絲欄)의 형식이며 한 장은 31.0cm×56.5cm의 크기에 25행 17자를 배열하였다. 표지에는 연화문(蓮華紋)을 금니로 그리고 둘러싼 다초문(唐草紋)은 은니로 그렸으며 당초문 줄기에는 두 줄의 금니선이 들어 있다.

<그림 32> 백지금니『장수멸죄호제동자다라니경』

　　내용은 당의 불타바리(佛陀波利)가 한역한 것으로 오욕칠정(五慾七情)에 사로잡혀 악업을 짓고 그 악업의 보로 인하여 온갖 고통을 당하는 중생들이 이 경전을 독송하고 자기가 지은 죄를 참회하면 모든 재앙이 사라지고 자기가 원하는 일이 성취된다고 설하고 있다.

　　이 사경은 공민왕 19년(1370) 경에 백지에 금니로 쓴 것으로 여러 사람의 시주에 의해서 이루어진 것으로 추정된다.

(2) 묵서경(墨書經)

현존하는 자료로 볼 때 11세기 중엽의 묵서경으로 5종이 확인되며,『불설도액경(佛說度厄經)』,『불정심다라니경(佛頂心陀羅尼經)』권하,『불설천강관세음경(佛說天降觀世音經)』,『불설장수멸죄호제동자다라니경(佛說長壽滅罪護諸童子陀羅尼經)』,『대비심다라니(大悲心陀羅尼)』이다.

① 『불설도액경(佛說度厄經)』
이 경은 전체 27행(서명을 포함)으로 한 면은 6행 16자를 기본으로 하는데, 현재 독립된 자료로는 존재하지 않으나 조선시대『불설광본대세경

(佛說廣本大歲經)』의 부분으로 수록되어 있다.

<그림 33> 11세기 『불설도액경』

영남대본의 『불설광본태세경』에는 『불설지심다라니경(佛說地心陀羅尼經)』, 『불설천지팔양신주경(佛說天地八陽神呪經)』, 『불설도액경(佛說度厄經)』, 『불설오성반지경(佛說五姓反支經)』, 『불설명당신경(佛說明堂神經)』, 『불설돌굴경(佛說堗屈經)』, 『불설구호신명경(佛說救護身命經)』이 합본되어 있다.

② 『불정심다라니경(佛頂心陀羅尼經)』 권하
이 경은 크기가 22.1cm×8.6cm인 절첩본이며 한 면에 5행 13자가 정서(淨書)된 필사본으로 지질은 두꺼운 닥종이다. 권말에는 진언과 부적이 있고 덧붙여 '무량수여래심진언(無量壽如來心眞言)'으로 '옴(唵) 로계새바(路計濕嚩) 라라아하릭(囉囉惹訖哩)'이 추가되어 있다.

③ 『불설천강관세음경(佛說天降觀世音經)』 권상
이 경은 전체가 59행이고 한 면당 6행 20-22자를 기본으로 하며 제작된 시기는 11세기 후반으로 추정된다.

④『불설장수멸죄호제동자다라니경(佛說長壽滅罪護諸童子陀羅尼經)』합
　본『불정심관세음다라니(佛頂心觀世音陀羅尼)』상중하

이 경은 10.2cm×7.1cm 크기의 절첩 형태의 수진본으로 한 면에 5-6행
16-23자씩 불규칙적으로 빽빽하게 썼다. 권말에는 '신해칠월(辛亥七月)'
이라는 필사기가 있다. 이어서 구마라집 번역의『묘법연화경』「관세음보
살보문품」이 한 면에 6행 16-19자씩 불규칙적으로 필사되었다.

　　　이 경의 말미에는『화경(花經) 관세음보살보문품(觀世音菩薩普門
品)』이라는 약서명(略書名)으로 마치고, 이어서『불정심관세음보살대다
라니경(佛頂心觀世音菩薩大陀羅尼經)』상권이 역시 한 면당 6행 12-14
자씩 필사되어 있다. 중권은『불정심관세음경』으로 줄여 쓰고 하권은『불
정심관세음보살구난신험(佛頂心觀世音菩薩救難神驗)』이라는 서명으로
달리 표기하였다.


⑤『대비심다라니(大悲心陀羅尼)』

이 자료는 9.7cm×10.2cm의 크기의 절첩 형태의 수진본으로 한 면에 8행
7-10자씩 관세음보살의 명호를 필사하였다. 그 내용은『보협인다라니경
(寶篋印陀羅尼經)』과 '만다라진언'과 더불어 중대팔엽(中臺八葉)의 연
꽃통과 여러 약재 등과 조선(助善)을 맡는 일과 오래도록 선지식의 법문
을 만나고 끝없는 서원에 이어 물러나지 않는 불심을 얻기를 간절히 기원
하고 있다.

　　　이 글에는 당시의 이두문으로 "ㅀ及(등 및)"과 "次知(차지)", "爲白
臥乎事是ㅀ(하삽누온 일이 등)"과 같이 작성되어 있으며 낭장(郎將) 장
온(張溫)이 발원하였다.

⑥『대불정능엄경(大佛頂楞嚴經)』권6

이 경은 권자본(卷子本)의 형태로 축이 남아 있으며 경주 기림사에 소장하고 있는 자료이다.

〈그림 34〉『대불정능엄경』권6

　　완전한 서명은 『대불정여래밀인수증요의제보살만행수능엄경(大佛頂如來密因修證了義諸菩薩萬行首楞嚴經)』으로 선을 닦아 감각작용에서 유발되기 쉬운 온갖 번뇌로부터 해탈의 경지에 이르게 하는 요의(要義)를 설한 경전이며, 부처님의 말씀을 머릿속으로만 이해하는데 그치지 않고 자신이 직접 경험하여 얻을 것을 주요 사상으로 하고 있다. 이 경의 제작 시기는 12세기로 추정되며 본문의 내용을 대교해보면 이체자가 많고 필사시의 오류라고 볼 수 있는 오자, 속자(俗子), 도치 등이 나타난다.

⑦『금광명경(金光明經)』권4

이 자료는 백지에 묵서로 쓴 권자본 형태로 권말에는 축이 남아 있다. 『금광명경』의 정식 이름은 『금광명최승왕경(金光明最勝王經)』으로 『인왕경』과 함께 고려시대에 중시한 호국경전이다. 이 경전도 각 장의 표기는 '장(丈)'이며 배열은 27행 17자이지만 3장의 9행까지는 탈락되었다.

<그림 35>『금광명경』<sup>48)</sup>

⑧ 『불정심관세음보살대다라니경(佛頂心觀世音菩薩大陀羅尼經)』상권

이 묵서경은 경북 봉화 청량사의 복장 유물이며 절첩본의 형식에 한 장이

6면의 30행이고 1면은 5행 15자로, 제작 시기는 12-13세기 경에 조성된

것으로 추정되며 제첨(題簽)은 목판에 새겨 찍었다.

<그림 36> 청량사 복장 유물『불정심관세음보살대다라니경』상권

---

48)  호림박물관, 앞의 책, p. 112.

## 5. 1007년 총지사 간행『보협인다라니경』

### 1) 김완섭(金完燮) 구장(舊藏) 권자본(卷子本)

고려의 인쇄술은 신라 말기 인쇄술의 발달과 함께 고려에 중국의 오대시
대 및 북송 초기(907-1009) 인쇄술의 전래와 발전된 인쇄술로 찍어낸 판
본들이 수입되었고 그 후 11세기에 대장경의 간행으로 더 발전하게 되었
다. 그러나 고려는 인쇄술의 발전에도 여러 차례의 외침과 잦은 병화(兵
火)로 귀중한 자료와 전적들이 소실되고 사라졌다. 지금까지 전래되는 것
들은 탑이나 불복장에서 전존(傳存)되는 인본(印本)들이고 이 중 가장 오
래된 것 중의 하나가 목종 10년(1007) 총지사에서 간행된『일체여래비밀
전신사리보협인다라니경(一切如來秘密全身舍利寶篋印陀羅尼經)』이
다. 이 경전은 신라의『무구정광대다라니경(無垢淨光大陀羅尼經)』보다
판각이 정교하며 글자체도 균일하여 고려의 목판인쇄가 상당한 수준으로
발달했음을 알 수 있다.

　　이 책은 김완섭(金完燮) 구장(舊藏)으로, 형태는 목판 권자본으로
판광(板匡)의 윗변과 아랫변의 길이가 5.4cm이고 각 행의 글자수는 9-10
자이며 변상도의 폭은 10cm, 종이폭은 7.8cm이며 전체 길이는 240cm
이고 체제는 권수에 간기가 있다. 그리고 변상도는 양각으로 되어 있으며
책머리를 장식하고 있고 권수제는『일체여래심비밀전신사리보협인다라
니경(一切如來心秘密全身舍利寶篋印陀羅尼經)』으로 나타나며 뒤를 이
어서 보협인다라니의 공덕을 설법한 40구의 본문이 있다.

　　권수의 간기를 살펴보면 "고려국총지사주진념(高麗國摠持寺主眞
念) 광제대사석홍철경조(廣濟大師釋弘哲敬造) 보협인경판인시보안(寶

篋印經板印施普安) 불탑중공양시(佛塔中供養時) 통화이십오년정미세기(統和二十五年丁未歲記)"가 있고, 이어지는 변상도는 『보협인다라니경』의 내용을 그림으로 묘사한 것으로 가로는 10cm, 세로는 5.4cm이다. 그림의 내용을 본문에 의거하여 분석해보면, 그림의 첫 부분은 부처님께서 무구묘광(無垢妙光) 바라문가의 공양을 받으러 그의 집으로 가는 도중 풍재원(風財園)의 낡은 고탑을 발견하여 설법하는 장면이다. 그림의 가운데는 석가세존이 대중에 의해 엄숙하게 안내되고 있는 장면을 묘사하고 있다. 그림의 오른쪽에는 불탑의 기단과 탑신, 상륜까지 표현하였는데, 이것이 보협인다라니탑이다. 탑 주변에는 하늘에서 보배꽃이 내려 불탑을 공양하는 장면을 그렸다.

　　본문은 권수제의 다음 행부터 "여시아문(如是我聞) 일시박가재(一時薄伽在)"로 시작되며 계선은 없이 연달아 있으며 각 행마다 주로 9자, 경우에 따라서 10자씩 배자되어 있다. 글자의 크기에서 글자의 높이는 일정하지 않으며 글자의 지름은 0.5cm에서 0.7cm 정도이다. 글자의 형체는 신라 때부터 사용해오던 사경체로서 구양순체를 바탕으로 하였다.

## 2) 보광사 복장의 제책전(製冊前) 2장(張)

이 다라니는 앞의 다라니와 같은 것으로 광고는 5.4㎝이고 각 항의 글자수는 9-10자이며 변상도의 폭은 10㎝, 전체 길이는 2.4m이다. 다라니의 형태를 살펴보면 권수에 간기가 있고, 이어 변상도가 양각으로 삽입되어 있어 책머리를 장엄하게 장식하고 있다.

　　역시 같은 서명인 『일체여래심비밀전신사리보협인다라니경(一切如來心秘密全身舍利寶篋印陀羅尼經)』의 권수제가 표시되고, 이어 본

문이 새겨져 있다. 판각이 정교하여 글자획이 고르게 잘 새겨지고, 필력이
한결 약동하고 있어 판각술이 상당히 발전되었음을 보여준다. 글자체는
구양순의 굳세고 단정한 방필(方筆)에 부드러운 원필(圓筆)이 보태진 것
이 특징이지만 다른 판본에 비하여 글자의 이지러짐과 묵리가 더 많이 보
이므로 기존의 자료보다는 시기적으로 늦게 인출된 것으로 판단된다. 간
기에 의하면 개경에 있던 총지사의 주지 진념광제대사(眞念廣濟大師) 홍
철(弘哲)이 1007년에 간행하여 불탑 속에 공양했음을 알 수 있다.

  이 경은 현재 2종이 전래되어 앞의 김완섭 구장의 권자본이나 현재
소장처가 확인되지 않으며, 다른 하나는 일본 도쿄국립박물관 소장본이
고 모두 상태는 완전한 편이다.

  『보협인다라니경』을 간행하여 불탑에 봉안한 것은 중국 오월(吳越)
의 국왕인 전홍숙(錢弘俶)이 956년과 975년 두 차례에 걸쳐 인도 아육왕
의 조탑사적(造塔事蹟)을 본떠서 금·동·철로 조그마한 탑을 8만 4천 개
주조하여 그 속에 넣어 안치한 데서 비롯한다. 한편 고려에서 『보협인다
라니경』을 간행하여 탑에 공양하는 불사는 오월의 영향을 받은 것으로 여
겨지며, 그 체제가 비슷하다.[49] 그러나 우리의 것은 오월판을 그대로 번각
하여 수용한 것이 아니고, 새로 판서본을 정서하고 교감해 새긴 판본으로
추정된다. 그러나 권수의 변상도는 956년 병진판(丙辰版)과 거의 같다.

  국내에 전하고 있는 오월판 을해본(乙亥本)과 고려 총지사판을 세
부적으로 비교, 대조하여 보면 판식에서 자체, 행자수 등에 차이가 있다.
그 중 자체에서는 총지사판이 방필(方筆)에 원필(圓筆)이 가미된 사경체
라면 오월판은 방필의 구양순체이고, 행자수는 총지사판이 9-10자이며

49)  翁連溪, 李洪波 主編, 『中國佛敎版畵全集』 第1卷(北京: 中國書店, 2014), pp. 230-247.

오월판은 10-11자이다. 본문에서 총지사판은 오탈이 별로 없으나 오월판은 오자와 탈자도 보인다. 이 외에 석가탑의 중수문서를 풀어서 해독할 때에 내용 중에 납입된 것으로 기록된 『보협인다라니경』도 보고되었다.[50]

〈그림 37〉 1007년 『보협인다라니』

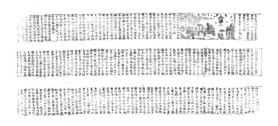

이 자료는 2장의 목판으로 인쇄된 낱장 형태로 이미 발견된 김완섭 구장본이나 일본의 도쿄국립박물관 오쿠라콜렉션에 소장된 것[51]과 기본 적으로 같은 판본이며 다만 판면의 마모 상태로 볼 때 인출의 시기는 약간 늦은 것으로 판단된다.

〈그림 38〉 도쿄국립박물관 소장 『보협인다라니』

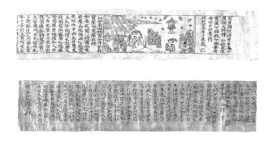

50) 노명호·이승재, 「釋迦塔에서 나온 重修文書의 判讀 및 譯註」, 『重修文書』(서울: 국립중앙박물관, 2009), p. 56.
51) 국립문화재연구소, 『일본 도쿄국립박물관 소장 오구라 컬렉션 한국문화재』(대전: 국립문화재연구소 2005), p. 233.

## 6. 『범서총지집』

### 1) 1150년 광제포(廣濟鋪) 『범서총지집』

이 자료는 안동에 있는 보광사의 목조 관음보살좌상에 복장되어 있던 것으로 이 때 함께 발견된 것에는 1007년 간행의 『일체여래심비밀전신사리보협인다라니경(一切如來心秘密全身舍利寶篋印陁羅尼經)』을 비롯하여 『원종문류(圓宗文類)』, 『금강경』, 『정원신역화엄경소(貞元新譯華嚴經疏)』, 『화엄일승교의분제장(華嚴一乘敎義分齊章)』 등 경전의 낱장들이 포함되어 있다.

〈그림 39〉 1150년 『범서총지집』(판차 : 47폭[卜], 1매)

### 2) 1156년 언평각(彦平刻) 『범자대장(梵字大藏)』[52]

이 자료는 해인사의 쌍둥이 비로자나불에 복장되어있던 자료로 합천에서 간행된 1166년 자료와 같은 크기와 같은 내용으로 구성되어 있다. 다만 형태적인 면에서 1166년 자료의 사주(四周) 변란(邊欄)이 완전하지만

---

52) 해인사 성보박물관, 앞의 책, p. 65.

1156년본은 좌우의 변란이 없고 각 장에는 장차(張次)의 단위가 '폭(卜)'으로 표기되고 그 아래 각수명(刻手名)으로 '언평(彦平)'이 각인되어 있다. 이 자료는 의종 10년(1156)에 법수사(法水寺)에서 중대사의 승직을 가진 자화(資華)가 대사 만전(萬轉)과 더불어 범자 다라니판을 새길 것을 발원한 것이다.

〈그림 40〉 1156년 『범자대장』

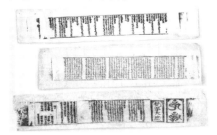

　　　지금까지 밝혀진 두 종의 다라니 중 각수 언평이 1156년에 새긴 범서대장과 각수 존심(存深)이 1166년에 새긴 『대비로자나성불경등일대성교중(『大毘盧遮那成佛經等一代聖教中) 무상일승제경소설일체다라니(無上一乘諸經所說一切陁羅尼)』는 각각 두 비로자나불에 독립적으로 안치되었던 경전이다.

3) 1166년 『대비로자나성불경등일대성교중(『大毘盧遮那成佛經等一代聖教中) 무상일승제경소설일체다라니(無上一乘諸經所說一切陁羅尼)』[53]
이 자료는 해인사 비로자나불 복장에서 발견된 것으로 제7장과 제28장이

---

53)　앞의 책, pp. 66-67.

결장(缺張)되어 있으며 전체가 47장으로 구성되어 있다. 형태면에서는 원래 권자본으로 연결을 목적으로 인출하였으나 연결하지 않고 우측 여백에 종이 심지를 이용하여 순서대로 편철해둔 상태이다.

〈그림 41〉 1166년 합주 간행의 다라니

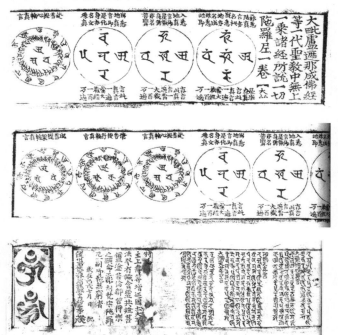

권말에는 왕이 수(壽)를 누리고 나라가 태평하기를 바라며 법계는 두루 깨달음을 얻고 고통을 벗어나서 즐거움을 얻고자하는 기원의 발문과 함께 기술자에게 부탁하여 범자 다라니 한 부를 간행하여 널리 배포하고자 한다는 발문이 있다.

## 4) 1218년 『범서총지집』

고종 5년(1218) 7월에는 고종이 금산사에서 『범서총지집』과 『범자대장』 1부를 판각하였는데, 전자의 권말 간기에 의하면 혜근대사(惠謹大師)가 발원하고 개태사 인혁대사(仁赫大師)가 새긴 범자 총지의 집성이며, 휴대할 수 있게 만든 수진 절첩본이다.

권수에는 서문과 더불어 『범서총지집(梵書摠持集) 일부(一部)』의 제목과 부제로서는 『대일경등일대성교중(大日經等一代聖教中) 일승제경중소설일체비밀다라니(一乘諸經中所說一切秘密陁羅尼)』의 기록으로 앞의 자료들이 『대비로자나성불경등일대성교중(大毗盧遮那成佛經等一代聖敎中) 무상일승제경소설일체다라니(無上一乘諸經所說一切陁羅尼)』라 한 것에 비하여 의미는 같지만 표기는 다르다.

〈그림 42〉 1218년 『범서총지집』

전체는 40쪽(卜)으로 구성되어 있으며 권말에는 "봉불제자(奉佛弟子) 고려국(高麗國) 금산사대사(金山寺大師) 승혜근(僧惠謹) 발성심봉축(發誠心奉祝) 아황령영고(我皇齡永固) 국토항안(國土恒安) 인병영식

(隣兵永息) 백곡함등(百穀咸登) 법계생망(法界生亡) 이고득락지원(離苦得樂之願) 수청교수조판(受請巧手彫板) 범자대장일부(梵字大藏一部) 안우금산사(安于金山寺) 인시무궁자(印施無窮者) 시정우육년칠월일지(時貞祐六年七月日誌) 각수개태사대사(刻手開泰寺大師) 인혁(仁赫)" 의 발원문과 간기가 있다.

수록된 진언의 양은 595건이며 법신진언, 보신진언, 화신진언을 시작으로 금시조왕진언까지 마치고 있다. 서문에는 요대(遼代)의 밀교 저술까지 포함하고 있으며 다라니가 특별히 우수한 점과 다라니를 통하여 선정에 드는 것과 범자로 쓰는 이유와 그 효능에 대하여 기록하고 있다.[54]

## 5) 1206-1219년 최충헌 부자 발원 다라니[55]

이 다라니는 국립중앙박물관에 소장되어 있으며 은으로 만들어 도금한 경갑(經甲)이 갖추어져 있고 크기는 5.3×27.5cm이다.

〈그림 43〉 최충헌 부자 발원 다라니

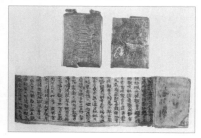

---

54) 김수연, 「고려시대 간행 梵書摠持集을 통해본 고려 밀교의 특징」, 『한국중세사연구』 제41호(부산: 한국중세사학회, 2015), pp. 215-218.

55) 국립중앙박물관, 앞의 책, pp. 44-45.

수록된 내용은 한문으로 『불정심관세음보살대다라니경(佛頂心觀世音菩薩大陁羅尼經)』, 『일자정륜왕다라니(一字頂輪王陁羅尼)』, 『자재왕치온독다라니(自在王治溫毒陁羅尼)』, 「관세음보살보문품」이 연결되어 있고 권말에는 발원문이 일부 남아 있다. 이 발문에 의하면 진강후(晉康候) 최충헌(1149-1219)이 아들 내시장군(內侍將軍) 최우(崔瑀)와 전중내급사(殿中內給事) 최향(崔珦)과 함께 재난이 소멸되고 복을 누리며 오래 살기를 기원하고 있다. 경갑이 있고 고리가 있어 가지고 다닐 수 있게 만들어진 호신용 기복다라니로 볼 수 있다.

## 6) 1227년 『범서총지집』

이 자료는 개인소장으로 전체 16장으로 구성되어 있으며 1장의 광곽 크기는 4.0cm×37.0cm에 작은 한자와 실담자 104행을 배열하였다.

〈그림 44〉 1227년 다라니 전문 및 발원문

일부 면의 변란 오른쪽 외곽에 장차와 더불어 각수명인 '자주(子柱), 숙취(叔聚), 득오(得伍)' 등이 보이고 앞뒤 일부분의 잔존 형태를 완전히 알 수 없는 권수 부분에 해당하는 부적 10개와 불상도형 3개가 연결되어 낱장으로 독립되어 있다.

비록 권수가 파손되어 제목을 정확하게 알 수는 없지만 나열된 진언의 종류 등으로 볼 때 『범서총지집』으로 추정된다. 전체 수록의 진언 수는 파손된 부분을 제외하고 306개로 확인된다. 이 진언들도 다른 『범서총지집』과 배열상 유사한 부분도 있으나 전체적으로는 다른 특징을 보인다. 또 16장 끝의 권말 부분은 발원문과 함께 다음과 같이 구성되어 있다.

즉 삼신찬(三身讚)에서는 "제유영리(諸有永離) 일체과(一切過) 무량공덕(無量功德) 장엄신(莊嚴身) 일향요맹(一向饒孟) 중생자(衆生者) 아념실개(我念悉皆) 귀명(歸命)"을, 법신연기게에서는 "제법종연기(諸法從緣起) 여래설시구(如來說是口) 시법인연멸(是法因緣滅) 시대묘문설(是大妙門說) 제행무상(諸行無常) 시생멸법(是生滅法) [ ]멸멸이([ ]滅滅已) 적멸위[ ](寂滅爲[ ])"으로, 사홍송에서는 "일도일체도(一度一切度) 일단일체단(一斷一切斷) 일각일체각(一覺一切覺) 일성일체성(一成一切成)"을 기록하였다.

이어 발원문으로 "복위(伏爲) / 성수천장(聖壽天長) 저령지구(儲齡地久) 청하상국(淸河相國) 복수무강(福壽無疆) 겸발사홍원(兼發四弘願) 모공조판(募工彫板) 인시무궁자(印施無窮者)"와 간기사항이 "정해팔월일(丁亥八月日) 대문[ ]서(大門[ ]書)"로 새겨져 있다. 이 정해는 고종 14년(1227)에 해당한다. 즉 당시는 청하상국 최이의 무신정권이 집권하던 시기로 최씨들의 복수무강을 기원하면서 기술자를 모아 인쇄하여 널리 배포하고자 한다는 뜻을 밝히고 있다.

## 7) 1228년 봉림사(鳳林寺)『범총지집』

이 자료는 봉림사 목조아미타불상의 복장에서 발견된 것으로 크기는 13.4cm×30.0cm의 1장에 2판을 인쇄하였고 각 면당 52행 12자로 배열되어 있다.

〈그림 45〉『범총지집』(1228)

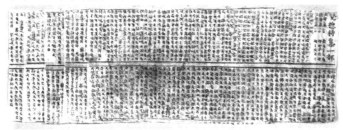

　　내용은 결신진언(決身眞言)으로 시작하여 법신진언, 보신진언, 화신진언의 배열과 회향법계신주로 끝나고 있어 다른 판본과 비교할 때 전체적으로는 유사하지만 일부 진언의 명칭과 순서가 달리 구성되어 있다. 현존본은 1-2장, 5-12장으로 완전하지 못하다.
　　같이 발견된 소자본『불정심관세음보살대다라니경』3장의 권말에 '청하상국(淸河相國)'의 기록이 있는데 이는 당시의 최이(崔怡)를 지칭하므로 간행 시기는 13세기 초로 추정되며 같이 발견된 이 자료도 같은 목적의 발원이라고 추정된다.

## 8) 1302년 아미타불 복장『범서총지집』

이 자료는 크기가 34.8㎝×73.5㎝로 세로로 길게 인쇄되어 있으나 내용상으로 구분한다면 2단씩 구분한 7판의 연결이며 각각으로 볼 때 14장에 해당한다. 이런 인쇄는 본디 인쇄 후 잘라서 연결해 권자본이나 첩장의 형태로 만들어 가지고 다니는 호신 기원을 목적으로 하는 것이나 여기서는 그 과정을 생략하고 있으므로 복장을 목적으로 간행된 것이라 여겨진다.

〈그림 46〉 아미타불 복장 『범서총지집』(부분 제1장)

장차의 구분은, 먼저 1은 표시가 없고 2에서 4까지는 '사장(四丈)'과 같이 표기하고 있는데, 이러한 '장(丈)'의 표기는 『초조대장경』 등 고려시대의 장차 표시 중의 하나이다. 또 두 장씩을 합한 판차 표시는 음각으로 새겨져 있다. 제목은 『범서총지집(梵書摠持集) 일부(一部)』이며 그 뒤에 행을 달리하여 『대비로자나성불경등일대성교중(大毘盧遮那成佛經等一代聖敎中) 일승제경소설일체비밀다라니(一乘諸經所說一切秘密陀羅尼)』라는 부제를 달고 있다. 따라서 본 내용은 소위 『대일경』과 기타 다른 경전에서 언급된 비밀다라니 즉 진언을 수록하고 있다.

## 9) 1375년 박면(朴免)이 쓴 다라니[56]

이 경전은 크기가 7.2cm×4.8cm의 수진본 절첩 형태의 14장 분량의 목

---

56)  해인사 성보박물관, 『원당 : 해인사 원당암 아미타불 복장유물 특별전』(합천: 해인사 성보박물관, 2017), pp. 41-43.

판본이며 이 경전을 보호할 목적으로 별도로 제작된 3면의 직물(녹색 외부, 갈색 내부) 포갑이 감싸고 있다. 경전의 표지 앞뒤는 다갈색 직물로 싸이고 뒷면의 묵서는 횡으로 '장사(長寺)[수(守)?]라'고 쓰여 있으나 그 의미는 알 수 없다. 권수는 변상도가 3면을 차지하고 이어 권수제에 해당하는 '수구□□□주(隨求□□□呪)'라는 제목과 한자로 된 박면(朴免)의 지문(誌文)이 있다. 다음 행에는 '개법[장]주(開法[藏]呪)/실담자'와 '성불수구대다라니(成佛隨求大陁羅尼)'의 한자 제목과 실담자 내용이 계속된다.

권말에는 갑인년(1374) 8월에 암둔(岩遁, 호) 박면(朴免) 타부(妥夫, 자[字])가 마리지천(摩利支天)의 세 가지 주문을 행하고자 하는 사람이 쉽게 읽도록 특별히 범문과 한문으로 교대하여 썼다고 기록하고 있다.

이 다라니에는 '성불수구대다라니'를 포함한 50종의 진언을 수록하고 있고 각 부분에 박면이 저본을 서사하였음을 기록하였다.

隨求卽得諸呪(한자)/朴免, 開法藏呪(실담자), 成佛隨求大陁羅尼
隨求大陁羅尼心呪(실담자)/隨求 終 免 書, 觀自在菩薩大悲心大陁羅尼
(실담자)/大悲呪 終 朴免 書, 佛頂尊勝陁羅尼(실담자)/尊勝 終 朴免 妥
夫 書, 大佛頂心楞嚴呪, 救度佛母摠持, 如來十號, 五護陁羅尼心呪, 六
字大明呪, 觀自在菩薩如意輪呪, 三身呪, 一切陁羅尼母呪, 七俱胝佛母
聖大准提呪, 佛空羂索呪, 諸佛來迎呪, 觀世音菩薩各手眞言(실담자, 나
가리문자; 42개 呪 포함), 觀世音菩薩根本陁羅尼/根本 終 朴免 書, 安土
地呪, 大寶樓閣呪, 佛頂心觀世音菩薩大陁羅尼, 消万病呪, 消災吉祥陁
羅尼, 穢跡金剛大神通陁羅尼, 文殊滅罪眞言, 普賢滅罪眞言, 觀音滅罪
眞言, 地藏滅罪眞言, 地獄眞言, 摩利支天陁羅尼 / 不空三藏 譯 / 〔梵漢
字交書〕

此呪有大神力所作成就破 / 一切惡若用結界百由旬內一切諸惡 / 無敢
入者又王難賊難 / 水火木(等)難諸 / 惡鬼神難毒藥及失於道路木(等)
難 / 中皆護我身有大功德又呪曰〔梵漢字交書〕
奉請摩利支天呪 一名 摩利支天身呪 呪曰 /〔梵漢字交書〕
〔漢文 15행 ; 此呪除一切障 … 悉皆退散无敢當者〕
摩利支菩薩寂上心眞言
般若波羅蜜多心經(한자), 般若波羅蜜多呪(梵漢交書)/心經 終 免 書
文殊寂上乘無生戒
大方廣佛華嚴經 心破地獄偈, 大乘妙法蓮華經 心偈, 金剛般若波羅密
經 心偈, 如來大涅槃經 心偈, 無量壽佛根本呪, 智炬佛心破地獄呪, 囊
〔麒〕哩曳淸伏毒害呪, 女人苦難産受持此呪卽易生, 除賊難眞言,
安土地眞言, 護身呪, 一字定輪呪, 淨法界呪, 解百生寃呪, 彌陁心中心
呪, 補闕呪
符籍 17개, '唵'字의 圖像 / 願見彌勒呪, 往生淨土呪, 普回向呪 / 諸佛 名
號

갑인년(1374)은 공민왕 23년이며 이 해 9월에 공민왕이 죽고 같은
달에 우왕이 즉위했으며 다라니의 간행 기획은 1374년의 어느 시기일 것
이나 판각 후 간행은 다음해인 을묘, 즉 우왕 1(1375)년 겨울에 해당한다.
이 때 다라니 신통력과 부처의 보살핌을 믿고 지니면 밝음을 얻을 수 있
다고 하면서 태후와 왕이 늙지 않고 세상의 축복과 조정의 안녕 등 무생
에 이르는 모든 것들이 불구덩이에서 빠져나올 수 있기를 박면이 기원하
면서 간행하였다.

이 자료의 특기할 사항인 변상도는 3면에 걸쳐 새겨져 있고 우상단
끝 사각 테두리내에 '블회상(佛會相)'이라는 제목을 두고 우측에서 좌측
의 차례로 '미타(彌陀, 아미타불)', '비로(毘盧, 비로자나불)', '석가(釋迦,

석가모니불)', '마리지천(摩利支天)'이라는 불명이 기록하였다. 또 각 부처는 두광, 신광과 더불어 좌대에 앉은 모습이며 각기 좌우에 있는 협시불도 후광과 좌대가 갖추어져 있다. 석가모니불 뒤에는 '제석(帝釋, 제석천)'의 기록도 세로로 나열되고 가장 왼쪽 끝 변란 하단부에는 '전성척도(田成尺刀)'라는 각수명이 사각 테두리 내에 새겨져 있다.

〈그림 47〉 박면이 쓴 다라니의 권수, 권말

또 이 자료의 간행 목적인 마리지천의 세 가지 주문의 중심인 마리지천은 좌대의 하단부는 복련(伏蓮)의 형태 위에 멧돼지 동물형상의 좌대 위에 앙련(仰蓮)과 그 형상을 배치하고 있다. 마리지천은 고려시대 국가적인 행사로 설행된 도량 중의 하나로 처음의 기록은 문종 20년(1066) 묘통사(妙通寺)에 행차하여 마리지천도량을 설행한 이후 1217년(고종 4)까지 그 곳에서 계속되었다.

마리지천은 인도의 민간신앙의 천신으로 한역으로는 양염(陽炎), 위광(威光), 성광(成光) 등으로 번역되고 일천(日天)의 권속으로 볼 수도

붙잡을 수도 없는 은형(隱形)의 몸과 신통을 가졌으므로 이 신에게 의탁하면 세상의 모든 액난으로부터 벗어날 수 있다고 믿는 신이었다.

고려 후기에 현세구복적인 밀교가 성행하면서 이 경전과 주문의 유통이 많아지고 특히 작은 호지불로서 금은제로 전해지는 상이 많으며 형태는 1-3면에 6비(臂)나 8비(臂)의 형상에 아래는 연화대좌와 멧돼지의 저좌(猪座) 위에 보관을 쓰고 결가부좌한 자세를 하고 있다. 각 손에 들고 있는 지물은 무수(無憂樹) 가지, 금강저(金剛杵), 보검(寶劍), 활, 보봉(寶棒), 침통(針筒), 견삭(羂索) 등을 들고 있다.

# 7. 낱장 다라니류

## 1) 12세기 해진사(海眞寺) 만자(卍字) 보협인다라니(寶篋印陀羅尼)

이 자료는 '만(卍)'자를 뒤집은 모양의 글자 속에 범자를 4행으로 가득 차게 판각하고 외곽의 모양을 따라 전체를 회전하면서 읽도록 기록하였다. 상단에는 좌에서 우로 읽도록 『일체여래심비밀전신사리보협다라니(一切如來心祕密全身舍利寶篋陀羅尼)』로 표기하고 하단에는 "범학대사(梵學大師) 도휘(道輝) 서(書), 해진사(海眞寺) 개판(開板), 시천덕사년월일기(時天德四年月日記)"라 하여 의종 6년(1152)에 범어를 공부한 도휘스님이 글을 써서 지금은 이름이 남아 있지 않은 해진사라는 곳에서 간행하였음을 적고 있다.

　　이 자료는 현재까지 알려진 보협인다라니류 중에서 범자로 된 가장 빠른 시기의 간행물이라 할 수 있을 것이다.

〈그림 48〉 해진사 만자 보협인다라니

## 2) 13세기 낱장 다라니류

### (1) 1216년 『불설마리지천보살다라니경(佛說摩利支天菩薩陀羅尼經)』

『마리지천경』은 불공삼장의 번역으로 마리지(Marici)는 양염(陽炎)·위광(威光)이라 번역되며 쉽게 말해서 아지랑이를 말하고 일천(日天)의 권속이다. 즉 스스로의 형상을 숨기고 항상 장난(障難)을 없애며 이익을 베풀어주는 천부(天部)이다. 마리지천의 이름은 알지만 사람들이 그를 볼 수도 알 수도 없으며, 그를 잡을 수도, 해칠 수도 없다는 등의 그 속성에 따르는 현세이익적인 내용들을 말하고 있다.

이 경의 권수에 마리지천의 변상도가 그려져 있으나 변상도의 하부는 훼손되어 있기 때문에 정확한 판별이 어렵지만 상부의 경우에는 명확하게 남아있기 때문에 확인이 가능하다. 그림의 마리지천의 두광(頭光)이 존재하고 보관(寶冠)을 쓰고 있으며 6개의 팔이 있고 각 손에는 지물(持物)인 꽃과 막대를 가지고 있는 것을 볼 수 있다.

〈그림 49〉 마리지천다라니의 도상[57]　　　　〈그림 50〉 경북대박물관 소장 도상 하단부

---

57) 장충식, 「한국 불교판화의 연구」, 『불교학보』 제19집(서울: 동국대학교 불교문화연구원, 1982), pp. 286-287.

한편 같은 목판본의 다라니가 경북대 박물관 소장품중의 은제(銀製) 경통(經筒)내에서 발견되었고 앞의 판본에서 확인되지 않았던 권수의 변상도 중의 마리지천의 아래부분과 간행시기가 확인된다. 권말의 제목은 불설마리지천보살다라니경(佛說摩利支天菩薩陁羅尼經)이며 발원문 기록은 다음과 같아서 1216년에 주한정(周漢貞)과 일중(一中)이 발원하여 판을 새기고 배포하였다.

〈그림 51〉 경북대박물관 소장본 권말 발원문 및 경통

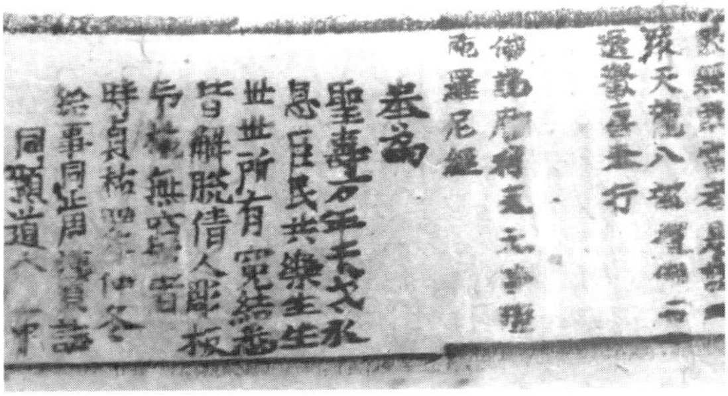

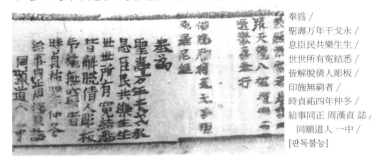

奉爲 /
聖壽万年干戈永 /
息臣民共樂生生 /
世世所有寃結悉 /
皆解脫倩人彫板 /
印施無窮者 /
時貞祐四年仲冬 /
給事同正 周漢貞 誌 /
同願道人 一中 /
[판독불능]

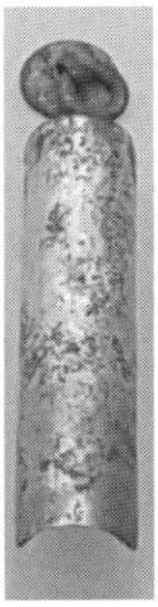

그밖에도 경북대 박물관 소장품중의 금동제 경통(經筒)내에서도 실담자로 판각된 원형의 마리지천다라니도 확인되었다.

〈그림 52〉 경북대박물관 소장본 권말 발원문 및 경통

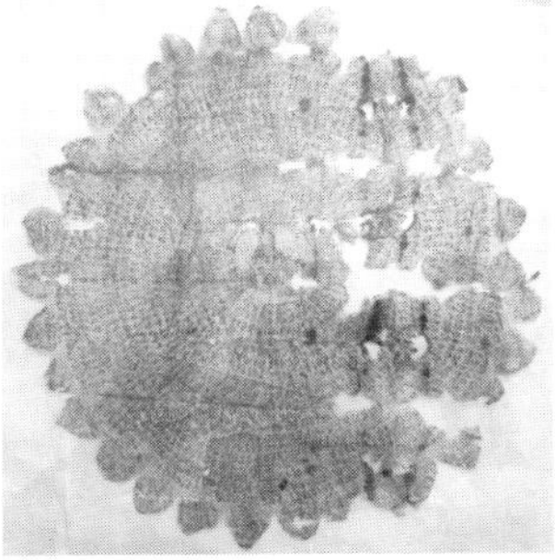

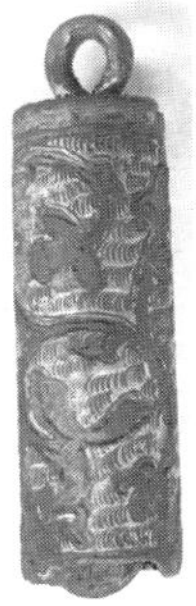

(2) 1239년 수국사 불복장 다라니류

이 자료들은 수국사의 대웅전에 안치된 목조아미타불의 복장에서 발견된 경전과 다라니류가 포함되어 있다. 수국사는 조선 세조가 의경세자(懿敬世子)가 죽자 이를 애도하면서 지은 절로 처음에는 정인사(正因寺)로 불렸고 숙종때 중수를 하였으며 1900년 가을에 왕실의 후원으로 중창하였다.

현개까지 확인된 낱장 다라니류는 다음과 같다.

① 목판본 「전신사리보협인다라니(全身舍利寶篋印陁羅尼)」
② 목판본 「일체여래전신사리보협진언(一切如來全身舍利寶篋眞言)」

<그림 53> 전신사리보협인다라니      <그림 54> 일체여래전신사리보협진언다라니

③ 목판본 「일체여래전신사리보협진언(一切如來全身舍利寶篋眞言) 제불보살마하자합부이륜(諸佛菩薩摩訶字合部二輪)」

④ 목판본 「一切如來全身舍利寶篋眞言(一切如來全身舍利寶篋眞言) 4件都合印(四件都合印)」

⑤ 기타 제목이 없는 다라니

<그림 55> 일체여래전신사리보협진언
　　　　　제불보살마하자합부이륜다라니

<그림 56> 일체여래전신사리보협진
　　　　　4건도합인 다라니

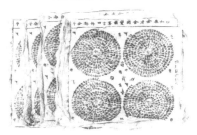

<그림 57> 제목이 없는 낱장 다라니류

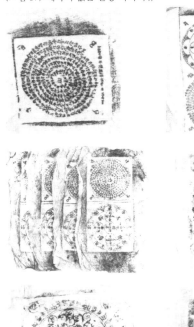

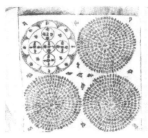

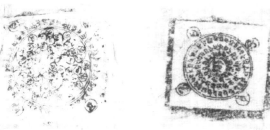

(3) 1239년 『전신사리보협인다라니(全身舍利寶篋印陀羅尼)』

이 기록과 관련하여 최종준(崔宗峻, ?-1249)[58]이라는 인물이 등장하고 『동국여지승람』 철원도호부(鐵原都護府) '인물' 조에서 최씨 집안이 상세하게 언급되어 있으며, 또 이 불상이 철원의 심원사(深源寺)에서 전래된 것임을 미루어볼 때 불상 조성에 관여된 인물이라 추정된다. 최씨 가문은 무신정권과 대몽항쟁기간에 막강한 위치에 있었고 이후 철원(별칭 창원) 지역에서 영향력을 행사하던 집안으로 심원사의 중수에 참여하였을 것이다.

(4) 1276년 『진언제불보살마하살종자합부이륜(眞言諸佛菩薩摩訶薩種字合部二輪)』

이 자료의 형태는 가운데에서 점차 외곽으로 원을 풀어나가며 9중의 진언이 새겨져 있다. 이 진언 주위에 쓰인 기록에 의하여 보면 37존의 종자 만다라와 13개의 진언을 윤형(輪形)으로 표시한 것이다.

이 자료는 방언(邦彦)이 발원하기를 득도 전에 대장부의 몸과 육근, 총명한 지혜를 오래 가져 불법을 찬양할 수 있고 의식(衣食)이 부족하지 않고 일체의 장애가 없으며 부처의 본 면목을 알 수 있도록 기원하였다. 또 서방 극락정토에서 아미타불을 만나 마정수기와 육신통을 얻고 이 땅에 전쟁이 일어나지 않기를 함께 발원하면서 새긴 것이다.

---

58) 최종준의 祖는 崔惟淸(1095-1174), 父는 崔詵으로 고종때의 문신이며 1201년에 문과 장원을 거쳐 吏部尙書, 門下侍中에 올랐다. 이 자료에 의하여 1239년에는 侍中의 자리에 있었음을 확인할 수 있다.

〈그림 58〉진언제불보살마하살종자합부이륜

　　이 다라니와 함께 발견된 사각 방형의 안쪽에 금강계 만다라 1구와
비로자나불 진언 '아(阿)'자를 중심으로 하고 보협인다라니가 원형으로
말아진 진언 3구가 함께 배열되어 있는 다라니도 같은 시기로 추정된다.

① 安□ / 得道前長得大 / 丈夫身六根完具 / 聰明大智慧 / 讚揚
　佛法
② 一切如來心全身舍利寶篋眞言 / 三十七尊種字曼陁羅八葉一
　輪
③ 又願衣 / 食具足一切 / 無求無諸障 / 難逍遙樂道 / 根知佛意
　/ 同願者 / 邦彦
④ 西方極樂國 親見阿彌陀佛 摩頂授記 獲六神通
⑤ 佛菩薩摩訶薩種字合部一輪 / 聖壽天長邦基地久隣兵永息
⑥ 大佛頂呪 寶樓閣 文殊八字 智炬 破地獄 滅惡趣 三身 彌陀呪
　六字大明 大准提 一切如來非生眼 一切如來心印 一切菩薩諸
　聲聞等 十三眞言輪
⑦ 校板 [　] 同願 … 等 印施無窮者 至元十三(1276) …

(5) 1287년『대화수경(大華手經)』(차인출[此印出] 불공[不空] 역[譯])

이 인본(印本)은 서산 문수사의 복장에서 발견된 자료로 14종의 밀교인(密敎印)과 부적으로 구성되어 있다. 인쇄된 우측의 끝에 서명과 유사한 형식으로 '차인출불공역(此印出不空譯) 대화수경(大華手經)'이라 판각되어 있는데, 앞부분은 "이 인(印)은 불공이 번역한 것에서 나온 것이다"라는 설명구이다. 수록 내용은 다음과 같다.

> ① 제불공양인(諸佛供養印)  ② 무량억여래인(無量億如來印)
> ③ 천광왕여래대보인(千光王如來大寶印)  ④ 불정심인(佛頂心印)
> ⑤ 마하화수인(摩訶華手印)  ⑥ 정각보살인(正覺菩薩印)
> ⑦ 호법보살호신인(護法菩薩護身印)  ⑧ 육안통견인(肉眼通見印)
> ⑨ 정토보살인(淨土菩薩印)  ⑩ 보득인(寶得印)
> ⑪ 피도적인(避盜賊印)  ⑫ 피구설인(避口舌印)
> ⑬ 염제귀신인(厭諸鬼神印)  ⑭ 피열병인(避熱病印)

이 내용은 같은 종이의 아래 부분에 한번 더 찍히고 윗 부분은 내용이 끝나고 연결된 다른 테두리에서 미타심주, 육자대명주, 능엄주가 범어로 수록되어 있다.

마지막 부분에는 간기 사항으로 '지원이십사년(至元二十四年) 정해(丁亥) 삼월일(三月日) 승재색(僧齋色) 개판(開板)'이라 하여 1287년에 사찰 관련 일을 맡아 보던 승재색(僧齋色)이란 기관에서 판각하여 인출한 것임을 밝히고 있다.

(6) 1302년 조성 아미타불 복장 자료

① 1292년『일체여래심비밀전신사리보협인다라니(一切如來心祕密全身舍
　利寶篋印陀羅尼)』
이 자료는 온양민속박물관에 소장된 3장과 개인 소장의 자료에서 볼 수
있으며 그 각각의 크기 차이가 있다. 여기에 나타난 만다라 역시 대덕(大
德) 5년의 간기가 있는 금강계 만다라와 같은 유형으로 중앙에 대일여래
를 모시고 사방불(四方佛)을 오해탈륜(五解脫輪)으로 표시하고 또 보루
각(寶樓閣)의 일대도륜(一大圖輪)을 나타내고 있다.

② 1295년 26종 범자원상 태장계 만다라
이 자료는 1292년의 다라니와 일괄유물로 관련 만다라 중에서 그 판각의
시기가 충렬왕 21년(1295)에 해당하여 두 번째 빠른 시기의 것으로 추정
된다. 그럼에도 불구하고 인쇄의 상태는 대단히 좋아서 목판을 사용하지
않고 보존하다가 복장시에 인출한 것으로 여겨지며 자획의 굵기나 인면
(印面)의 상태로 보아 번각은 아닌 것으로 판단된다.

③ 아자(阿字) 범자원상 태장계 만다라
원을 그리고 동심원의 중앙에 아자(阿字)를 두고 그 주위에 25개의 동심
원에 범어로 된 진언을 좌에서 우의 방향으로 나열하고 각 진언의 끝과
시작에서 작은 원 표시를 함으로써 구분하고 있다.
　　일반적으로 태장계 만다라는 법신여래의 실상을 이(理)의 방면에서
다루는 것이며 아자본불생(阿字本不生)의 이(理)를 종자로 삼는 까닭에
이성(理性)의 법문이며, 보리심을 인으로 삼고 대비를 근(根)으로 삼고

방편을 구경으로 삼는다는 취지를 도상으로 나타낸 것이다.

즉, 태장계의 '태(胎)'는 생명을 출산하는 근원인 모태를 가리키며 '장(藏)'은 숨겨져 있다는 뜻으로 모태 속에서 탁생한 종자태아를 포용하여 육성해서 탄생케 하는 것과 같이 제불이 대비로써 중생의 보리심을 육성하여 증장시켜 섭화활동을 실천하게 하므로 그 대비를 태장이라 한다.

④ 범자원상 태장계 만다라

원주(圓周)에 사방을 표시하는 범자만을 판독할 수 있을 뿐 거의 전면에 검게 먹이 엉기어 있다. 그 형태는 '아자(阿字) 범자원상 태장계 만다라'와 같은 태장계 만다라이며 판각의 방식은 다른 것과 달라서 사각형의 면을 설정하고 새긴 것이 아니라 원주의 바깥을 음각 처리하였던 까닭에 만다라의 주위가 인쇄할 때 검게 나타난 것이다.

⑤ 만다라 : 범자원상 금강계 만다라

내용면에서는 금강계 만다라로서 보루각(寶樓閣) 안에 대일여래와 사방불을 배치시켜 '대덕(大德) 5년 범자원상 금강계 만다라'와 같은 종류이나 크기가 다르고, 보루각 바깥의 범자 진언이 '대덕 5년 범자원상 금강계 만다라'는 네 겹이나 여기는 다섯 겹으로 되어 있다. 5개 원의 배치를 보면 중앙 만다라 대일여래의 정면 방향에서 볼 때 왼쪽 둘은 중앙과 같은 방향이나 우측의 둘은 중앙의 대일여래가 중앙 만다라의 그것과 반대로 향하고 외부의 사각 테두리 중 세 개는 서로 중첩되어 있다.

⑥ 아미타삼존 사각형다라니

내용을 보면 사변 중 아래를 제외하고 모두 두 선의 테를 돌리고 중앙에 아미타불을 좌에는 대세지보살, 우에는 관세음보살을 한자로 기록하여 배치하고 있으며 아래에는 범자의 진언이 세 줄 호를 그리며 나열되어 있다. 자세히 살펴보면 인쇄는 대체로 한 방향으로 되어 있으나 간혹 방향을 달리하여 서로 엇갈리는 것도 있다.

〈그림 59〉 태장계 만다라

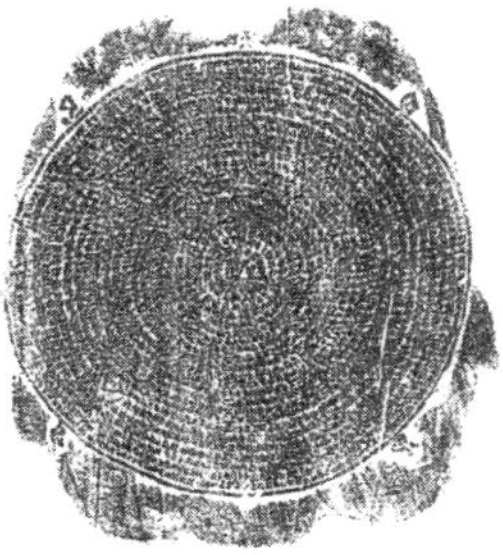

〈그림 60〉 1292년 금강계 만다라

〈그림 61〉 태장계 만다라

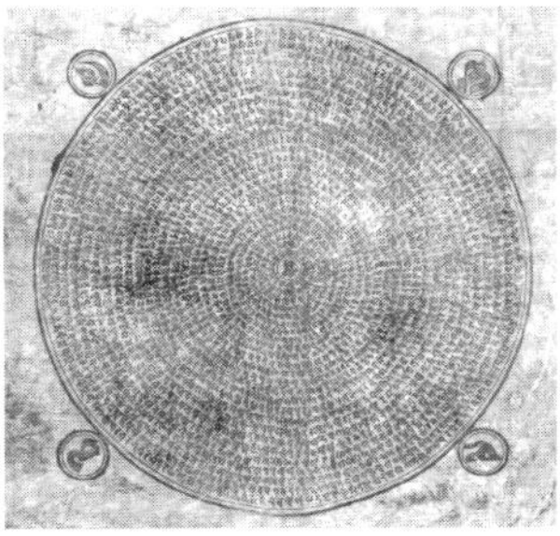

〈그림 62〉 1292년 금강계 만다라

〈그림 63〉 1295년 태장계 만다라

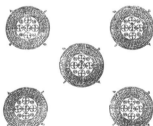

〈그림 64〉 범자원상 금강계 만다라

⑦ 각종 섬유류 날인 원형만다라

이 자료는 함께 나온 옷과 많은 여러 종류의 천에 반복하여 다량 찍은 것으로 인쇄라기보다는 날인한 것으로 보아야 할 것이며 그 내용은 준제진언(准提眞言)에 해당한다.

⑧ 이중 『일체여래심비밀전신사리보협인다라니경(一切如來心祕密全身舍利寶篋印陀羅尼經)』

이 자료는 앞의 '지원(至元) 29년 보협인다라니'들과 모양은 같으나 배열에서 한 장의 종이에 대각선으로 두 개를 차례로 인쇄하여 가득 채우고 있다. 인쇄된 방향은 대일여래를 중심으로 할 때 서로 반대방향으로 향하고 있다.

(7) 상원사 문수동자상 복장 생명주적삼(生明紬赤衫) 만다라

이 만다라는 목조 문수동자상에서 발견된 생명주적삼 앞면의 두 쪽 팔 부분에 하나씩 그리고 뒷면의 팔과 등 부분에 네 개를 합하여 같은 형태로 찍힌 6개로 1302년 조성된 아미타불 유물에 포함된 보협인다라니판과 완전히 같은 판에서 인출된 동일의 금강계 만다라판이다. 자획의 마모도, 목리(木理) 등을 비교하여서도 쉽게 같은 판임을 알 수 있다.

　　이 형태의 만다라를 통하여 1292년의 『일체여래심비밀전신사리보협인다라니경』이 수록된 금강계 만다라판이 지역적으로 충남 서산, 강원도 평창, 경북 북부지역에서 고루 나타나고 있으므로 이는 불상 조성에 필수적인 보협인다라니를 국가적인 표준에 의거하여 제작하여 승재색(僧齋色)에서 통용한 것으로 여겨진다.

## (8) 청량사 복장 13세기 다라니

① 『오대진언(五大眞言) / 오소진언(五小眞言)』(태장계 만다라형)

이 다라니는 청량사 복장 유물에서 발견되었다. 목판으로 간행되었으며 간행 시기는 13세기로 추정된다. 크기는 광곽이 29.1cm의 원 내에 범자가 우측에서 좌측으로, 밖에서 안쪽으로 31층의 원으로 배열되어 있다. 제목은 좌상단에서 『오대진언(五大眞言) 오소진언(五小眞言)』으로 시작하여 점차 중심으로 말린 상태로 실담자의 방향은 원의 바깥을 향학고 있으므로 '자리'에 대응하는 '이타'형이다. 다라니 바깥부분에는 시주자인 안동 판관(安東判官) 서찬(徐瓚)과 각수인 일장(日藏)의 이름이 새겨졌다.

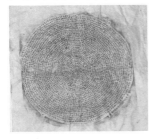
〈그림 65〉 청량사 다라니

〈그림 66〉 시주자 서찬, 각수 일장

〈그림 67〉 오대진언, 오소진언

② 『팔엽심련삼십칠존만다라(八葉心蓮三十七尊曼陁羅) / 일체여래심전신
　사리보협진언(一切如來心全身舍利寶篋眞言)』

원형의 보협인다라니 외각에 불탑인(佛塔印), 답살충무죄진언(踏殺虫無
罪眞言) 옴지리일리사바하(唵地利日利薩縛訶)라는 기록과 발원자인 현
오(玄悟)가 묵서(墨書)되어있고, 그 밖에 묵서로 '사방불(四方佛) 진언종
자(眞言種子)'라는 기록이 있는 다라니도 있다.

<그림 68> 팔엽심련삼십칠존만다라　　　〈그림 69〉 보협인다라니와 불탑인

　　이 형태들은 기본적으로 문자와 만다라 도형을 중심으로 앞뒷장의
가장자리 여백에 탑상과 답살충무죄진언을 찍은 것이다. 일정한 형식이
나 규칙은 없으며 일반적인 경우 질병을 물리치거나 병을 낫게 해달라는
기원이 많은 것에 비하여 벌레를 밟아 죽이는 것에 대하여 죄 없음을 비
는 진언을 특별히 새겨 찍은 것은 이례적이라 할 수 있다.

　　탑의 도상은 상륜부의 장식과 층마다의 옥개석 끝에 풍탁(風鐸)을
갖추고 기단부 위의 아래층에는 가슴에 '만(卍)'자가 있는 부처로 보이는
좌상을 새겨두었다. 이 목판과 진언목판은 별개로 제작되었으며 필요에
따라 반복적으로 찍어 사용하였다. 이른바 불인(佛印)으로 불리는 이러한
예는 이미 구례 화엄사 석탑에서 중복으로 찍은 예가 있고 늦은 시기로는
상원사 문수동자상의 복장에서 발견된 황색천에 찍은 것도 알려져 있다.

③ 1239년『전신사리보협인다라니(全身舍利寶篋印陀羅尼)』

　　대상 유물은 좌우가 파손되어 전체의 크기를 알 수 없지만 한 장의 종이에 같은 진언목판의 상하 방향을 달리하여 인출한 것이다. 또 보협진언의 형태는 나선형으로 중앙의 비로자나불 종자진언을 향해 감겨진 모습이며 인출시 지면의 여백을 두지 않아 부분적으로 겹쳐진 곳이 많다.

〈그림 70〉 청량사 다라니

〈그림 71〉 수국사 다라니

④『전신사리보협인다라니(全身舍利寶篋印陀羅尼)(1239년) / 삼십칠존종
　자만다라팔엽일륜(三十七尊種字曼陁羅八葉一輪)』

한 장의 종이에 같은 진언목판의 상하 방향을 달리하여 인출한 것이다. 상중하 3단중 상하는 보협진언의 형태로 나선형으로 중앙의 비로자나불 종자진언을 향해 감겨진 태장계 만다라의 모습이며 중단은 금강계 만다라 형태로 외곽에 중대팔엽원(中臺八葉院)을 비로자나불을 중심으로 대공점(大空點)과 열반점(涅槃點)이 표시된 37존을 배치하고 있어서 양부 만다라를 동시에 수록하고자 한 의도로 볼 수 있으며 작은 목판에 새겨서 중복하여 여러 면을 인출할 때 지면의 여백을 두지 않아 부분적으로 겹쳐진 곳이 많다.

<그림 72> 삼십칠존종자만다라팔엽일륜

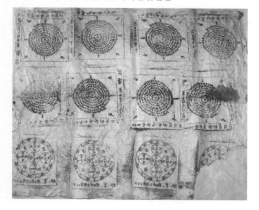

<그림 73> 십삼진언륜

⑤ 육자대명왕진언(六字大明王眞言) / 도상불심주(圖像佛心呪)

이 자료는 목판에서 인출된 것으로 상단에 중대팔엽원 위에 도상화된 부처를 안치하고 주위에 진언과 사방불을 배치한 소형의 만다라 도형을 두고 아래에는 3줄로 '옴마니반메훔' 등의 실담자를 배치하고 있다.

<그림 74> 청량사 도상불심주

<그림 75> 수국사 도상불심주

<그림 76> 1313년 송영 발원다라니

## 3) 14세기 낱장 다라니류

### (1) 1301년『불정심관세음보살모다라니(佛頂心觀世音菩薩姥陀羅尼)』

충렬왕 27년(1301)에 간행된 목판 다라니로 순서는 범자-한자 순이다. 내용으로는 불정심, 소재주(消災呪), 파지옥(破地獄), 보루각심(報漏閣心), 준제(准提), 대명(大明), 소만병(消万病), 단온(斷瘟) 진언을 담고 있다.

〈그림 77〉 불정심관세음보살모다라니[59]

　　이 자료는 크기가 12.5cm×30cm이며 같은 내용이 한 장에 중복하여 세 번 인출하였고 연철(連綴)하여 작은 다라니가 같이 인쇄되어 있다. 마지막 줄에는 '대덕오년오월오일(大德五年五月五日) 권휘서(權暉書)'라는 기록에 의하여 충렬왕 27년(1301)에 제작된 것임을 알 수 있다. 이때의 인물은 1302년에 급제자 20인을 뽑아 외교문서와 불소(佛疏)를 쓰게 했을 때 거듭 합격한 권휘(權暉)와 같은 인물로 추정하고 있다.

---

59) 위덕대학교 회당학술정보원, 앞의 책, p. 9.

## (2) 1302년 범자원상 금강계 만다라 : 아미타불 복장

이 자료는 크기가 37.0cm×39.0cm의 정사각형의 저지(楮紙) 위에 지름 14.7cm의 원을 그리고 중앙에 일대도륜(一大圖輪)이 그려져 있는데, 이는 5불의 주처인 보루각을 표시하며 중생의 마음을 상징하기도 한다. 그 속에 5개의 월륜(月輪)인 오해탈륜(五解脫輪)이 오지(五智)를 구축하고 있고 그 중앙은 대일여래를, 사방의 월륜에는 사방불을 모시고 각각의 사방불에는 다시 4보살이 그려져 있어 모두 4불, 16보살과 오해탈륜, 내사공(內四供)의 사천녀(四天女)가 있고, 4불의 공양에 응하신 대일여래가 다시 4불에 공양하는 외사공(外四供)의 4보살이 있고, 다시 대일여래가 4불에게 공양하기 위하여 사방의 4문에 사섭지(四攝智)의 보살을 배치하였다.

〈그림 78〉 금강계 만다라

금강계 만다라는 『금강정경』을 소의로 성립하였으며 9회(會)로 조직되어 9회만다라라고 부르기도 한다. 본 자료의 내용은 그 처음의 회(會)인 갈마회로 오상삼밀(五相三密)의 수행에 의하여 불신을 성취하는 향상문의 극치가 되는 중앙회인 것이다.

이 만다라는 그 아래에 연화가 밖으로 열려있는데 밀교에서 연화는 청정보리심이며 불의 자내증의 세계를 나타내는 것으로 인간이 지향하는 의식 내면의 심오한 신비적인 공간인 이상경의 세계가 연화로 상징되고 있다. 보통은 연화의 대 위에 '아(阿)'자를(범자) 쓰고 이것을 본존으로 하여 대개 8엽 또는 16엽으로 묘사하고 있다. 그러나 여기서는 매엽마다 범자의 진언을 한 자씩 적고 있는 점이 다르다.

인쇄에 대한 기록으로는 만다라의 좌측에 '대덕오년십일월일(大德五年十一月日)'이라 음각되어 있고 우측에는 '산인소구도(山人小丘刀)'라고 역시 음각되어 있음을 볼 수가 있다.

여기서 그 간행의 날짜를 다른 자료와 비교할 때, 발원문서에서 '대덕오년신축유월일(大德五年辛丑六月日) 제자법영(弟子法英)', '대덕육년유월(大德六年六月) … 창녕군부인장(昌寧郡夫人張)'이라는 기록과 아미타삼존이 그려진 다라니 중 '대덕오년오월이십일조판(大德五年五月二十日雕板)'이라는 묵서의 기록에서 상당한 시일의 차이를 보이고 있다.

그 판각의 기술은 정교하고 뛰어나 아자(阿字) 범자원상 태장계 만다라의 자료와 비슷하고 지질은 더 좋은 편에 속하며, 세로 발끈 폭이 5cm 정도로 다른 고려의 종이에 비하면 넓은 편에 속한다. 본디의 목판 크기는 인쇄면에 나타난 묵적(墨跡)으로 보아 20.1cm×18.9cm로 정사각형에 가깝다. 이와 유사한 유형은 서산 문수사 아미타여래좌상의 복장물의 『불정방무구광명다라니경(佛頂放無垢光明陀羅尼經)』에서 연화를 떼어낸 같은 모양이 보이고 있다.

### (3) 1313년 금동아미타삼존불(1333)의 복장 다라니 4종

#### ① 오회(烏迴) 시주의 다라니

이 자료는 1333년 금동아미타삼존불의 복장자료에서 확인된 것으로 복장
시주는 오회(烏迴)이다. 만다라 도상의 외곽에 복장 발원문과 시주자명들
이 묵서로 기입되어 있다.

〈그림 79〉 오회 시주의 다라니

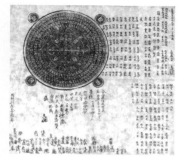

#### ② 김진(金鎭) 묵서명(墨書名) 다라니

앞의 다라니와 함께 복장되어 있었던 김진(金鎭) 묵서명(墨書名) 다라니
의 형태는 원상의 보협인다라니로 크기가 41.0cm×39.8cm이며 영가권씨
(永嘉權氏)의 묵인(墨印)이 있다. 김진(金鎭, 1292-?)은 1333년 광정대부
(匡靖大夫) 정당문학(政堂文學) 예문관(藝文館) 대제학(大提學) 지춘추
관사(知春秋館事) 상호군(上護軍)이 되었던 인물이다. 같은 보협인다라
니와 태장계와 금강계 만다라가 합쳐진 원상 도형을 중복하여 인출하였
다.

〈그림 80〉 김진 묵서명 다라니

③ 영가군부인(永嘉郡夫人) 권씨(權氏) 묵서명(墨書名) 다라니

이 다라니의 형태는 원상의 보협인다라니를 9개(김진 묵서명 다라니와 동일한 도형)를 중복하여 찍은 것이다.

〈그림 81〉 영가군부인 권씨 묵서명 다라니

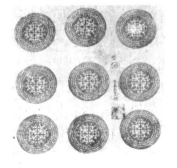

④ 1313년 송영(宋英) 발원의 다라니

이 다라니는 크기가 56.5cm×55.0cm의 목판으로 찍은 것으로 제목은 인쇄의 상태가 좋지 않고 마모가 많아 확인할 수 없는 부분이 있어서 『[ ][ ]수구근본[ ][ ]존승육자준제소재등진언합부([ ][ ]隨求根本[ ][ ]尊勝六字准提消災等眞言合部)』로 판독된다. 또 하단의 기록에 의하여 검교평리

(檢校評理) 송영(宋英)이 1313년에 원의 황제, 고려 국왕과 종실의 복수
무강(福壽無疆)을 빌고 풍년이 들고 나라가 평온하여 부처의 세계가 될
것을 발원하였다. 각수의 이름도 '정[ ](定[ ])'으로 분명하지 않다.

〈그림 82〉 1313년 송영 발원의 다라니

　　　송영은 1293년(충렬왕 19) 낭장(郎將)으로 원에 사신으로 가서 왕
의 입조를 청하고 일본 정벌의 상황을 전했으며 1300년(충렬왕 26)에는
원의 황제가 마련한 부두연(扶頭宴)에서 고려의 쌍연곡(雙燕曲)을 부른
일화가 있다. 1309년(충선왕 원년)에는 삼사우사(三司右使)가 되었으며
1310년에는 검교평리 제주목사가 되었으므로 판각을 한 1313년의 관직
명과 일치한다. 1318년(충숙왕 5)에는 제주 반란을 제압하고 동지밀직사
사(同知密直司事)가 되었고 첨의찬성사(僉議贊成事)로 치사(致仕)하였
으며 1322년에 사망하였다. 1333년 충숙왕 복위 원년에 조성한 불상의 복
장물로 납입된 것이다. 따라서 판각된 후 시간이 경과하여 마모가 심하여
글자의 판독이 어려운 원인이 되었다. 이 도형은 보주형(寶珠形) '옴'자나
'유가심주(瑜伽心呪)' 등으로 불리고 있다.

(4) 1322년 범자원상 금강계 만다라

이 자료는 천수관음상의 복장으로 형식적으로는 두 종류의 다라니가 포함되어 있다. 하나는 크기가 9.2cm×30.3cm의 긴 장방형 종이에 목판으로 원형의 만다라를 찍은 것으로 진언의 내용은 6자씩으로 된 준제진언을 담고 있는 것이다. 또 하나는 보협인다라니를 보루각 안에 새긴 금강계 만다라로 크기는 사방 37cm의 종이에 지름이 30.3cm의 원을 배치하여 중앙에 비로자나불과 사방에 부처를 배치하였다.

(5) 『불정존승다라니(佛頂尊勝陀羅尼)』

이 다라니는 앙련(仰蓮) 위에 탑이 있고 그 중앙에 한자의 제목이 있으며 탑 내부에는 실담자의 진언이 새겨져 있다.

〈그림 83〉 불정존승다라니[60]

이 다라니의 내용은 제석천 아래에 있는 선주천자(善住天子)가 천녀들에

---

60)  앞의 책 , p.10.

게 둘러싸여 즐기던 어느 날 저녁에 "7일 후에 수명이 다하고 죽어서 일곱 번의 악도에 떨어진다"는 말을 들어 괴로워하였다. 제석천이 이 말을 듣고 그를 가련하게 여겨 부처에게 도움을 청하였는데 부처가 설한 것이 바로 이 다라니이며 이는 모든 악도를 깨끗하게 하고 생사와 번뇌를 제거하며 지옥의 고통을 면하게 하고 청정의 몸을 얻게 해준다고 하였다.

**(6) 1346년 서산 문수사 복장 낱장 다라니류**

**① 『단온진언(斷瘟眞言)』**

이 자료의 상단에는 4개의 원형 내에 진언이 있고 중단에는 2개의 원형 다라니가 있으며 하단에는 사각형의 테두리 속에 한자로 된 진언과 불법승 삼보에 의하여 아귀 등 일곱 귀신과 병을 물리치는 내용을 담고 있다.

**② 『불정방무구광명다라니(佛頂放無垢光明陀羅尼)』**

이 다라니의 내용은 제석천왕에게 탑을 세우고 다라니를 안치한 다음 향을 뿌리고 노래를 불러 공양하면 마음이 청정해지고 안락한 세상에 가서 복을 누릴 수 있다는 것이다. 음각한 목판으로 간행되었으며 상단에는 금강계 만다라가 있고 하단에는 음각의 사각 내에 '불정방무구광명다라니'의 내용이 실담자 진언으로 적혀있고 그 음이 한자로 병기되어 있다. 우측 끝단에는 '육여(陸如)'라는 묵서(墨書)의 시주자 이름이 있다.

**③ '옴'자 도상다라니**

이 자료는 연화판좌(蓮花板坐)에 도형화된 '옴(唵)'자가 가운데 위치하고 그 주변을 실담자 진언으로 감싸고 있으며 사방에 수호불이 배치되어 있다. 연구자에 따라서는 이 도형을 아미타심주로 보기도 한다. 묵서의 시주자명 '육여(六如)'는 앞의 다라니에 기록된 '육여(陸如)'와 동일 인물로 추정된다.

④ 범자 원상 다라니

이 자료는 가운데 실담자 '옴'과 주위에 중대팔엽원이 있고 그 바깥을 육자대명왕진언을 비롯하여 삼신(三身), 안토지(安土地), 소만병(消万病), 정법계(淨法界), 불공견삭(不空羂索) 등 여러 진언이 실담자로 표기되고 진언의 제목은 가장 바깥에 한자로 표시하였다.

〈그림 84〉 단온진언[61]

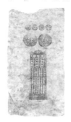

〈그림 85〉 불정방무구광명다라니[62]

〈그림 86〉 '옴'자 도상 다라니[63]

〈그림 87〉 범자 원상다라니[64]

---

61) 수덕사 근역성보관, 앞의 책, p. 30.

62) 앞의 책, p. 30.

63) 앞의 책, p. 29.

64) 앞의 책, p. 29.

## (7) 청량사 복장 『십진언(十眞言)』

이 다라니는 청량사 복장에서 발견된 것으로 목판으로 새겨졌으며 내용
은 정법계 진언부터 10진언, 즉 정법계(淨法界), 대불정심(大佛頂心), 미
타심(彌陁心), 육자대명(六字大明), 보루각(寶樓閣), 준제(准提), 불공견
삭(不空胃索), 결정왕생정토(決定往生淨土), 감로수(甘露水), 파지옥(破
地獄) 진언을 합하여 이 법으로 일체의 사람들이 모두 서방정토에 나기를
바란다는 원으로 만들어진 다라니이다.

〈그림 88〉 청량사 십진언

그 형태는 앞부분에는 12줄(1줄당 22자)에 걸쳐 실담자 진언을 배치
하고 아래 3줄에 걸쳐 한자로 진언의 제목과 발원문을 약기하고 있다. 다
만 그 배열이 좌나 우로 한 방향으로 배열된 것이 아니라 갈 지(之)자 형
태로 배열된 점에서 특이하다. 바깥은 가는 테두리에 이어 실담자 2자 정
도의 넓은 테두리로 사각형을 이루고 있다.

이들 진언 중에서 육자대명, 보누각, 결정왕생정토주의 경우는 수선
사의 5대 주지였던 원오국사(圓悟國師) 천영(天英)의 아버지 양택춘(梁
宅椿, 1172-1254)의 묘지명에도 상품상생진언과 함께 범자를 기록한 경우

도 있고 1302년 아미타불 복장 다라니 등에서도 나타나 현세의 업장을 소
멸하고 극락왕생을 기원하는 의미로 납입되었던 것으로 추정된다.

　이 『십진언』의 형태와 유사한 같은 시기의 자료로 『이십이진언
(二十二眞言)』이라는 제목의 다라니도 있다.

〈그림 89〉 이십이진언 사각다라니(위덕대 소장)

　이 자료의 크기는 9cm×11.3cm이며 사각형 속에 진언이 가로 10행,
한자표기명 22개가 3행으로 모두 13행으로 구성되어 있으며 오늘날의 한
글처럼 위에서 아래로 좌에서 우측으로 내용이 판각되어있는 점이다. 수
록된 내용은 정법계(淨法界), 정삼업(淨三業), 호신(護身), 대명(大明), 준
제(准提), 삼신(三身), 능엄주(楞嚴呪), 보루각(寶樓閣), 불공견삭(不空羂
索), 미타(彌陀), 팔대(八大), 발보리심(發菩提心), 미타심(彌陀心), 귀명
삼보(歸命三寶), 파지옥(破地獄), 왕생정토(往生淨土), 일정(日精), 월정
(月精), 양류(楊柳), 청련(靑蓮), 자련(紫蓮), 화궁전(化宮殿) 진언이다.

# V. 밀교와 제종과의 교류

이병욱 고려대 강사

## 1. 화엄사상과 밀교의 교류

고려시대 화엄사상과 밀교의 교류를 잘 보여주는 대표적 예는 '화엄신중도량'이다. '화엄신중도량'은 『화엄경』에 나타난 불법을 보호하는 신장에 대한 신앙, 곧 화엄신중신앙이 고려 중기를 거치면서 의궤(모든 신에게 예배하는 방법)에 의해 구체화한 것이다. 의궤는 밀교와 관련이 있는 것이므로 '화엄신중도량'도 밀교와 관련을 맺는 것이다. 또한 그 이전에 이미 『화엄경』·화엄사상과 밀교는 서로 교섭해왔다. 이러한 교섭이 고려시대에 구체적으로 나타난 것이 '화엄신중도량'이라고 생각한다. 여기서는 먼저 『화엄경』·화엄사상과 밀교의 교섭에 대해 알아보고, 그 다음에 '화엄신중도량'에 대해 살펴본다.

### 1) 『화엄경』·화엄사상과 밀교의 교섭

### (1) 『화엄경』의 42자문

『화엄경』에서는 42개의 범어 글자에 대해서 공(空)의 진리의 관점에서 설명하고 있는데, 이것을 42자문(四十二字門)이라고 한다. 또한 이것을 42자 다라니문(陀羅尼門)이라고도 한다. 이 점에서 『화엄경』과 밀교의 관련성을 알 수 있다.

불공(Amoghavajra, 不空, 705-774)은 이 부분을 따로 번역하여 『대방광불화엄경입법계품사십이자관문(大方廣佛華嚴經入法界品四十二字觀門)』이라고 하였다. 이 경전의 도입부분에서 선재(善財)동자가 선지중예(善知衆藝)동자에게 보살행을 배우고 보살도를 닦는 방법에 대해 묻는다. 이에 대한 답변으로 선지중예동자는 42자문을 제시한다. 그 42자 가운데 첫 글자는 아(阿)자인데, 경전에서는 이 글자를 통해서 반야바라밀에 들어갈 수 있다고 말한다. 그리고 경전에서는 42자문을 수행하면 20가지 공덕이 있다고 말한다.[1]

## (2) 징관의 오대산 문수신앙

징관(澄觀, ?-839)은 화엄종의 4조인데, 『화엄경소』에서 오대산 문수신앙에 대해 말하면서 자신의 밀교적 관점을 내보이고 있다. 징관은 오대산의 '오대(五臺)'를 설명하면서 밀교 경전인 『금강정경』의 5부족사상에 근거하고 있다.

> [오대산의] 다섯 봉우리가 솟아올라 정상에는 숲과 나무가 없고 마치 성채의 토대를 쌓은 것 같아서 오대(五臺)라고 이름한다. [이 오대는] 우리의 문수보살의 5지(五智)가 이미 원만하고 5안(五眼)이 이미 청정하다는 것을 표시한다. [이 오대는] 5부(五部)의 참된 비밀을 총괄하고, 5음(五陰)의 진정한 근원을 꿰뚫었다. 그러므로 [오대의 형상은] 머리에는 5불(五佛)의 보관(寶冠)을 쓰고, 정수리에는 5방(五方)의 상투가 분명한 것이다. [그래서 오대는] 5승(五乘)의 요점을 옮기고 5탁(五濁)의 재앙을 밝힌다.[2]

위 인용문 내용 가운데 5지와 5부만을 간단히 설명한다. 5지는 법계체성지, 대원경지, 평등성지, 묘관찰지, 성소작지를 말하는 것이다. ① 법

---

1) 정성준, 「중국 화엄과 밀교 교섭의 양상에 대한 고찰」, 『선문화연구』 14집(서울: 한국불교선리연구원, 2014), pp. 198-201.
2) 『화엄경소』(『대정장』35, p. 859하) ; 앞의 논문, p. 193.

계체성지(法界體性智)는 진리의 세계인 법계의 본성을 명확히 아는 지혜이다. ② 대원경지(大圓鏡智)는 거울 같이 만 가지 모습을 나타내는 지혜이다. ③ 평등성지(平等性智)는 여러 가지 모습이 평등하다고 관조하는 지혜이다. ④ 묘관찰지(妙觀察智)는 여러 모습의 차별을 정당하게 관찰하는 지혜이다. ⑤ 성소작지(成所作智)는 자신과 다른 사람을 위해 이루어야 할 것을 성취시키는 지혜이다.

5부는 불부, 금강부, 보부, 연화부, 갈마부이다. ① 불부(佛部)는 대일여래를 말하는데 이치와 지혜를 구비하고 수행을 완성해서 원만한 상태이다. ② 금강부(金剛部)는 지혜가 번뇌를 깨뜨리는 것이 금강과 같음을 말하는 것이다. ③ 보부(寶部)는 부처가 한없는 복과 덕을 갖춘 것을 말하는 것이다. 여기에다 징관은 모든 하늘세계의 진언이 '보부'에 속한다고 한다. ④ 연화부(蓮華部)는 중생의 마음속에 있는 청정한 보리심을 말한다. 연꽃이 진흙 속에 나면서도 물들지 않는 것과 비슷하다고 해서 '연화부'라고 한다. ⑤ 갈마부(羯磨部)는 앞의 5지 가운데 '성소작지'에 해당하는 것이다. 징관은 '갈마부'에 모든 귀신의 진언이 포함된다고 한다.[3]

또한 다른 대목에서 징관은 밀교 관련 저술을 인용하면서 수행자는 보현보살의 미묘한 행원을 먼저 일으키고 그 다음에 삼밀(三密)로써 몸과 마음을 가지(加持)한다(부처님의 삼밀이 자신의 몸과 마음에 나타난다)는 내용을 제시하고 있다. 이는 화엄의 보현행원과 밀교의 삼밀수행이 만난 것이다.[4]

---

3)  앞의 논문, pp. 194-196.
4)  앞의 논문, p. 207.

이처럼, 징관은 오대산의 '오대'를 『금강정경』의 5부족으로 설명하고, 나아가 보현행원과 삼밀수행을 함께 거론하고 있으므로, 이러한 점에서 화엄사상과 밀교가 교섭하고 있음을 확인할 수 있다.

(3) 도전의 『현밀원통성불심요』 : 현밀쌍수(顯密雙修)

『현밀원통성불심요(顯密圓通成佛心要)』의 저자 도전(道殿)은 요나라 시대에 활동한 승려이고, 그가 현교와 밀교를 둘 다 공부할 것을 권장했기 때문에 '현밀원통법사(顯密圓通法師)'라는 또 하나의 이름을 얻었다. 『현밀원통성불심요』는 상권과 하권의 두 권으로 구성되어 있다. 전체의 내용은 현교(顯敎)인 『화엄경』의 수행내용과 밀교의 준제진언을 둘 다 닦는다는 것이다.

구체적으로 내용을 살펴보면 5가지로 구분된다. 첫째, 현교심요(顯敎心要)는 『화엄경』을 중심으로 현교의 심요를 밝힌 것이다. 둘째, 밀교심요(密敎心要)는 『대일경』을 중심으로 밀교의 심요를 밝힌 것이다. 셋째, 현밀쌍변(顯密雙辨)은 현교와 밀교를 둘 다 닦는다는 현밀쌍수(顯密雙修)의 입장을 밝힌 것이다. 넷째, 경우술회(慶遇述懷)는 현교에서는 『화엄경』을 중심으로 수행하고, 밀교에서는 준제진언을 수행할 것을 권장한 것이다. 다섯째, 공불이생의(供佛利生儀)는 유통분에 해당하는 것이다.[5]

또한 『현밀원통성불심요』에서는 화엄의 관법과 밀교의 준제진언·육자대명왕진언을 함께 닦는다고 한다. 그래서 다음과 같이 말한다. "마

---

5) 정성준, 「요송시대 중국밀교와 준제진언 수용연구」, 『한국선학』 32호(서울: 한국선학회, 2012), pp. 223-224.

음으로 [화엄사상의] 법계제망(法界帝網, 제석천의 그물망처럼 서로 긴밀한 관계를 맺고 있는 진리의 세계)의 관법을 닦고, 입으로는 준제진언과 육자대명왕진언 등을 외운다."[6]

그리고 『현밀원통성불심요』에서는 현교에도 원교(圓敎)가 있고 밀교에도 원교가 있다고 한다. 현교의 원교는 화엄사상이고, 밀교의 원교는 '육자대명왕진언'과 '준제진언'이다. 다른 경전에서 말하는 진언은 원교의 진언에 속하지 않는다. 다시 말해서 다른 경전의 진언은 부족한 진언에 속하는 것이다. 이처럼, '육자대명왕진언'과 '준제진언'을 강조하는 것은 고려시대의 불교에도 영향을 미쳤다.[7] 그것은 고려시대 유일한 다라니집 『범서총지집(梵書摠持集)』(1218)의 서문에 『현밀원통성불심요』의 내용 일부분이 소개되어 있다는 점에서 확인된다. 이 『범서총지집』은 금산사 승려 혜근(惠槿)이 서원을 세워서 간행한 것이다.[8]

따라서 뒤의 항목에서 소개할 내용, 곧 천태종의 원묘국사 요세가 준제진언을 하루에 천 번 외운 수행에서도 도전의 영향이 있었을 것이다. 그리고 한국에서 널리 독송되는 『천수경』 계열의 경전에 이 두 진언이 포함되어 있는 것도 도전의 영향을 받았음을 보여주는 간접적 예이다.

---

6) 『현밀원통성불심요』(『대정장』46, p. 999상) ; 앞의 논문, p. 235.

7) 앞의 논문, pp. 229-230, p. 237.

8) 종석, 「밀교의 수용과 그것의 한국적 전개(2)」, 『중앙승가대학교 논문집』(서울: 중앙승가대학교, 1995), pp. 62-63. ; 김치온, 「용성선사의 선밀쌍수에 대한 고찰」, 『선문화연구』 12집(서울: 한국불교선리연구원, 2012), pp. 52-54.

## 2) 고려의 화엄신중도량

### (1) 화엄신중신앙과 화엄신중도량

화엄신중신앙은 『화엄경』에 등장하는 불법을 보호하는 신장(神將)에 대한 신앙이다. 이는 『삼국유사』 권3 「전후소장사리(前後所將舍利)」에서 나타난다. 여기서는 화엄신중이 화엄행자인 의상(義湘, 625-702)을 옹호한다고 말하고 있다.[9] 또한 8세기부터 오대산에서는 화엄신중신앙이 나타난다. 『삼국유사』 권3 「대산오만진신(臺山五萬眞身)」에서는 보장암(寶川庵) 복전(승려)은 매일 밤에 화엄신중을 염하고 문수갑사(文殊岬寺)에서는 항상 밤낮으로 화엄신중예참을 행하도록 규정해두었다. 이러한 화엄신중신앙이 강원도 오대산만이 아니라 다른 지방에도 확산되었고, 그리하여 전라도 천관사(天冠寺)에도 화엄신중신앙이 나타난다. 화엄종의 홍진(洪震)대사가 김우징이 정치적으로 밀려났다는 말을 듣고 화엄신중을 부르니 화엄신중이 호응했다는 내용이 전한다.[10]

또한 후삼국시대에 화엄종 북악파의 희랑(希朗)이 화엄신중삼매를 얻었고, 화엄신중을 보내 왕건의 군대를 도와서 후백제와 싸웠다는 기록이 있다. 그리고 화엄신중신앙은 『(화엄)신중경』에서 확인된다. 이 경전은 한국불교의 위경(僞經)에 속하는 것으로 판단된다. 이 경전이 문헌에서 확인된 것은 후삼국통일 무렵이다. 고려 초에 활동한 균여(均如, 923-

---

9) 김현중, 「조선후기 벽암문도의 사상과 신중도 제작」, 『동악미술사학』 19(서울: 동악미술사학회, 2016), pp. 36-37.

10) 조범환, 「장보고의 해상세력과 화엄신중신앙」, 『신라문화』 32집(경주: 동국대 신라문화연구소, 2009), p. 261, pp. 265-266.

973)는 의순(義順)에게서 『(화엄)신중경』을 배웠다. 또한 화엄종 승려 등
관승통(等觀僧統) 창운(昶雲, 1031-1104)은 신중경주주(神衆經注主)라
고도 불리었다.[11]

　　이 화엄신중신앙이 고려시대 중기를 거치면서 '화엄신중도량'으로
발전한다. '화엄신중도량'은 화엄신중신앙이 의궤(儀軌)에 의해 구체화한
것이다. 이 '화엄신중도량'이 밀교와 관련을 맺는 부분은 의궤에 있다. 의
궤는 인도에서 고대 베다시대부터 모든 신에게 예배하는 방법이었는데,
이것을 인도의 밀교가 수용한 것이다. 그래서 밀교에서는 부처, 보살, 여
러 하늘세계 등의 상(像)을 만들고 염송하고 공양하는 방법과 규칙을 '의
궤'라고 하였다. 앞에서 말한 것처럼, '화엄신중도량'이 '의궤'에 근거하는
것이므로, 이 '화엄신중도량'도 밀교와 관련이 있는 것이다.

　　『고려사』에 따르면, '화엄신중도량'은 고려시대의 고종 때에 화엄신
중도량 16회, 천병(天兵)화엄신중도량 1회, 원종 때에 화엄신중도량 1회,
공민왕 때에 천병화엄신중도량 2회, 모두 합해서 20회가 열렸다. 그 가운
데 17회가 고종 때에 열렸는데, 이는 당시에 몽고의 침입으로 국토가 어
지럽게 된 것이 화엄성중(華嚴聖衆)의 옹호가 없었기 때문이라고 믿었기
때문이다. 그래서 '화엄성중'에게 국토의 어지러움을 제거해 달라고 기원
하는 것이 '화엄신중도량'이라고 할 수 있다. 여기서 말하는 '화엄성중'은
『화엄경』을 보호하는 존재들을 말하는 것이다.[12]

　　화엄신중신앙은 조선 전기까지는 계승되었지만 그 후 단절되었다가

11)　남동신, 「나말여초 화엄종단의 대응과 '(화엄)신중경'의 성립」, 『외대사학』 5(서울: 한국외대 사
　　학연구소, 1993), pp. 156-157, p. 167; 김현중, 앞의 논문, p. 38.
12)　홍윤식, 『한국불교의 밀교적 특색』(서울: 만다라, 1995), pp. 123-124. ; 김현중, 앞의 논문, p. 38.

조선 후기에 다시 등장하는데,[13] 이는 여러 화엄신중도(華嚴神衆圖)를 통해서 확인할 수 있다. 그런데 '신중도'에는 여러 가지가 있는데, 39위(또는 33위) 신중도가 화엄신중신앙을 나타내는 것이다.[14] 이러한 화엄신중신앙은 화엄사상이 한국화한 것이라고 할 수 있다.

## (2) 화엄신중도량의 39위 화엄성중의 소개

'화엄성중'은 『화엄경』(80권본)의 「세주묘엄품」에 따르면 39위이다. 39위의 대략적 내용과 역할을 간단히 소개한다.[15]

① 금강신(金剛神) : 불법을 수호하는 신. 큰 원을 항상 일으켜서 모든 부처에게 공양한다.

② 신중신(身衆神) : 한량없이 위엄 있는 거동으로 최상의 장엄을 하는 신. 큰 원을 성취해서 모든 부처에게 공양한다.

③ 족행신(足行神) : 여래에 가까이 가서 그 뒤를 뒤좇아 따르는 신. 여래를 친근히 한다.

④ 도량신(道場神) : 도량을 장엄하고 수호하는 신. 도량에서 만 가지를 행함. 원력을 성취해서 널리 공양한다.

⑤ 주성신(主城神) : 성(城)의 신. 여래의 궁전을 장엄하고 청정하게 한다.

⑥ 주지신(主地神) : 토지의 신. 모든 부처와 친근하며 함께 복된 업을 닦

---

13) 김현중, 앞의 논문, p. 39,

14) 정병삼, 『불교이야기』(서울: 풀빛, 2000/2001), pp. 287-298.

15) 김보형, 「조선 후기 104위 신중도 고찰」, 『동악미술사학』 6(서울: 동악미술사학회, 2006), p. 355, pp. 367-368. ; 남동신, 앞의 논문, pp. 160-161.

는다.

⑦ 주산신(主山神) : 산을 주재하는 신. 모든 대상에 대해 청정안(淸淨眼)을 얻는다.

⑧ 주림신(主林神) : 숲을 지키는 신. 헤아릴 수 없이 많고 사랑할 만한 광명을 가지고 있다.

⑨ 주약신(主藥神) : 약을 주재하는 신. 성품은 더러움에서 벗어났고, 인자함으로 만물을 돕는다.

⑩ 주가신(主稼神) : 벼의 신. 큰 즐거움을 성취한다.

⑪ 주하신(主河神) : 강의 신. 부지런히 중생을 이롭하려고 마음을 먹는다.

⑫ 주해신(主海神) : 바다의 신. 공덕의 큰 바다가 그 속에 충만하다.

⑬ 주수신(主水神) : 물을 주재하는 신. 모든 중생을 항상 부지런히 구하고 보호한다.

⑭ 주화신(主火神) : 불을 주재하는 신. 광명을 나타내 보여서 뜨거운 번뇌를 제거한다.

⑮ 주풍신(主風神) : 바람을 주재하는 신. 부지런히 아만(我慢)의 마음을 흩어 없앤다.

⑯ 주공신(主空神) : 허공의 신. 마음에 더러움이 없고, 마음이 넓고 크며, 밝고 청결하다.

⑰ 주방신(主方神) : 방위의 신. 세상의 일을 넓게 보고 어리석음을 영원히 끊어버림. 광명으로 시방을 두루 비춘다.

⑱ 주야신(主夜神) : 밤을 주재하는 신. 총명하고 밝게 이끌어서 바른 길을 알게 함. 부지런히 닦아서 가르침을 즐거움으로 삼는다.

⑲ 주주신(主晝神) : 낮을 주재하는 신. 묘한 가르침에서 믿음과 이해가

생긴다.

⑳ 아수라왕(阿修羅王) : 악신(惡神)으로 인드라와 싸움을 일삼는 존재의 왕. 손에 해와 달을 비밀리에 쥐는 능력이 있음. 부지런히 정진해서 아만을 꺾는다.

㉑ 가루라왕(迦樓羅王) : 새 중의 왕이며 용을 잡아먹고 산다. 맑고 깨끗한 지혜광명의 존재. 방편을 성취해서 중생을 구하고 포섭한다.

㉒ 긴나라왕(緊那羅王) : 아름다운 음성을 가진 하늘세계의 음악의 신의 왕. 기쁜 생각으로 요란한 소리를 내는 많은 마귀를 굴복시키는 존재. 마음이 항상 쾌락하여 자유자재로 노닐며 즐긴다.

㉓ 마후라가왕(摩睺羅伽王) : 큰 뱀의 왕. 뛰어난 지혜로 수미산을 견고하게 장엄하는 존재. 큰 방편으로 어리석음의 그물을 영원히 끊는다.

㉔ 야차왕(夜叉王) : 나쁜 사람을 잡아먹는 귀신의 왕. 중생을 수호한다.

㉕ 용왕(龍王) : 용의 왕. 구름을 일으키고 비를 오게 해서 뜨거운 번뇌를 없앤다.

㉖ 구반다왕(鳩槃多王) : 귀신의 한 종류의 왕. 걸림 없는 가르침과 큰 광명을 일으킨다.

㉗ 건달바왕(乾闥婆王) : 하늘세계에서 음악을 연주하는 신의 왕. 깊은 믿음과 이해를 내고 환희하는 마음이 두텁다.

㉘ 월천자(月天子) : 달의 궁전에서 사는 천자. 별의 주인이자 별자리의 왕으로 청량한 밤을 비춤. 중생의 마음 보배를 부지런히 드러나게 한다.

㉙ 일천자(日天子) : 태양의 궁전에서 사는 천자. 분명히 밝은 이익을 낳고 매우 많은 빛으로 어둠을 깨뜨림. 부지런히 닦아서 중생을 이롭게 한다.

㉚ 제석천왕(帝釋天王, 삼십삼천왕) : 불법의 수호신. 33천의 꼭대기의 주인. 모든 세간을 부지런히 일으킨다.

㉛ 야마천왕(夜摩天王) : 욕계의 6개 하늘 가운데 세 번째 하늘세계의 왕. 큰 선근을 부지런히 닦는다.

㉜ 도솔천왕(兜率天王) : 욕계의 6개 하늘 가운데 네 번째 하늘세계의 왕. 모든 부처의 이름을 부지런히 외우고 간직한다.

㉝ 화락천왕(化樂天王) : 욕계의 6개 하늘 가운데 첫 번째 하늘세계의 왕. 모든 중생을 조복해서 해탈을 얻게 한다.

㉞ 타화자재천왕(他化自在天王) : 욕계의 6개 하늘 가운데 여섯 번째 하늘세계의 왕. 방편을 닦아서 광대한 법문이 퍼지도록 한다.

㉟ 대범천왕(大梵天王) : 색계의 17개 하늘 가운데 초선(初禪)의 세 번째 하늘세계의 왕. 큰 자비를 갖추어 중생을 불쌍히 여긴다.

㊱ 광음천왕(光音天王, 극광정천[極光淨天]) : 색계의 17개 하늘 가운데 제2선(禪)의 세 번째 하늘세계의 왕. 큰 고요함과 걸림없는 가르침을 얻는다.

㊲ 변정천왕(遍淨天王) : 색계의 17개 하늘 가운데 제3선(禪)의 세 번째 하늘세계의 왕. 큰 가르침으로 중생을 이롭게 하는 일을 부지런히 한다.

㊳ 광과천왕(廣果天王) : 색계의 17개 하늘 가운데 제4선(禪)의 세 번째 하늘세계의 왕. 고요함속에 편안히 머문다.

㊴ 대자재천왕(大自在天王, 색구경천왕[色究竟天王]) : 색계의 17개 하늘 가운데 제4선(禪)의 여덟 번째 하늘세계의 왕. 무상(無常)을 관찰하고 행동하는 것이 평등하다.

## 2. 천태사상과 밀교의 교류

고려시대 천태사상과 밀교의 교류를 보여주는 대표적 인물은 원묘국사 요세(了世)라고 할 수 있다. 요세의 신앙형태에는 법화, 천태, 밀교, 정토가 융합된 모습이 나타난다. 이러한 신앙형태가 나타날 수 있었던 배경으로 『법화경』과 천태사상이 밀교와 서로 관계를 맺고 있었던 점을 거론할 수 있다. 그리고 요세는 밀교의 진언 가운데 준제진언으로 수행하였는데, 여기에도 사상적 배경이 있다.

　　이 항목에서는 이러한 내용에 대해 크게 세 단락으로 나누어서 접근하고자 한다. 첫째 『법화경』과 천태사상과 밀교의 상관성이고, 둘째 원묘국사 요세의 생애와 준제진언의 염송이며, 셋째 준제진언 수행의 의미이다.

### 1) 『법화경』과 천태사상과 밀교의 상관성

#### (1) 『법화경』과 밀교의 상관성

#### ① 「다라니품」의 내용
『법화경』에는 밀교적인 내용을 담고 있는 제26 「다라니품(陀羅尼品)」이 있다. 이 「다라니품」의 내용은 여섯 단락으로 구분할 수 있다. 첫째 『법화경』을 수지하고 독송하고 실천한 공덕을 말하는 대목이고, 둘째 약왕(藥王)보살이 다라니를 말한 대목, 셋째 용시(勇施)보살이 다라니를 말한 대목, 넷째 비사문천왕(毘沙門天王)이 다라니를 말한 대목, 다섯째 지국천왕(持國天王)이 다라니를 말한 대목, 여섯째 나찰녀(羅刹女)가 다라니를 말한 대목이다.

「다라니품」의 주된 내용은 『법화경』을 수지하고 독송하고 실천하는 사람을 보호하기 위해서 약왕보살 등이 다라니를 말했다는 것이다. 다시 말하자면, 『법화경』을 수지하고 독송하고 실천하는 공덕을 말하기 위해서 다라니신앙을 도입했다는 점에 주목해야 할 것이다.

② 「다라니품」의 사상사적 의미

붓다는 주술을 비롯한 바라문의 종교의례를 부정하였다. 이는 초기불교 교단의 일관된 기본적 자세이다. 왜냐하면 불교의 주된 지지자층이 도시를 기반으로 하고 있었고, 종래와 같은 주술적인 농촌사회에 의존할 필요가 없었기 때문이다. 그러나 불교가 씨족제 농촌사회에 파고들어가는 과정에서 초기불교 교단에서 표명한 주술에 대한 엄격한 태도는 변화해간다.

그리고 475년에 서로마제국이 멸망해서 인도와 서방의 교역이 단절된 것은 인도의 화폐경제를 파탄시켰고, 불교를 후원하던 상업사회가 몰락하였다. 이러한 이유로 해서 농촌에 기반을 둔 힌두교가 발전하였고, 이것에 대항하기 위해 불교에서도 비밀적이고 현세이익적인 색채를 강하게 나타나게 되었다.

『법화경』에서 재앙을 제거하는 제재(除災)신앙을 실현하는 수단으로 세 가지를 말하고 있다. 첫째 경전수지에 근거한 것, 둘째 칭명에 의한 것, 셋째 다라니주에 의한 것이다. 여기서 다라니주에 의한 것은 「다라니품」과 「보현보살권발품」에 주로 나타난다.[16]

---

16)  塚本啓祥, 『법화경의 성립과 배경』, 이정수 역(서울: 운주사, 2010), pp. 493-497.

### ③「보현보살권발품」의 내용

제28「보현보살권발품(普賢菩薩勸發品)」의 내용은 크게 네 단락으로 나누어볼 수 있다. 첫째『법화경』을 얻는 방법에 관한 것이고, 둘째 보현보살이 다라니를 주고『법화경』을 수지하고 독송하는 공덕을 말한 것이며, 셋째 석가모니가『법화경』을 수지하고 독송하고 실천하는 공덕을 말한 것이며, 넷째「보현보살권발품」을 말한 공덕에 관한 것이다.

「보현보살권발품」의 주된 내용은 보현보살이『법화경』을 수지하고 독송하는 사람에게 다라니를 주고 그들의 공덕을 말한 부분이라고 할 수 있다. 이에 석가모니도『법화경』을 수지하고 독송하고 실천하는 사람의 공덕을 말하였다. 이처럼 다라니를 말하고 있다는 점에서 밀교와 관련이 있다고 할 수 있다.

### ④ 밀교색이 강한『법화경』계열의 경전

당나라 불공의 번역으로 소개되어 있는『법화만다라위의형색법경(法華曼茶羅威儀形色法經)』과『성취묘법연화경왕유가관지의궤』가 있다. 이 경전들은 밀교색이 강한『법화경』계열의 경전이라고 할 수 있다.

특히 후자의 경전, 곧『성취묘법연화경왕유가관지의궤(成就妙法蓮華經王瑜伽觀智儀軌)』에서는 "만약『법화경(묘법연화경)』을 지니고 닦으려면 남자든 여자든 곧 진언에 의지하며 밀행의 보살도를 닦고 행하며 먼저 대비태장대만다라(大悲胎藏曼茶羅)에 들어가라"고 하고 있다. 여기서는『법화경』을 제대로 간직하고 닦으려면 밀교의 대표적 경전인『대일경』의 '대비태장만다라'에 근거할 것을 말하고 있다. 이처럼, 위에 소개

한 경전에서는 『법화경』과 밀교를 긴밀하게 연결시키고 있다.[17]

또한 이 경전의 '의궤를 말하는 대목'에서는 "아자관문(阿字觀門)에 의지해서 사시(四時)에 수행하여 반야바라밀에 들어가고, 『묘법연화경』의 왕을 얻고자 원을 일으키고, 문혜(聞慧)·사혜(思慧)·수혜(修慧)의 삼혜에 의해 바른 깨달음을 얻는다"는 취지의 내용이 있다. 이는 밀교의 수행을 통해 『법화경』의 이상적 경지에 도달하려는 것을 보여주는 것이다.[18]

## (2) 천태사상과 밀교의 상관성

### ① 네 종류 삼매의 소개

천태의 네 종류 삼매[四種三昧]는 삼매를 외적인 형식에 맞추어서 네 종류로 분류한 것으로, 그 항목은 상좌삼매, 상행삼매, 반행반좌삼매, 비행비좌삼매이다.

우선 상좌삼매(常坐三昧)는 90일 동안 앉아서 수행하는 것이다. 이는 좌선수행을 강조하고 있으며 보조적인 수행으로 염불을 인정하고 있는 것이다. 상행삼매(常行三昧)는 90일 동안 몸을 계속 움직이면서 삼매에 들어가는 것이다. 이는 염불수행에 중점을 둔 것이다.

반행반좌삼매(半行半坐三昧)는 앞에서 소개한 상좌삼매와 상행삼매의 중간적 형태이다. 반행반좌삼매는 법화삼매와 방등삼매로 이루어져 있는데, 법화삼매(法華三昧)는 『법화경』을 근거로 해서 삼매에 들어가는

---

17) 서윤길, 『한국 밀교사상사』(서울: 운주사, 2006), p. 772.

18) 정성준, 「수당시대 천태종학의 밀교소재에 대한 해석」, 『불교연구』 44(서울: 한국불교연구원, 2016), p. 54.

것이고, 방등삼매(方等三昧)는 밀교적 수행을 의미하는 것이다. 이 방등 삼매에 대해서는 뒤에서 자세히 소개할 예정이다. 비행비좌삼매(非行非 坐三昧)는 외적 형식에 구애되지 않고 수행을 하는 것이다. 그리고 모든 경전에서 소개하고 있는 수행법도 비행비좌삼매에 포함되는데, 그 내용 은 공(空)을 관조하는 것으로 돌아간다.

② 방등삼매의 내용

반행반좌삼매의 하나인 방등삼매는 『대방등다라니경』 4권에 의지해서 구체적 행법을 실천하는 것이다. 이 경전은 북량(北涼, 396-440)시대에 법중(法衆)이 번역하였는데, 이는 밀교의 경전에 속한다. 이 경전에서는 화취(華聚)보살이 부처님에게서 단지(袒持)다라니를 받아 600마왕을 조 복해서 귀의하도록 하였으며, 하늘과 인간과 아수라 등의 많은 중생이 죄 를 없애고 고통을 없애도록 하는 가르침을 말한다.[19]

천태지의는 이 방등삼매에 대해 다음과 같이 설명한다.

> 방등삼매는 지극히 존귀해서 구차하게는 할 수 없다. 만약 이 수행법을 닦 고자 한다면 신명(神明)을 증명으로 삼아야 한다. 먼저 몽왕(夢王)을 구하 고, 만약 한번이라도 [몽왕을] 보았으면, 이것은 [몽왕이] 참회를 허락한 것 이다. 그 다음 한가하고 조용한 곳에서 도량(道場)을 장엄한다. [그 내용은 다음과 같다.] 향기로운 진흙으로 땅과 집의 안팎을 칠하고, 원단(圓壇)을 설치하여 채색하고 그림을 그리며[彩畵], 5색(五色)의 깃발[幡]을 걸고, 해 안향(海岸香)을 태우며, 초를 불붙이고 높은 좌석[高座]을 펴서 24존상(尊 像)을 청한다. [그 숫자는] 많아도 무방하다. 그리고 효찬(餚饌, 반찬)을 설

---

19) 서윤길, 앞의 책, p. 781.

치하고 심력(心力)을 다한다. 옷과 신과 짚신은 새 것으로 깨끗하게 하고, 새 것이 없으면 헌 것을 씻는다. 그리고 출입하고 벗고 신을 때 섞이지 않게 한다. 또 7일 간 삼가고[長齊], 하루에 세 번 목욕한다. 첫째 날[初日]에 스님을 공양하고 그 양은 스님의 뜻에 따라 많거나 적게 한다. 그 다음 별도로 한번 내외(內外)의 율(律)에 밝은 분을 스승으로 삼아서 24계(戒)와 다라니주(呪)를 받고 스승에 대해서 죄를 고백한다.[20]

위 인용문에서 원단을 설치하고 채색하고 그림을 그리며, 다라니주를 받는다는 표현으로 보아서 반행반좌의 수행방법으로 밀교를 선택한 것이다. 그러나 천태지의는 이러한 밀교방법을 그냥 받아들이지 않고 철학적으로 승화시켜 수용한다. 예를 들어 세 번 씻는다는 것[三洗]이 '일실제'를 관찰하여 3관을 닦고 세 가지 장애를 없애서 세 가지 지혜를 깨끗이 한다는 것으로 풀이한다.[21] 이는 '일심삼관'을 의미하는 것이다.

## 2) 원묘국사 요세의 생애와 준제진언 염송

요세(了世, 1163-1245)는 자(字)가 안빈(安貧)이고 속성은 서(徐)씨이며 시호는 원묘국사(圓妙國師)이다. 1174년(12세)에 천낙사(天樂寺)에서 균정(均定)을 스승으로 해서 출가하였고 천태교관을 공부하였다. 1185년(23세)에는 승선에 합격하였고, 1198년(36세) 봄에 천태종 사찰인 개경의 고봉사(高峯寺)에서 법회를 열었을 때 그 분위기에 크게 실망하였다. 그래서 그 해 가을에 동지 10여 명과 함께 명산을 유람하다가 영통산(靈洞

---

20) 『마하지관』 권2상(『대정장』46, p. 13상중).
21) 『마하지관』 권2상(『대정장』46, p. 13하).

山) 장연사(長淵寺)에서 주지가 되어 가르침을 폈다. 이 때에 지눌(知訥, 1158-1210)이 수선사에서 함께 참선하기를 권하였고, 수년 동안 참선을 수행하였다.

그 후 요세는 1203년(41세)에 영암 월출산 약사난야(藥師蘭若)에서 거주할 때에 영명연수(永明延壽, 904-975)가 지적한 120가지 병을 극복하기 위해서는 천태의 지혜에 의지해야 한다고 자각하고 지눌의 영향에서 벗어나 천태의 가르침으로 돌아왔다. 1216년(54세)에 만덕산(萬德山)으로 옮겨가서 백련결사(白蓮結社)를 결성한다. 1232년(70세) 4월 8일에 공식적으로 보현도량(普賢道場)을 설치하였고, 1236년(74세) 그의 제자 천책(天頙)이 「백련결사문」을 작성하도록 하고 이 내용을 세상에 알렸다.[22]

요세는 학인들을 위해서 천태 3대부의 내용을 요약한 절요서(節要書)를 만들 만큼 불교의 학식도 뛰어났다.[23] 그리고 자기 자신은 매일 선정을 닦고 경론을 가르치고, 그밖에 『법화경』을 독송하고, 준제진언을 천 번 외우고, 아미타불을 만 번 불렀다.[24] 그리고 이처럼 요세가 준제진언을 외웠다는 점에서 밀교의 수행과 연결되는 측면이 있다.

그리고 당나라 도준(道遵, 714-784)에게서 법화, 천태, 밀교, 정토가 융합된 모습이 나타난다. 이것은 요세의 신앙형태와 유사하다고 할 수 있다. 『송고승전』의 「석도준전」의 내용을 소개하면 다음과 같다.

조서로 법화도량을 특별히 설치하도록 한 것이 강 동쪽으로 모두 17개소나

---

22) 채상식, 『고려후기불교사연구』(서울: 일조각, 1991/1993), pp. 70-72.
23) 「만덕산 백련사 원묘국사 비명병서」(『조선금석총람』 상, p. 592)
24) 「만덕산 백련사 원묘국사 비명병서」(『조선금석총람』 상, pp. 591-592)

되었으니 [이는] 모두 도준에 의해서 우선적으로 설치된 것이다. [도준은] 정진하는 스님 27인을 천거해서 이 경전[『법화경』]을 간직하도록 해서 임금의 은혜에 보답하고자 하였다. [도준은] 노사나불상(盧舍那佛像)과 비로자나불상(毘盧遮那佛像)을 조성하고 다보탑을 세우고, 다음 생에 정토에 태어날 업을 닦고, 아미타불을 조성하고 다시 천태의 논서를 사경해서 유포시켰다.[25]

위 인용문의 내용처럼, 도준은 법화, 천태, 밀교, 정토가 하나의 형태로 융합된 천태의 신앙형태를 보이고 있으며, 이것과 요세의 신앙형태는 유사성이 있다고 하겠다.[26] 크게 보았을 때에 요세는 밀교적 요소로서 준제진언을 더 강조한 것과 선종의 영향을 받은 점이 도준과 다르다고 할 수 있다.

## 3) 준제진언 수행의 의미

앞의 항목에서 요세가 하루에 천 번 준제진언을 외었다고 하였는데, 여기서는 준제진언에 초점을 맞추고자 한다. 그래서 이 준제진언이 중국에 수용된 과정, 그리고 준제진언의 수행과 공덕에 대해 살펴보고자 한다.

## (1) 준제진언의 중국적 수용

준제진언은 중국에서 『대일경』과 『금강정경』이 도입되기 이전에 이미 소

---

25) 『송고승전』 권27(『대정장』50, p. 879상중).
26) 서윤길, 『한국 밀교사상사연구』(서울: 불광출판사, 1994/1995), pp. 398-399.

개되었다. 북주(北周)의 사나굴다(Jñānagupta, 闍那堀多, 523-600)가 번역한 『종종잡주경(種種雜呪經)』 가운데 「칠구지불신주(七俱胝佛神呪)」가 있었는데, 이것이 준제진언이다. 또 현장(玄奘, 600-664)이 번역한 『주오수(呪五首)』에도 「칠구지불주(七俱胝佛呪)」가 있는데, 이것도 준제진언이다. 그리고 지바하라(Divākara, 地婆訶羅)가 번역한 『불설칠구지불모심대준제다라니경(佛說七俱胝佛母心大准提陀羅尼經)』이 있다.

그 다음 단계로서 정비된 의궤로서 준제진언의 경전이 소개되었다. 선무외(Śubhakarasiṃha, 善無畏, 637-735)가 번역한 『칠구지독부법(七俱胝獨部法)』, 『준제별법(准提別法)』, 『칠구지불모심대준제다라니법』이 있다. 금강지(Vajrabodhi, 金剛智, 671-741)가 번역한 『불설칠구지불모준제대명다라니경(佛說七俱胝佛母准提大明陀羅尼經)』이 있으며, 불공이 번역한 『칠구지불모소설준제다라니경(七俱胝佛母所說准提陀羅尼經)』이 있다.

그 다음으로 중국 요나라 도전은 『현밀원통성불심요집(顯密圓通成佛心要集)』에서 준제진언이 모든 진언을 포섭한다고 강조하고 있다. 이러한 도전의 주장은 인도불교의 전통에 근거한 것은 아니다. 이처럼 도전이 준제진언을 최고의 자리에 둔 것은 『대일경』과 『금강정경』으로 대표되는 밀교의 전통이 끊어져서 밀교가 종파불교로서 성립하기 어려웠기 때문이다.[27]

준제진언은 북주시대에 이미 중국에 소개되었고, 지바하라, 선무외, 금강지, 불공이 더욱 체계적인 준제진언의 경전을 번역하였으며, 당나라

---

27) 서윤길, 앞의 책 『한국 밀교사상사연구』, pp. 404-405. ; 정성준, 앞의 논문 「요송시대 중국 밀교의 준제진언 수용 연구」, pp. 233-234.

이후에는 『대일경』과 『금강정경』의 밀교 전통이 끊어지자 요나라 시대에 준제진언이 득세하게 되었다. 이 준제진언이 고려의 요세에 영향을 미친 것이다.

## (2) 준제진언의 수행과 공덕

준제진언은 일반적으로 '옴자례주례준제사바하(唵者隸主隸准提娑婆訶)'의 아홉 글자로 되어 있고, 때로는 '옴자례주례준니사바하(唵者禮主禮准泥娑嚩駕)'라고 표현되는 경우도 있지만 의미에서 차이가 있는 것은 아니다.[28]

준제진언의 글자가 갖는 의미는 『칠구지불모소설준제다라니경』에 따르면 다음과 같다.

> 옴(唵) : 법신·보신·화신의 삼신(三身)이라는 뜻이며, 또는 모든 존재는 본래부터 생기지 않는다[本不生]는 뜻이기도 하다.
> 자(者) : 모든 존재는 생기지도 않고 없어지지도 않는다[不生不滅]는 뜻이다.
> 례(禮) : 모든 존재의 모습을 얻을 수 없다[無所得]는 뜻이다.
> 주(主) : 모든 존재는 원래부터 생기지도 않고 없어짐도 없다[無生滅]는 뜻이다.
> 례(禮) : 모든 존재에는 더러움이 없다[無垢]는 뜻이다.
> 준(准) : 모든 존재에는 등각(等覺, 깨달음)도 없다[無等覺]는 뜻이다.
> 니(泥) : 모든 존재는 선택하고 버릴 것이 없다[無取捨]는 뜻이다.

---

28)  서윤길, 앞의 책 『한국 밀교사상사연구』, p. 405.

사바(娑嚩) : 모든 존재는 평등하여 말할 수 있는 것이 없다[平等無言說]
　　　　　는 뜻이다
하(駕) : 모든 존재에는 원인이 없다[無因]는 뜻이다.[29]


　준제진언을 외우는 것은 이러한 사상적 의미를 성취하기 위한 것인데, 그러기 위해서는 의궤에 따라야 한다. 『준제다라니염송의궤』에 소개되어 있는 의궤는 다음과 같다. 준제진언을 닦아서 성취하고자 하는 사람은 먼저 자신을 청정하게 한 다음에(목욕과 깨끗한 옷을 입음), 법식에 따라 뛰어난 곳[勝地]을 택해서 도량(만다라 : 불보살을 한 곳에 줄지어 모신 곳)를 건립해야 한다. 그런 다음에 규정된 날짜와 시간에 도량에 들어가서 예불, 참회, 수희(隨喜), 권청(勸請), 발원을 하여 보리심계(菩提心戒 : 行願, 勝義, 삼매를 계로 삼는 것)를 스스로 받고, 가부좌를 하고, 불부(佛部), 연화부(蓮華部), 금강부(金剛部) 등의 삼마야결인(三摩耶結印)을 하고, 진언을 외우면 모든 공덕이 성취된다는 것이다.[30]
　이러한 의궤에 따라 준제진언을 외우면 얻을 수 있는 공덕에 대해 금강지가 번역한 『준제다라니경』에서는 다음과 같이 말한다.

　　비구, 비구니, 우바새, 우바이 중에 이 다라니를 간직하고 독송하기를 9만
　　번 하는 사람이 있다면 그 사람은 헤아릴 수 없는 겁 동안 지은 중죄(重罪),
　　곧 5무간지옥에 떨어질 만한 중죄가 모두 없어지고 남지 않게 될 것이다.
　　또한 [이 사람은] 어디에 태어나든지 모든 부처와 보살을 만나게 되고, 필
　　요한 생활도구가 원하는 대로 충족될 것이다. … 이 다라니를 10만 번 간직

---

29)　『칠구지불모소설준제다라니경』(『대정장』20, p. 183하) ; 서윤길, 앞의 책 『한국 밀교사상사연구』, pp. 405-406.
30)　서윤길, 앞의 책 『한국 밀교사상사연구』, p. 406.

하고 독송한 사람은 성문, 연각, 보살과 모든 부처님을 만나게 될 것이다.[31]

그리고 중국 요나라의 도전은 『현밀원통성불심요집』에서 준제진언의 열 가지 공덕에 대해 서술하고 있는데, 그 가운데 하나는 준제진언이 모든 진언을 포섭할 수 있기 때문이라는 것이다. 비유를 들면, 큰 바다가 백 개의 하천을 포섭할 수 있는 것과 같다는 것이다. 그 구체적 인용문은 다음과 같다.

> 묻는다. 무슨 까닭으로 준제진언에 [공덕이] 많은 것을 보여서 사람들이 [준제진언을] 간직하고 외우도록 하는가? 답한다. 첫째, 준제진언이 모든 진언을 총괄적으로 포함하기 때문이다. 준제진언이 모든 진언을 포함할 수 있지만, [다른] 모든 진언은 준제진언을 포함할 수 없다. 예컨대 큰 바다가 백 개의 하천을 포섭할 수 있지만, 백 개의 하천은 큰 바다를 포섭할 수 없는 것과 같다. … 다만 마음을 오로지 하여 [준제진언을] 간직하고 외우면 또한 모든 삼매를 갖출 수 있다. 그러므로 『대비심경(大悲心經)』에서 "다라니는 선정장(禪定藏)이니 백 가지와 천 가지 삼매가 항상 나타나기 때문이다"라고 하였다.[32]

---

31) 『준제다라니경』(『대정장』20, p. 173상) ; 서윤길, 앞의 책 『한국 밀교사상사연구』, pp. 406-407.
32) 『현밀원통성불심요집』(『대정장』46, p. 996상) ; 서윤길, 앞의 책 『한국 밀교사상사연구』, pp. 400-401.

## 3. 정토사상과 밀교의 교류

고려시대 정토사상과 밀교의 교류가 가장 잘 나타난 예는 혜영의 『백의해』와 원참의 『현행서방경』이다. 자은종(법상종)의 승려 혜영은 『백의해』에서 관세음보살의 신앙을 제시하고 있는데, 그 속에서 『금강정경』의 '관자재보살심진언'을 외울 것을 말하고 있다. 이 지점에서 『백의해』의 밀교적 성격을 알 수 있다. 또 원참의 『현행서방경』에서는 41개의 간자를 던져서 내세의 과보를 점치고 아미타불의 정토에 태어나고자 하는 '척생참법'을 말하고 있는데, 그 속에서 11글자의 '아미타본심미묘진언'을 외울 것을 말하고 있다. 이런 점에서 『현행서방경』의 밀교적 색채를 읽을 수 있다.

　　그리고 이 항목의 내용은 크게 세 단락으로 전개된다. 첫째 밀교화된 정토경전을 간단히 알아보고, 둘째 혜영의 『백의해』에 대해 살펴보며, 셋째 원참의 『현행서방경』에 대해 검토한다.

## 1) 밀교화된 정토경전

정토 관련의 경전 가운데 밀교적인 내용을 포함하거나 밀교화된 정토경전이 적지 않다. ① 유송의 구나발타라(Guṇabhadra, 求那跋陀羅, 393-468)가 번역한 「발일체업장근본득생정토신주(拔一切業障根本得生淨土神呪)」, ② 당나라 불공이 번역한 『구품왕생아미타삼마지집다라니경』, ③ 송나라 법천(法天)이 번역한 『불설대승성무량수결정광명왕여래다라니경(佛說大乘聖無量壽決定光明王如來陀羅尼經)』, ④ 법현(法賢, ?-1001)이 번역한 『불설무량공덕다라니경』과 『불설무량수대지다라니(佛說無量壽大智陀羅尼)』 등이 그것이다.

밀교화된 정토경전에서는 하근기 중생을 구제하는 것을 중심으로 하고 있다. 그래서 앞에 소개한 『구품왕생아미타삼마지집다라니경(九品往生阿彌陀三摩地集陀羅尼經)』에서는 "만약 이 경전을 간직하고 독송하거나 쓰는 사람은 복덕과 즐거움과 지혜가 늘어나고 모든 업장과 질병이 사라진다"고 하였다. 그리고 『불설무량공덕다라니경(佛說無量功德陀羅尼經)』에서는 "만약 사람이 뜻을 세워서 이 다라니를 10만[一洛叉] 번을 외우면 미래에 미륵보살을 만나고, 20만 번을 외우면 관세음(관자재)보살을, 30만 번을 외우면 무량수불(아미타불)을 만날 수 있다"고 한다.[33]

## 2) 혜영의 『백의해』

자은종(법상종)의 승려 홍진국존(弘眞國尊) 혜영(慧永, 1228-1294)은 11세 때에 남백월사(南白月寺) 수좌 충연(冲淵)의 문하로 가서 출가하였고, 17세 때에 왕륜사(王輪寺)의 승과에 합격하여 그 후 흥덕사(興德寺)의 주지가 되었다. 고종 49년(1259)에 삼중대사가 되었고, 원종 4년(1263)에 수좌로 임명되었다. 2년 뒤에 속리사(俗離寺) 주지가 되었고, 충렬왕 11년(1285)에 유가사(瑜伽寺)의 주지가 되었다. 혜영은 충렬왕 16년(1290)에 사경에 종사할 승려 100여 명을 거느리고 중국에 건너가 원의 세조에게 금으로 사경한 『금자법화경(金字法華經)』을 바쳤다. 금으로 대장경을 필사하는 금자대장경의 사업은 충렬왕 17년(1291)에 완성되었고, 혜영은 이듬해 귀국하였다. 그는 국존에 책봉되었고, 오교도승통(五敎都僧統)에 임명되어 전국의 교단을 총괄하기도 하였다. 그 후에 그는 동화사(桐華

---

33) 서윤길, 앞의 책 『한국 밀교사상사연구』, pp. 369-370.

寺) 주지가 되기도 하였다. 그의 비문에는 법상종 해동 8조사의 적사(嫡嗣)라는 기록이 있다.[34]

혜영의 저술로 『백의해(白衣解)』가 있다. 이는 고려시대의 대표적인 밀교적 정토관련 저술인데, 여기서는 관세음보살의 신앙을 내세우고 있다. 『백의해』의 내용은 실질적으로는 정토에 왕생하는 것이지만, 표면적으로는 질병·도병(刀兵)·액난(厄難)·재난(災難) 등의 소멸을 강하게 발원하고 있다.[35]

『백의해』의 구성은 크게 보면, 지심귀명례(至心歸命禮)와 지심참회(至心懺悔)로 구성되어 있다. '지심귀명례'는 모두 14번 등장하는데 '지심귀명례'의 한 단락은 관자재보살에 대한 귀명예문(歸命禮文), 관자재보살에 대한 찬송(讚頌), 송주(誦呪), 참회(懺悔)의 순서로 이루어져 있다. 이 구성은 11번째의 '지심귀명례'까지 되풀이되는 것이다.[36] 그리고 '송주'에서 행하는 '관자재보살심진언'이 다른 '지심귀명례(11번째까지)'의 '송주'에서도 반복해서 등장한다. 그러므로 의식(儀式)의 관점에서 보자면 『백의해』는 '관자재보살심진언'이 중심을 이룬다고 할 수 있다. 이 진언에 대해 혜영은 이처럼 말하고 있다.

> 이 진언은 『금강정경』에서 말한 관자재보살심진언이다. 『금강정경』에서는 다음과 같이 말한다. "관자재보살이 부처님에게 아뢰기를 '세존이시여! 내가 이 모임에서 자심(自心)의 진언을 말하고자 합니다. 만일 [이 진언을] 막

---

34) 토니노 푸지오니, 「고려시대 법상종 교단의 추이」, 박사학위논문(서울대 대학원, 1996), pp. 153-157.
35) 서윤길, 앞의 책 『한국 밀교사상사연구』, p. 371.
36) 『백의해』의 구성에 대한 자세한 설명은 이선이, 「백의해의 관음수행관 고찰」, 『불교연구』 24(서울: 한국불교연구원, 2006), pp. 166-201을 참조하기 바람.

외우기만 한다면, 모든 여래의 삼매가 나타나고, 모든 두려움과 액난과 재난과 질병의 고통이 모두 사라질 것입니다'라고 하였다."[37]

위 인용문에서 『백의해』에서 사용하는 진언이 『금강정경』에서 나온 것임을 확인할 수 있다. 『금강정경』은 『대일경』과 함께 밀교 경전을 대표하는 것이므로 『백의해』의 진언이 『금강정경』에서 나온 것이라면 『백의해』의 밀교적 성격을 잘 보여주는 것이라고 할 수 있다.[38]

## 3) 원참의 『현행서방경』

### (1) 『현행서방경』의 찬술과 유포

『현행서방경』은 밀교적 정토 관련 문헌으로서 고려 충렬왕 24년(1298)에 영주(永州) 공산(公山) 거조사(居祖社)의 도인이었던 원참(元旵)이 찬술한 것이다. 원참의 생애에 관한 기록이 남아있지 않으므로 그의 생애에 대해서는 알 수가 없다. 그렇지만 원참이 『현행서방경』을 찬술하게 된 경위는 『현행서방경』에 소개되어 있다. 원참은 영주 공산 거조사에서 아미타본심미묘진언(阿彌陀本心微妙眞言)을 수행하고 있었다. 그런데 마침 진언을 1만 편 외우는 것이 끝나는 날, 곧 1298년 1월 8일 한밤중에 낙서(樂西)라는 스님이 『현행서방경』의 내용이 되는 척생참법(擲柱懺法)을 말해주었다는 것이다.

---

37) 『백의해』(『한불전』6, p. 412상중).
38) 서윤길, 앞의 책 『한국 밀교사상사연구』, p. 372.

『현행서방경』에서 전하는 내용에 따르면, '아미타본심미묘진언'의 참법은 이미 인도에서 행해지고 있었다고 한다. 부처님이 열반한 뒤로 400년이 지나서 가련타(加連陁)라는 법사가 '아미타본심미묘진언'을 염송하여 대신통력을 얻었다. 이 법사가 인과법을 믿지 않는 중생들을 불쌍하게 여겨서 부처님의 위신력을 받아서 '척생참법'을 만들었다. 이 법사는 350년 동안 세상에 머물면서 이 '척생참법'을 폈는데, 가피력을 받아서 정토에 태어난 사람이 셀 수 없이 많았다고 한다. 가련타 법사가 입적한 뒤에는 그 제자들에 의해 이 '척생참법'이 은밀히 전수되었는데, 이 척생참법의 부작용도 있었다.[39]

중국에 전래한 것은 앙산혜적(仰山慧寂, ?-883)이 활동하던 때이다. 인도의 승려가 앙산혜적의 문하로 왔다. 앙산과 그의 제자인 선객과 인도의 승려가 있었는데, 앙산이 인도의 승려에게 선의 이치를 물어보았을 때에 인도의 승려는 이 '척생참법'을 말하고는 하늘에 올라가 사라져버렸다. 앙산의 제자는 이 '척생참법'을 이해하지 못하였기 때문에 승사(僧史)에 기록하지 않았고 다만 세상에 구전으로 알려져서 서로서로 전하였을 따름이라고 한다. 이는 『현행서방경』에서 말하는 내용인데, 이 내용을 믿는다면 '척생참법'은 9세기 경에 중국에 전해졌다고 할 수 있다. 이것이 앞에 말한 낙서에게 전해졌고, 낙서가 다시 원참에게 전한 것이다.[40]

이 『현행서방경』이 고려시대에 출간되었다는 기록은 없지만, 조선시대에는 여섯 차례에 걸쳐서 출간되었다는 기록이 있다. 이는 조선시대에 『현행서방경』이 중시되었다는 것을 보여주는 것이고, 따라서 고려시

---

39)   앞의 책, pp. 375-377. ;『현행서방경』(『한불전』6, p. 861상, p. 863하).

40)   앞의 책, p. 377. ;『현행서방경』(『한불전』6, pp. 863하-864상).

대(1298년 이후)에도 어떤 식으로든 『현행서방경』이 유지되었기 때문에 조선시대로 전해진 것이라고 볼 수 있다. 『현행서방경』이 출간된 내용을 소개하면 다음과 같다.

① 직지사본(直指寺本) : 정통(正統) 12년(1447) 경상도 금산 황악산 직지사 발간. 책 끝부분에는 선판도대선사(禪判都大禪師) 소언(小言)의 발문이 있다.

② 칠불사본(七佛寺本) : 가정(嘉靖) 10년(1531) 하동 칠불사 발간

③ 신광사본(神光寺本) : 가정(嘉靖) 35년(1556) 황해도 해주산 신광사 발간

④ 쌍계사본(雙磎寺本) : 강희(康熙) 48년(1709) 하동 쌍계사 발간. 앞부분에 석실사문(石室沙門) 명안(明眼)의 서문과 현행법회예참의식(現行法會禮懺儀式)이 포함되어 있다.

⑤ 화엄사본(華嚴寺本) : 앞에 검토한 『현행서방경』의 판본과는 전혀 다르다.

⑥ 백련사본(白蓮社本) : 광무(光武) 4년(1900)에 삼각산 백련사에서 간행된 『현행서방극락경(現行西方極樂經)』[41]

(2) 『현행서방경』의 내용

『현행서방경』에서는 정토에 태어나는 방법으로 염불보다 진언을 외우는 것을 더 중시하고 있다. 그래서 『현행서방경』에서는 『묘탑승진경(妙塔勝

---

41)  앞의 책, p. 378. ; 남동신, 「나말선초의 위경 연구 : 현행서방경의 분석을 중심으로」, 『한국사상사학』 24집(서울: 한국사상사학회, 2005), pp. 232-238.

進經)』을 인용해서 다음과 같이 말한다.

> 어떤 사람이 11글자의 '아미타본심미묘진언'을 한 번 외우면 80억 겁 동
> 안 아미타불을 염불한 공덕을 얻을 것이고, 일곱 번 이 진언을 외우면 16석
> (石)의 겨자숫자만큼의 [겁 동안] 아미타불을 염불한 공덕을 얻을 것이며,
> 108번 이 진언을 외우면 1천 60석(石)과 10두(斗)의 겨자숫자만큼의 [겁
> 동안] 아미타불을 염불한 공덕을 얻을 것이고, 1천 80번 이 진언을 외우면
> 1만 1천 석(石)의 겨자숫자만큼의 [겁 동안] 아미타불을 염불한 공덕을 얻
> 을 것이며, 하루 동안 서쪽을 향해서 이 진언을 오로지 외우기를 1만 번을
> 하면 저 아미타불이 몸을 나타내어 정수리를 쓰다듬고 수기를 주고 그 때
> 에 청연화(靑蓮華, 불보살의 자리)에 태어나고, 신체가 나누어져서 시방국
> 토의 모든 부처님에게 공양하고 바른 가르침을 항상 듣는다고 한다.[42]

그리고 『현행서방경』의 주요 내용은 41개의 간자(簡字)의 내용을
설명하는 것이고, 또한 이 간자를 던져서 미래에 태어날 곳을 점쳐서 아
미타불의 정토에 태어나는 참법(懺法)을 닦는 것이다.[43] 간자를 던지는
방법은 다음과 같다. 41개의 간자를 깨끗한 그릇에 담아서 던진다. 그리고
글자가 뒤집어지지 않은 간자만을 추려서 다시 던진다. 이렇게 해서 마지
막 한 글자만 남을 때까지 계속 던진다. 마지막 글자를 통해서 내생의 과
보를 미리 알게 되는 것이다. 그리고 한 번의 모임에서 네 번 정진한다. 1
회의 정진에서는 '아미타본심미묘진언'을 만 번 외우고 간자를 던지고, 2
회의 정진에서는 이 진언을 2천 번 외우고, 3회의 정진에서는 이 진언을 1

---

42) 『현행서방경』(『한불전』6, p. 861상).
43) 서윤길, 앞의 책 『한국 밀교사상사연구』, p. 379.

천 5백 번 외우며, 4회의 정진에서는 이 진언을 5백 번 외운다.[44]

또한 『현행서방경』에서는 동시대의 비난에 대해 상당히 의식하고 있다. 수준이 높은 불교인이라고 하는 사람이 『현행서방경』의 내용을 들으면 그것을 수행하지 않는 것 정도가 아니고 아이들의 장난이라고 비판한다고 한다. 『현행서방경』에서는 다음과 같이 말한다.

지금의 사람은 꿈에서도 [비로자나불의] 천광대(天光臺)를 보지 못하고 잠시 마음을 편안히 하는 경지를 얻으면 곧 경전을 외우고 염불해서 정토에 태어나기를 구하는 것은 불교가 아니다[門外之事]라고 말한다. [이는] 다만 하나를 알고 둘을 모르는 것이다. 이와 같은 사람들은 『현행서방경』의 내용을 들으면 기가 막히고 깜짝 놀라서 머리를 움츠리고 갈 것이다. … 이와 같은 고상한 사람은 [이 『현행서방경』의 내용을] 수행하지 않을 뿐 아니라 이 『현행서방경』의 내용을 헐뜯으려고 하면서 [『현행서방경』의 내용이] 아이들의 장난이라고 말할 것이다. [이런 사람들은] 하늘과 용(龍)의 벌을 받아서 현세에서 망할 것이다.[45]

44) 남동신, 앞의 논문 「나말선초의 위경 연구 : 현행서방경의 분석을 중심으로」, p. 251.
45) 『현행서방경』(『한불전』6, p. 875하) ; 앞의 논문, p. 251.

## 4. 선사상과 밀교의 교류

고려시대 선사상과 밀교의 교류는 지공이 6종류의 다라니경전을 번역한 것에서 잘 나타난다. 지공의 비문에 따르면 지공은 선문답을 통해 깨달음을 얻었고 또 여러 사람과 선문답을 하기도 하였다. 이처럼 지공은 선수행에 비중을 두면서도 6종류의 다라니 경전을 번역하였으므로 여기서 선사상과 밀교의 교류가 이루어졌음을 읽을 수 있다. 이 항목에서는 먼저, 선종과 밀교의 상관성에 대해 간단히 서술하고, 그 다음에 지공의 생애와 사상에 대해 알아보며, 마지막으로 지공의 다라니신앙에 대해 검토하고자 한다.

### 1) 선종과 밀교의 상관성

선종의 간화선과 밀교의 수행에서 서로 공통되는 점이 있다. 간화선에서는 화두 또는 공안에 수행자의 마음을 집중하도록 해서 깨달음을 구하고, 밀교에서도 하나의 대상에 집중해서 깨달음을 구한다. 『대일경』의 아자관(阿字觀)의 수행은 아자(阿字)의 범자를 관상해서 모든 존재가 본래부터 생기지 않는다[本不生]는 것을 관조하는 것이다. 이처럼, 간화선과 밀교의 아자관 수행에서는 마음을 한 가지 대상에 집중하도록 하는 점에서 동일한 측면이 있다.[46]

　　이와 같은 선과 밀교의 상관성은 고려시대 다라니집 『범서총지집』

---

46) 　정성준, 「선과 밀교의 소통에 관한 고찰」, 『종교교육학연구』 29(서울: 한국종교교육학회, 2009), pp. 241-242.

의 서문에 더 구체적으로 나타난다. 여기서는 계부(契符)선사와 연수선사가 진언을 외우라는 가르침을 펴고 있다는 것이 확인된다.

> 『대비심경(大悲心經)』에서 다라니는 선정장(禪定藏)이니 백 가지 천 가지의 삼매가 항상 나타나기 때문이라고 하였다. 진언이야말로 모든 선정의 문을 갖추고 있다는 것을 알아야 한다. 그러므로 계부선사는 최상승의 가르침을 묻는 사람에게 밀교의 진언[密言]을 간직하고 외우라고 직접 가르쳤고, 연수선사는 25도(二十五道)진언을 항상 외우고 모든 중생이 구하는 것이 이루어지도록 두루 서원하라고 하였다.[47]

## 2) 지공의 생애와 사상 : 선사상을 중심으로

### (1) 지공의 출가와 공부

지공(指空)의 아버지는 휘가 만(滿)이고 마갈제국(摩竭提國)의 왕이었고, 지공의 어머니는 향지국(香至國)의 공주였다. 지공에게 형이 둘 있었는데, 이름이 실리가라파(悉利迦羅婆)와 실리마니(悉利摩尼)이다.

　　지공이 출가하게 된 동기는 아버지의 병을 낫게 하기 위해서였다. 지공은 여덟 살에 나란타사(那蘭陀寺)에서 출가하였는데 은사는 강사(講師)인 율현(律賢)이었다. 그 곳에서 『대반야경』을 배워 얻음이 있었다. 지공이 스승에게 모든 부처, 중생, 허공(虛空), 이 세 경계에 대해 물었다. 스승이 대답하기를 "비유비무(非有非無)가 진정한 반야(般若)이므로 남인도 능가국(楞伽國)의 길상산(吉祥山) 보명(普明)의 처소로 가서 이 깊은

---

47) 『범서총지집』의 「서문」 ; 김치온, 앞의 논문, p. 52.

이치를 참구하라"고 하였다. 그 때 지공의 나이 19세였는데, 분발하여 홀로 스승이 있는 곳에 가서 스승에게 예배하였다. 스승이 묻기를 "중천축에서 여기 남인도까지 걸음 수를 셀 수 있느냐?"라고 하였다. 지공이 대답하지 못하여 석동굴에 물러 나와 6개월 동안 좌선하면서 보내다가 마침내 그 이치를 깨달았다. 그때 일어서려고 하였으나 두 다리가 붙어서 떨어지지 않았다. 왕이 의사를 보내어 약을 조금만 사용하자 그 자리에서 즉시에 나았다. 그리고 스승에게 말하기를 "두 다리가 일보(一步)입니다"라고 하였다. 스승은 의발을 부촉하고 정수리를 만지면서 수기하기를 "그대는 산을 내려가면 즉시 사자아(獅子兒)가 될 것이다"라고 하였다. 지공은 게(偈)로써 스승의 은혜에 감사하고 대중들에게 말하기를 "나아가면 허공도 확연히 떨어지고, 물러나면 만법(萬法)도 모두 가라앉는다"고 하고, 크게 할(喝)을 하였다.[48]

## (2) 지공의 선(禪)문답

지공이 스승을 하직하고 하산해서 제일 처음 만난 사람이 무봉탑주(無縫塔主)인 노승(老僧)이었다. 그는 길가는 도중에 지공을 만났는데, 지공이 법을 얻었음을 알아차리고 지공에게 법을 연설할 것을 청하였다. 지공은 탑(塔)을 송(頌)하였다. 여기서 무봉탑(無縫塔)은 남양혜충(南陽慧忠, ?-775)국사와 대종(代宗)의 문답에 나오는 말이다. 혜충국사가 열반할 때 대종이 혜충국사를 어떻게 추모할지를 묻자, 혜충국사는 무봉탑을 세워달라고 말한다. 이때 무봉탑은 단순한 탑이 아니라 깨달음을 다른 말로

---

48) 이병욱, 『고려시대의 불교사상』(서울: 혜안, 2002), pp. 333-334.

표현한 것이다. 다시 말해서, 물질적인 추모보다 내면의 깨달음이 중요하다는 것을 나타내기 위해 혜충국사는 무봉탑을 말한 것이다. 따라서 지공과 무봉탑주와의 만남에서 사용된 무봉탑이라는 말은, 그것이 선(禪)불교의 맥락에서 사용된 것임을 알 수 있다.[49]

## (3) 진언(眞言)에 대한 비판

지공은 진언(眞言)에 의지해서 악업(惡業)을 없애고 천(天)의 즐거움을 받게 한다는 진언(眞言) 중심의 불교에 대해 비판적이었다. 그 이유는 천(天)에 태어나서 즐거움을 누리더라도 즐거움이 끝나면 다시 고(苦)가 시작되기 때문이다. 크게 보면 그러한 것은 고(苦)의 연장일 뿐이고, 중요한 것은 생사에서 벗어나는 것이라고 보았기 때문이다.[50] 그리고 지공은 중국에서 진언에 대해 비판하였지만 한국에서는 6종의 다라니 경전을 번역하였다. 이러한 부분은 좀더 정밀하게 연구해야할 과제라고 할 수 있다.

## 3) 지공의 다라니신앙

지공은 6종의 다라니 경전을 번역하였고, 이것이 1988년 말에 발견되어 보물로 지정되었다. 이러한 내용은 달목(達牧)의 후지(後誌 : 뒤쪽에 있는 기록)에 나온다. 그것을 간단히 소개하면 다음과 같다. 지공이 1326년에 고려의 수도 개경에 도착했는데 단월의 청을 받고 천화사(天和寺)에

---

49) 앞의 책, pp. 336-337.
50) 앞의 책, p. 342.

서 여름 결제를 지냈다. 하루는 문인 달정(達正) 등이 송나라 때에 지길상
(智吉祥) 등이 교감하고 보완했던 『대백산개진언』의 일부를 지공에게 보
여주고 중인도의 범어(梵語)의 바른 발음을 들려주길 원하였다. 지공은
이 진언을 다 살펴본 뒤에 이것에도 빠진 부분이 있다고 하면서 누락된
곳을 보충하고 더욱 자세히 바로잡아서 중인도의 범자(梵字)로 『대백산
개진언』를 직접 썼다. 아울러 『여의주』, 『대비주』, 『존승주』, 『범어심경』,
『시식진언』을 범어의 발음으로 남겼다. 이에 달목 등이 머리 숙여 예배드
리고 이 다라니들을 외워서 전하였다.[51]

그러면 지공이 번역한 6종의 다라니에 대해 간단히 소개한다.

① 『대불정(大佛頂)』의 정식 이름은 『정본일체여래대불정백산개총
지(正本一切如來大佛頂白傘蓋摠持)』이다. 이는 불정(佛頂) 종
류의 경전에 속하는 것이다. '불정'은 부처의 32상 가운데 정수리
의 위력을 인격화해서 강조한 것이다. 이 경전의 정식 이름은 부
처가 맑은 자비로써 중생을 번뇌로부터 구해주는 것이 마치 일
산(日傘)이 사람을 덮어서 뜨거운 태양으로부터 보호해주는 것
과 같다는 뜻에서 나온 것이다. 그 공덕에 따라 3불정, 5불정, 8
불정이 있다. 그 가운데 5불정은 머리 정수리의 공덕을 다섯 가
지로 나누어서 찬탄하는 것이다.

그리고 『대불정』은 『대백산개진언(大白傘蓋眞言)』이라고도 하
는데 이는 본래 백산개불정존(白傘蓋佛頂尊)이 말한 다라니이

<hr/>

51) 김상현, 「지공의 영정과 유적」, 『삼대화상연구논문집 Ⅱ』(서울: 불천, 1999), pp. 50-51. ; 한성자,
「다라니를 통해 본 지공화상의 밀교적 특색」, 『삼대화상연구논문집 Ⅲ』(서울: 불천, 2001), pp.
14-15.

다. 이것을 『수능엄경』에서는 "여래의 무견정상(無見頂相)의 무위심불(無爲心佛)이 정수리에서 광명을 내고 보배의 연화에 앉아서 말한 심주(心呪)"라고 한다. 그리고 지공이 『대불정』을 번역하면서 서술한 서문 형식의 시문(詩文)은 『수능엄경』 7권에서 석가불이 말한 내용을 요약한 것이다.[52]

② 『존승주(尊勝呪)』의 정식 이름은 『과정본불정존승다라니계청(科正本佛頂尊勝陀羅尼啓請)』이다. 이 경전도 '불정' 종류의 경전에 속한다. 또한 이는 『불정존승다라니경』 계통의 의궤에서 사용하는 주문이기도 하다. 그런데 앞에서 말한 것처럼, 『불정존승다라니경』 계통의 경전이 '불정' 종류의 경전에 속하는 것이지만, 또한 차이점도 있다. 그것은 '불정' 종류의 경전에서는 불정여래(佛頂如來)를 주된 부처[主尊]로 하는 데 비해서, 『불정존승다라니경』 계통의 경전에서는 다라니를 주된 부처로 한다는 점이다. 이는 다라니의 공덕에 대한 찬탄이 그대로 다라니의 부처화[尊格化]로 이어진 것이다. 그리고 이 경전의 이름인 '존승'은 가장 넓고 높은 부처의 마음의 지극히 묘함을 나타내는 것이다.

불정존승다라니가 수록된 『불정존승다라니경』의 내용은 다음과 같다. 선주천자가 7일이 지나면 죽게 되어 축생의 몸을 일곱 번 받고 그 후에는 지옥에 떨어져서 벗어날 기약이 없다는 예언을 공중에서 듣게 된다. 이에 선주천자는 제석천을 찾아가서 그 이유를 물었고, 제석천은 부처님에게 선주천자를 구제할 방법을 물

52) 한성자, 앞의 논문, pp. 15-18.

었다. 그러자 부처님은 선주천자가 그렇게 되는 이유는 악구(惡口 : 추악한 말)에 있고, 이 악구가 열 가지 악업 가운데서도 가장 심한 것이라고 하면서 불정존승다라니와 그 다라니의 공덕에 대해 말하였다. 그리고 지공이 계청(啓請)의 형식으로 서술한 시문에서도 위에 소개한 『불정존승다라니경』의 내용을 요약한 것이다.[53]

③ 『대비주(大悲呪)』의 정식 이름은 『과정본관음자재보살대원만무애대비심대다라니(科正本觀音自在菩薩大圓滿無礙大悲心大陀羅尼)』이다. 이는 『천수경』의 다라니이다. 그런데 지공이 번역한 『대비주』의 정식 이름이 현행 『천수경』의 정식 제목과 일치하지 않는다. 그리고 지공이 번역한 계청 부분은 계수문(稽首門), 십원문(十願門), 육향문(六向門)으로 구성되어 있다. 기존의 연구에서는 한국에서 '계수문'이 처음 소개된 것이 1485년(성종 16년)이라고 하였는데, 지공의 '계수문'은 1326년(泰定3년)에 작성되었으므로 기존의 학설은 수정되어야 할 것이다. 그래서 한국에서 '계수문'이 처음 소개된 것은 1485년이 아니고 1326년이다.[54]

④ 『여의주(如意呪)』의 정식 이름은 『정본관음자재보살여의륜주(正本觀音自在菩薩如意輪呪)』이고, 『범어심경(梵語心經)』의 정식 이름은 『과중인도범본심경(科中印度梵本心經)』이며, 『시

---

53)  앞의 논문, p. 15, pp. 18-20.
54)  앞의 논문, pp. 21-24.

식진언(施食眞言)』의 정식 이름은 『관세음보살시식(觀世音菩薩施食)』이다. 그런데 이 세 편의 다라니에 대해서는 지공이 범어를 한자로 음사한 다라니만이 전하고 있다. 그래서 자세한 설명을 할 수는 없다.

그런데 지공이 번역한 6종의 다라니(경전) 가운데 3종의 다라니가 조선시대에 편찬된 『오대진언(五大眞言)』(摠集門, 1485)과 그 후편이라고 할 수 있는 『오대진언집(五大眞言集)』에 포함되어 있다. 이 책들에는 모두 5종의 다라니를 범어, 한글, 한자로 병기해서 소개한 것인데, 그 5종의 다라니 가운데 지공이 번역한 3종의 다라니, 곧 『대불정주』, 『존승주』, 『대비주』가 포함되어 있다. 이러한 점을 통해서 지공의 번역이 후세에 미친 영향을 짐작할 수 있다.[55]

---

55)  앞의 논문, p. 15, pp. 24-26.

# VI. 원 간섭기 티베트 밀교와의 교섭

김수연 국사편찬위원회 편사연구사

고려시대 후반기에 100여 년 동안 지속되었던 원 간섭기는 고려사회에 큰 변화를 가져왔다. 고려는 건국 후부터 오대(五代)의 여러 나라와 송, 요, 금, 원, 명 등 다양한 중국의 나라들과 교류하였지만, 원과의 교류는 다른 나라들과의 교류와 근본적으로 달랐다. 다른 나라와는 조공-책봉 관계를 통해 외국 대 외국의 관계에서 교류가 전개된 반면, 원 간섭기에는 정치·외교적으로 정동행성(征東行省)을 통한 내정 간섭이 이루어졌다. 원의 공주들이 하가(下嫁)를 함으로써 원의 부마국이자 독립국인 이중적 위상을 가지기도 하였다. 그 결과 원 간섭기의 려원 교섭은 다른 시기에 비해 직접적으로 이루어지며, 정치·사회·경제·문화·사상 등 다방면에 걸쳐 큰 영향 관계가 형성되었다.

# 1. 원 간섭기 려원관계와 불교교류

## 1) 고려 불교계의 동향

고종 18년(1231) 몽골의 1차 침입이 시작된 후 오랜 대몽항쟁 끝에 고려는 원과 강화조약을 체결하고 원종 11년(1270)에 개경으로 환도를 한다. 본격적인 원 간섭기에 접어들게 된 것이다. 당시 원 황제였던 세조 쿠빌라이는 불교신자로 고려 불교를 보호하는 데에도 관심을 보였다. 원종 14년(1273)에는 칙조(勅詔)를 내려 몽골 군사들이 승려와 사원을 어지럽히고 경전과 불상을 파괴하는 행위를 금지시켰다.[1] 고려는 대몽항쟁 기간 동안 몽골군에 의해 황룡사(皇龍寺) 구층탑과 부인사(符仁寺)의 대장경 경판이 소실되는 등 문화적으로 큰 피해를 입었는데 세조의 칙조는 이러한 피해가 두 번 다시 발생하지 않도록 하는 의도에서 나온 것이었다. 이렇듯 세조의 보호를 받고 원과 교류하며, 고려 불교계는 변화해갔다. 이 시기 고려 불교계는 전반적으로 재편되면서 당시의 정치적 상황과 타협하고 안주하려는 경향이 두드러지게 나타난다. 그 모습을 살펴보자.

원 간섭기에는 백련사(白蓮社)의 계승을 표방하며 그 성격을 변질시킨 묘련사(妙蓮寺) 계통 천태종이 주목된다. 무신집권기 요세(了世, 1163-1245)에 의해 시작된 백련결사는 지방세력 및 지방의 평범한 백성들이 결사의 중심이 되었으며, 중앙 집권세력과는 거리를 두고 있었다. 그러나 원 간섭기에 들어 백련사 사주로 있던 원혜국통(圓慧國統) 경의(景

---

1) 『高麗史』 卷23, 世家 第23, 元宗 14年. "二月 乙酉 黃鳳州經略使差人 賚元詔來 令僧徒出迎 其 詔云 禁軍士搔擾僧舍 損毀經像 使之安心作法"

宜)가 묘련사의 주법이 되면서 중앙에서 활동하기 시작하였다. 이후 중앙
에 진출한 백련사 계열이 묘련사를 장악하면서 묘련사가 천태종 사찰로
굳어지게 되었다. 이 시기 묘련사는 원 황실의 원찰인 동시에 역관 출신
의 조인규(趙仁規, 1237-1308) 가문에 의해 장악되면서, 요세에게 보였던
철저한 '범부의식'이 사라지는 등 기존의 백련결사와 단절되어 보수적·귀
족적인 성격을 나타내게 되었다.[2]

법상종·유가종의 경우 무신집권기에 화엄종과 더불어 쇠퇴하였으
나, 원 간섭기에 원에 다녀오거나 원과 긴밀한 관계를 지니고 있던 인물
들을 중심으로 일시적으로 다시 부상하였다. 『백의해(白衣解)』를 저술한
혜영(惠永, 1228-1294)이 대표적인데, 그는 원의 사경불사(寫經佛事)를
주도한 것으로 잘 알려져 있다. 그는 충렬왕 15년(1290) 직접 원에 사경승
1백 여 명을 이끌고 가서 금자대장경(金字大藏經)의 필사작업을 하였다.
충렬왕 16년에 고려로 돌아온 후 숭교사(崇敎寺) 별원에 거주하다 국존
(國尊)에 책봉되고 오교승통(五敎僧統)에 임명되었다.[3]

선종계에서는 원으로부터 임제선풍(臨濟禪風)이 전래되어 큰 영향
을 미쳤으며, 보조지눌(普照知訥, 1158-1210) 이래의 고려 선의 전통이 단
절되었다.[4] 수선사는 무의자(無衣子) 혜심(慧諶, 1178-1234) 이후 혼원
(混元)·천영대(天英代)에 최씨정권과 결탁하여 고려불교의 최대세력으
로 존재하면서 경제적으로도 많은 지원을 받아왔다. 강화도 천도 당시 항

2)  姜好鮮, 「원간섭기 천태종단의 변화 : 충렬·충선왕대 묘련사계를 중심으로」, 『보조사상』 16(서
    울: 보조사상연구원, 2001) 참조.
3)  황인규, 「여말선초 유가종승의 동향」, 『東國史學』 39(서울: 동국대 동국역사문화연구원, 2003),
    pp. 93-100.
4)  姜好鮮, 「충렬·충선왕대 臨濟宗 수용과 고려불교의 변화」, 『韓國史論』 46(서울: 서울대 국사
    학과, 2001), p. 89.

몽적인 성격이 강한 국가적 법회였던 담선법회(談禪法會)에 수선사 측에서 적극적으로 참여했을 것으로 생각되는 만큼, 원의 입장에서 가장 경계되는 불교세력은 수산사 계열이었을 것이다. 또한 일본원정을 위한 군량미 확보를 위해 그 동안 면세 혜택을 누려오던 수선사의 사유지에 전세(田稅)를 징수하였다. 이러한 상황에서 수선사 6세 원감충지(圓鑑冲止, 1226-1293)는 원 황제에게 면세를 요구하는 표문을 올려 면세를 받고, 그에 대한 감사의 표문에서 세조를 위한 축성(祝聖)에 힘쓸 것을 맹세하였다. 이후에도 지속적으로 원 황실 및 고려 왕실의 지원을 받으며 원 간섭기에도 사세(寺勢)를 유지할 수 있었다.[5] 수선사는 원 간섭기가 시작되면서 친원의식을 가지게 되었다. 수선사의 불교전통을 계승하려는 의지는 있었으나 단편적인 모습만 보이고 있을 뿐이며, 오히려 정토신앙과 관음신앙을 보이고 있다. 현실사회와 불교교단이 당면한 과제 및 문제점을 근본적으로 해결하려는 철학적 노력보다는 현세이익을 목적으로 하는 공덕신앙적 의식불교 차원에 머물렀으며, 원 간섭 초기의 변질되어 가는 불교계의 단면을 보여준다.[6]

한편 충렬왕대 이후 중국 강남 지역의 임제종, 특히 몽산덕이(蒙山德異, 1231-1308)의 선풍이 수용되어 고려불교계에 확산되었다. 그와 함께 무자화두(無字話頭) 일색 및 사교입선(捨敎入禪) 경향의 대두, 인가의 강조가 현저해졌다. 중국 강남 지역과 왕래가 가능해지면서, 많은 고려 승려들이 강남의 임제종과 직접적인 교류를 시작하였다. 고려 선승들이

---

5) 姜好鮮, 「14세기 前半期 麗·元佛敎交流와 臨濟宗」, 석사학위논문(서울대 대학원, 2000), pp. 14-15.
6) 박영제, 「원 간섭기 초기 불교계의 변화 : 冲止(1226-1293)의 현실인식과 불교사상을 중심으로」, 『14세기 고려의 정치와 사회』(서울: 民音社, 1994), p. 552.

가장 영향을 크게 받은 것은 몽산덕이였으나, 실제로 입원한 승려들이 인가를 받은 것은 주로 석옥청공(石屋淸珙, 1272-1352)으로 대표되는 설암조흠(雪巖祖欽, 1215-1287)의 직계제자들이었다. 그리고 강남지역의 종사(宗師)로부터 인가를 받았다는 사실이 사회적으로 큰 영향력을 발휘하기 시작했는데, 공민왕대 활동한 태고보우(太古普愚, 1301-1382)와 설산천희(雪山千熙, 1307-1382)가 대표적이다.[7]

　　신앙면에서는 공덕신앙(功德信仰)이 주를 이루며, 신앙 형태도 신비적 영험을 강조하는 방향으로 전개되었다. 원에서 융성했던 티베트 밀교도 소개되었다. 그러나 티베트 밀교의 승려들이 고려를 방문했고 그들이 존숭되었다는 측면이 거론될 뿐이며, 고려 불교계 일부에 티베트 밀교의 영향이 있기는 하였지만 고려 사회 전체적으로 보아 그 영향은 그다지 크지 않았던 것으로 파악된다. 원 황실에서 국교로 숭상하는 티베트 밀교가 존숭되기는 하였지만 티베트 밀교에 대한 신앙이 활성화된 사례는 거의 나타나지 않는다. 이는 이미 불교신앙이 확립되어 있던 고려 사람들에게 티베트 밀교는 기존의 신앙을 대체할 정도의 영향을 미치지 못했기 때문인 것으로 생각된다. 또한 원이 기존의 불교를 티베트 밀교로 대체하려고 시도한 모습이 보이지 않는 것도 고려에 티베트 밀교가 완전히 뿌리내리지 못한 이유로 꼽힌다. 그 결과 고려에서의 티베트 밀교 수용은 황실에 대한 존중과 공주에 대한 배려의 성격이 강하였다고 평가된다.[8]

　　티베트 밀교가 원 간섭기를 주도하는 불교사상이 되지는 못하였지

---

7)　姜好鮮, 앞의 논문 「충렬·충선왕대 臨濟宗 수용과 고려불교의 변화」 참조.

8)　최연식, 「원대 불교계의 동향과 고려-원의 불교 교류」, 『몽골의 역사와 문화』(서울: 서경문화사, 2006), pp. 149-150. 강호선 역시 라마교가 고려의 불교 사상에 미친 영향은 거의 없으며, 불교 미술과 신앙행위, 즉 儀式에 관련된 것들에 영향을 미쳤다고 언급하고 있다. 姜好鮮, 앞의 논문 「14세기 前半期 麗·元佛敎交流와 臨濟宗」, pp. 19-20.

만, 고려사회에 미친 영향은 막대하였다. 신비사조가 확대되고 공덕신앙이 주를 이루던 고려 후기의 신앙 양상에 티베트 밀교는 밀교 특유의 신비적이고 이국적인 분위기를 통해 신비사조를 더욱 고취시켰다. 고려의 전통적인 밀교 신앙이 더 확산될 수 있는 계기가 마련된 것이다.

이상과 같은 원과의 직접적인 정치·경제·문화·사상적 교류가 있었던 원 간섭기에 원 불교계는 고려 불교계에 막대한 영향력을 미쳤다. 티베트 밀교와 그를 바탕으로 한 미술사적 양식의 유입, 임제선의 수용 등은 원의 불교문화 및 사상의 유입을 의미한다. 이와는 별도로 원 황실과의 관계 및 그를 배경으로 불교계에서 세력을 확장해 나갔던 묘련사나 원 감국사 충지와 같은 경우도 보였다. 즉, 원 간섭기라는 시대적 상황이 직접적인 사상의 유입 뿐 아니라 간접적으로도 고려 불교계의 변화상을 이끌었다고 할 수 있다.

## 2) 원 불교문화의 고려 유입 경로

원종 11년(1270)에 개경으로 환도한 이후, 고려는 원과 다양한 교류를 하면서 문화적 영향을 주고받게 되었다. 고려와 원, 양국 모두 불교를 신봉하던 상황이었기 때문에 특히 불교를 중심으로 인적·물적 교류가 활발히 이루어졌다. 고려의 문화가 고려양(高麗樣)이라는 명칭으로 원에 전달된 것도 많지만, 원에서 고려로 전달된 불교문화와 그 영향력은 막대하였다.

원의 불교문화는 다양한 루트를 통해 고려에 전해졌다. 그 첫 번째는 승려들의 왕래이다. 천태종, 선종 등 고려에서 꽃피우던 종파 소속의 승려들이 구법을 위해 원을 찾았다. 원 황실이 신봉하던 티베트 밀교 승려들, 즉 번승(蕃僧)들도 여러 차례 고려를 방문했고 극진한 대접을 받았다. 이러한 불교계의 인적 교류는 티베트 밀교를 위시한 여러 종파의 불교 사상과 신앙, 문화를 고려에 전달하였다.

두 번째는 원에서 고려로 시집을 온 몽골 공주들과 그 배종신(陪從臣)들을 통한 불교문화 유입이다.

> A. [(충선왕 복위) 5년(1313)], (계국대장공주가) 왕과 함께 고려로 돌아왔다. 왕이 순비(順妃)와 숙비(淑妃)에게 금암역(金巖驛)까지 마중 나가 폐백(幣帛)을 가지고 뵙게 하였다. 재추(宰樞) 또한 이와 같이 하였으며 승도(僧徒)들도 또한 절을 올려 맞이하고 폐백을 바쳤다. 공주가 탄 수레 2량(兩)은 모두 금은(金銀)과 비단으로 꾸몄으며 뒤따른 수레는 50량이었다. 전장(氈帳)은 크고 작은 것이 있었는데 큰 것은 수레 14대에 실을 수 있었다.…보내준 수레와 의복(車服)의 풍성함은 전세(前世)에는 있지 않은 것이었다.[9]

세조 쿠빌라이의 딸인 충렬왕비 제국대장공주(齊國大長公主)를 비롯하여 충선왕비 계국대장공주(薊國大長公主), 충숙왕비 복국장공주(濮國長公主), 조국장공주(曹國長公主), 경화공주(慶華公主), 충혜왕비 덕녕공주(德寧公主), 공민왕비 노국대장공주(魯國大長公主) 등 총 7명의 몽골 공주가 고려 왕실에 하가를 했다. 위의 인용문에서도 확인할 수 있듯이, 이들 공주들은 원에서 많은 폐백과 물품들을 가지고 고려로 들어왔으며 상류사회에 몽골풍의 다양한 문화를 유행시켰다. 또한 몽골 공주들은 원 출신의 배종신들과 함께 고려에 들어왔는데, 이들 역시 고려 사회에서 막대한 영향력을 행사하였다. 그들이 신앙했던 티베트 밀교 역시 고

---

9) 『高麗史』卷89, 列傳 第2, 后妃2, 忠宣王后妃薊國大長公主

려 불교문화에 적지 않은 영향을 미쳤을 것이다.

세 번째는 원에 왕래했던 고려인들이다. 원의 부마로서, 고려의 왕들은 자주 원을 방문하였다. 고려왕이 원을 방문할 때에는 여러 명의 고려 신하들이 왕을 호종하였다. 이들은 고려왕의 원 체재기간에 따라 다르지만, 길게는 몇 년 동안 원에서 생활하기도 하였다. 이들 호종신들은 왕과 힘든 길을 함께 한 인물들로, 귀국 후에도 왕의 총애를 받곤 하였다. 관직 승진에 제한이 있는 자들도 제한을 넘어 승진하여 고급 관료가 될 수 있을 정도였다.[10] 이들과는 별도로, 소위 부원세력(附元勢力)들도 고려에 원의 불교문화를 적극적으로 들여왔다. 원에 체류하며 그 문화를 직접 보고 접했을 이들이 귀국 후 상위 관료로 활동하며 몽골 문화를 고려에 전했을 것이다.

네 번째는 원 황실 및 재원고려인(在元高麗人)이 지원한 불사였다. 원 황실에서 고려에 원찰(願刹)을 세우거나 대대적인 불사(佛事)를 하기도 하였다. 충선왕 복위 2년(1310)에 원 무종(武宗)의 모후인 수원황태후(壽元皇太后)가 환관 방신우(方臣祐, 1267-1343)를 보내 금자장경(金字藏經) 불사를 후원하였다. 수원황태후가 하사한 금박 60여 정(錠)을 가지고온 방신우는 승속(僧俗) 300여 명을 모아 금자장경을 쓰게 하였고, 완성된 후에는 신효사(神孝寺)에 옮겨 황태후를 위하여 복을 빌었다고 한다.[11]

이후 원 황실이 후원한 불사는 14세기 순제(順帝)와 기황후 시기에 집중되어 있다. 금강산의 표훈사(表訓寺), 장안사(長安寺), 해주의 신광

---

10) 『高麗史』 卷28, 世家 第28, 忠烈王 卽位年 9月, "壬辰 侍從入元臣僚 並加賞賚 限品者許通"
11) 『高麗史』 卷122, 列傳 第35, 宦者, 方臣祐.

사(神光寺) 등이 후원을 받은 대표적인 사찰이다. 지원(至元) 4년(1338) 순제가 표훈사에 비(碑)를 세우고 승려 만 명에게 공양을 하였으며, 황제가 태황태후와 함께 돈과 명주를 시주하였다고 한다. 기황후는 지정(至正) 3년(1343)부터 5년(1345)에 걸쳐 순제와 황태자의 복을 빌기 위하여 장안사를 중흥하였다.[12] 원 황실에서 표훈사와 장안사를 후원한 이유는 금강산 담무갈보살(曇無竭菩薩) 신앙 때문이었다.[13] 「장안사중흥비」에는 "금강산은 고려의 동쪽에 있는 산으로서 서울에서의 거리는 5백 리, 이 산의 명승은 홀로 온 천하에 이름났을 뿐 아니라 실로 불경에 실려 있다. 『화엄경』에 이르기를, '동북의 바다 가운데 금강산이 있으니, 담무갈보살이 1만 2천의 보살들과 더불어 항상 반야를 강설하였다'라고 한 것이 이것이다"라고 하여, 고려의 금강산을 담무갈보살의 상주처로 보고 있음을 확인할 수 있다. 해주 신광사는 지정 2년(1342)에 순제의 원찰이 되었다. 태감 송골아(宋骨兒)가 공장(工匠) 37명을 데리고 와서 시중 김석견(金石堅), 밀직부사 이수산(李守山) 등과 함께 중창을 감독하였다고 한다.[14] 순제는 11살의 나이로 고려의 대청도(大靑島)로 유배를 왔으며,[15] 기황후는 고려 공녀 출신의 황후이기 때문에 이 시기에 고려에 대한 불사가 많았던 것으로 생각된다.

고려 출신으로 원의 환관이나 내시가 된 인물들이 고려의 사찰에서 행한 불사도 다수 있었다. 자정원사(資政院使) 고용보(高龍普, 高龍鳳,

---

12) 李穀, 「金剛山長安寺重興碑」, 『稼亭集』 卷6.

13) 鄭恩雨, 「高麗後期 佛敎美術의 후원자」, 『미술사연구』 16(서울: 미술사연구회, 2002), p. 97.

14) 『新增東國輿地勝覽』 卷43, 黃海道, 海州牧, 佛宇, 神光寺.

15) 『高麗史』 卷36, 世家 第36, 忠惠王 卽位年. "秋七月 丁巳 元流明宗太子 妥懽帖睦爾 于我大靑島 年十一歲"

高龍卜, ?-1362)는 1337년에 시작하여 1343년에 마무리한 전주 고덕산(高德山) 보광사(普光寺) 중수에 단월로 참여하여 그곳을 본인의 원당으로 삼았으며, 용장선사명(龍藏禪寺銘) 향완 등을 발원하여 제작하였다. 고용보는 이 외에도 경천사지 십층석탑 조성 등 여러 불사에 관여하였는데, 개인적인 후원보다는 기황후의 후원을 고려에서 시행한 것으로 보아야 할 것이다. 내시였던 박쇄노올대(朴鎖魯兀大)는 신복선사(神福禪寺)를 중수하였고, 방신우도 원에서 돌아와 선흥사(禪興寺)를 중수하였다.[16]

　　이들 황실이나 재원고려인들의 불사는 원 장인(匠人)을 동원하기도 한다는 점에서 고려 불교문화에 미친 영향이 컸다. 앞서 언급한 장안사는 법당과 불전, 불상을 원나라 장인이 제작하였다고 한다. 신광사의 불사 역시 송골아가 원의 공장 37명을 데려와 진행하였다. 지정 6년(1346)에 충목왕과 모후인 덕녕공주(德寧公主)는 금강산에서 주종(鑄鐘)을 마치고 돌아가던 원 장인을 불러 연복사(演福寺)의 범종을 제작하였다. 경천사지 십층석탑을 제작할 때에도 원의 장인들이 동원되었다.[17] 원 황실이나 원에 거주하는 고려인들이 고려에서 행한 불사는 고려에 원의 불교 미술 양식을 소개하는 통로였다. 원의 장인이 불사에 참여하는 경우에는 새로운 양식 소개가 더 선진적으로 이루어졌을 것이다. 형태나 기록이 없어 확인할 수 없으나, 불사를 마무리 짓고 개설되는 의례와 의식에도 원 불교나 티베트 밀교의 영향이 미쳤을 가능성이 농후하다.

---

16) 鄭恩雨, 앞의 논문, pp. 100-101.
17) 鄭恩雨, 『高麗後期 佛敎彫刻史 硏究』(서울: 문예출판사, 2007), pp. 135-136.

## 2. 티베트 밀교의 전래

원종 11년(1270)에 개경으로 환도한 이후 고려는 원의 문화적 영향을 받게 되었다. 밀교에 초점을 맞추어 살펴보면, 원에서 신봉하던 티베트 밀교의 영향으로 고려의 밀교신앙이 더욱 고취되었다고 할 수 있다.

13-14세기 티베트 밀교, 소위 라마교(喇嘛敎)는 여러 종파로 나뉘어 있는데, 그 가운데 원 황실과 가장 깊은 관계를 맺고 있었던 것은 사꺄파(Sa skya pa)였다. 몽골과 사꺄파의 첫 접촉은 우구데이(Ögedei, 窩闊台, 1185-1241)의 아들 쿠텐(Köden, 闊端)이 1240년에 군대를 티베트에 파견하면서부터였다. 쿠텐은 사꺄파의 대학자인 사꺄 판디타(Sa skya Paṇḍita, 1182-1261)를 초청하였고, 1247년에 쿠텐의 막사가 있던 양주(涼州, 현재의 감숙성 武威)에서 만났다. 쿠텐은 그에게 몽골 종주권에 대한 무조건적인 인정을 요구하였고, 그 보상으로 사꺄파가 티베트 통치 대리인임을 공포하였다. 그러나 1251년에 톨루이(Tolui, 拖雷, 1192-1232)의 아들 뭉케(Möngke, 蒙客, 蒙哥, 1209-1259)가 대칸으로 즉위하면서, 티베트에서 사꺄파의 입지가 좁아졌다. 뭉케는 쿠텐이 사꺄파에게 부여해준 티베트 전체 관할권을 박탈하였고, 어떤 한 파가 우세를 보인다고 할 수 없는 상황에서 다른 교파들이 아릭부케(Ariq Böke, 阿里不哥, 1219-1266), 쿠빌라이(Kublai, 忽必烈, 1215-1294), 훌레구(Hulegu, 旭烈兀, 1217-1265) 등 톨루이 계열 권력의 핵심들과 관계를 맺어나가고 있었다. 사꺄파 역시 톨루이 계열 인사와 새로운 관계를 맺었는데, 그가 쿠빌라이이다. 쿠빌라이는 1252년에 사꺄 판디타의 조카인 팍파(ḥPhags pa, 八思巴, 八合思八, 1235-

1280)와 대면하는데, 그때 그의 나이는 17세였다.[18] 그는 이후 쿠빌라이가 즉위한 중통(中統) 원년(1260)에 국사(國師)로 임명되었고,[19] 1270년에 팍파문자를 만들고 제사(帝師)가 되었다.[20] 그 이후 사꺄파의 고승들은 제사나 국사로 임명받거나 황제의 사위를 의미하는 백란왕호(白蘭王號)를 받으며 원 조정에서 활약하였다.[21]

## 1) 고려 왕실의 티베트 밀교 신앙

고려에서 원 간섭기가 시작되던 시기는 팍파가 한창 활약하던 시기였다. 고려는 원종 12년(1271)에 티베트 밀교를 처음으로 접하였다. 몽골에서 온 토번(吐蕃) 승려 네 명이 고려를 방문한 것이다.[22] 이때 토번 승려의 방문 목적은 알 수 없다. 강화조약을 체결하고 환도를 한 직후의 상황이었기 때문에, 이들은 왕이 선의문(宣義門) 밖까지 나가 맞이할 정도로 환대를 받았다.

원종의 뒤를 이어 즉위한 충렬왕은 원 세조의 딸인 제국대장공주를 왕비로 맞이하였다. 티베트 밀교는 제국대장공주를 통해 고려에 대대적으로 소개되었다. 그러나 초기에 티베트 밀교가 소개되었을 때, 이는 고려인들에게는 매우 이질적인 형태의 불교였던 것으로 생각된다.

---

18) 崔昭暎, 「13세기 후반 티베트와 훌레구 울루스」, 석사학위논문(서울대 대학원, 2010), pp. 7-11.

19) 『元史』 卷202, 列傳 第89, 八思巴. "中統元年 世祖即位 尊為國師 授以玉印"

20) 『元史』 卷202, 列傳 第89, 八思巴. "至元六年 詔頒行於天下 詔曰 朕惟字以書言 言以紀事 此古今之通制 … 故特命國師八思巴 創為蒙古新字 譯寫一切文字 期於順言達事而已 自今 以往 凡有璽書頒降者 並用蒙古新字 仍各以其國字副之 遂升號八思巴 曰大寶法王 更賜玉 印"

21) 石濱裕美子, 「チベット密教史」, 『チベット密教』(東京: 春秋社, 1999), p. 39.

22) 『高麗史』 卷27, 世家 第27, 元宗 12年 8月. "丁巳 蒙古吐蕃僧四人來 王出迎 于宣義門外"

B. [충렬왕 원년(1275) 11월] 을해일에 불교의 관세음보살상[浮屠觀世音菩薩像] 12구(軀)를 그려 궁중에서 법석을 개설하였으니, 황제를 축원하기 위함이었다.[23]

위의 해석문에서의 불교는 원문의 '부도(浮屠)'에 해당되는데,『고려사』의 용례를 보면 '부도'는 '불교'의 다른 말로 사용되곤 한다. 고려인들이 관세음보살을 몰랐을 리 없건만, 여기에서는 왜 굳이 '불교의' 관세음보살상을 그렸다고 표현한 것일까. 이는 당시 그렸던 12구의 관세음보살상이 고려인들의 시점에서 매우 낯선 모습을 하고 있었기 때문이었던 것으로 생각된다. 고려인들이 보기에 기이한 모습을 하였지만, 이것도 불교의 관세음보살이라는 것을 알리기 위하여 관세음보살상 앞에 '부도'라는 표현을 덧붙인 것이다. 그리고 이것은 티베트 밀교 양식으로 그려진 관세음보살상일 것으로 추정된다. 즉, 티베트 밀교에서 신앙되던 존격이 상당히 이른 시기에 고려 왕실에 소개되고 궁 안에 안치되었음을 보여주는 사료라고 할 수 있다.

충렬왕 2년(1276)에는 원 제사가 파견하였다고 사칭한 라마승들이 공주와 국왕의 복을 빌고자 만다라도량(曼陀羅道場)을 개설하였다. 그 전말을 살펴보면 다음과 같다.

C. 어떤 토번 승려가 원으로부터 와서, 제사가 자신을 보내어 공주와 임금을 위하여 복을 빌게 하였다고 스스로 말하였다. … [중략] … 만다라도량을 열어 황금과 비단, 안장 딸린 말, 닭, 양을 갖추게 해달라고 요청하고 밀가루로 3자 크기의 사람을 만들어 제단(祭壇) 가운데에 두었다.

---

23) 『高麗史』卷28, 世家 第28, 忠烈王 元年 11月.

또 밀가루로 작은 아이와 등탑(燈塔)을 각각 108개 만들어 그 곁에 늘어놓고서 나각(螺角)을 불고 북을 치게 한 지 무릇 4일이나 되었다. 승려는 화관(花冠)을 쓰고 손에는 화살을 잡아 검은 비단 천을 그 끝에 매었다. 그 주위를 돌며 뜀박질을 하고서 수레에 (밀가루로 만든 것들을) 싣고는 깃발을 든 사람 둘, 갑옷을 입은 사람 넷, 활과 화살을 잡은 사람 서른 명에게 명하여 끌어다가 성문 밖에 내다 버리게 하였다. 공주가 많은 돈을 시주하니 그 무리들이 서로 다투다가 고소하여 말하기를, "저 중은 제사가 보낸 바가 아니고 그 불사(佛事)도 또한 거짓입니다."라고 하였다. 공주가 꾸짖자 모두 자백하니 드디어 금교역(金郊驛) 밖으로 쫓아버렸다.[24]

원의 제사가 보낸 티베트 밀교 승려들이 만다라도량을 개설하여 공주가 매우 기뻐하며 많은 돈을 하사하였는데, 금전 문제로 갈등이 생긴 제자의 고발에 의해 제사가 보낸 것이 아니라는 점이 밝혀져 추방되었다. 이들이 제사가 파견한 승려는 아니었지만, 티베트 밀교 승려가 아니었다고는 볼 수 없다. 충렬왕과 공주는 원에서 다수의 티베트 밀교 의례에 참석한 경험이 있을 것이기 때문에, 이들이 믿고 기뻐했던 의례 자체가 거짓이었다고 볼 수는 없을 것이다.[25] 이 행사는 충렬왕과 공주가 참석한 가운데 4일 동안 개설되었다. 고려 사회에 티베트 밀교를 알리기에 충분하였을 것이다.

충렬왕 20년(1294)에는 제사가 파견한 고려 출신 티베트 밀교 승려인 흘절사팔(吃折思八)이 방문하였다. 그는 원래 진도(珍島) 출신인데, 포로로 잡혀갔다가 제사에게 의탁하여 출가하였다. 그가 고려에 올 때에

---

24) 『高麗史』 卷89, 列傳 第2, 后妃2, 齊國大長公主.

25) 李龍範, 「元代 喇嘛教의 高麗傳來」, 『佛教學報』 2(서울: 동국대 불교문화연구원, 1964), p. 173.

백관들이 도포를 입고 홀(笏)을 갖추고 승려들을 이끌고 문밖까지 마중을 나갔다고 한다. 또한 그의 부모를 찾아 쌀과 토지와 집을 주고 부역에서 면제시켜 주었다고 한다.[26] 티베트 밀교 승려에 대한 우대를 잘 보여주는 사례이다.

고려 왕실에서 왕과 상왕, 공주가 번승에게 수계를 한 행적도 보인다. 충렬왕과 충선왕은 충선왕 즉위년(1296)에 계국대장공주와 함께 번승에게 계를 받았다. 이해 충선왕은 서번(西蕃) 승려 팔합사(八哈思) 등 19인을 초청하여 계국대장공주와 함께 수계를 하였다.[27] 그 다음 달에도 태상왕(太上王)인 충렬왕, 계국대장공주와 함께 번승에게 수계를 하였다.[28]

> D-1. [충선왕 즉위년(1298) 5월] 을묘일에 왕과 공주가 번승에게서 계를 받았다.[29]
>
> D-2. (충선왕 즉위년 6월) 병진일 초하루 태상왕 및 국왕과 공주가 번승에게서 계를 받았다.[30]
>
> D-3. (충선왕 즉위년 6월) 을해일에 왕이 보살계(菩薩戒)를 받았다.[31]

위의 인용문 D는 충선왕이 즉위년에 계를 받았다는 내용이다. 충선왕은 재위 기간 동안 총 3회 계를 받았는데, 그것이 위의 인용문 D에 소개

---

26) 『高麗史』 卷31, 世家 第31, 忠烈王 20年 7月 乙亥.

27) 『高麗史』 卷33, 世家 第33, 忠宣王 卽位年 5月. "庚寅 西蕃八哈思等 十九人來 王所招也"; 5월 "乙卯 王與公主 受戒于蕃僧"

28) 『高麗史』 卷33, 世家 第33, 忠宣王 卽位年. "六月 丙辰朔 太上王及國王公主 受戒于蕃僧"

29) 『高麗史』 卷33, 世家 第33, 忠宣王 卽位年.

30) 『高麗史』 卷33, 世家 第33, 忠宣王 卽位年.

31) 『高麗史』 卷33, 世家 第33, 忠宣王 卽位年.

된 세 차례의 수계이다. D-1과 D-2 기사의 특이한 점은 번승에게 수계를 하였다는 점과 계의 종류가 나오지 않는다는 점이다. 고려시대에 국왕들은 여러 차례에 걸쳐 계를 받았는데, 충선왕의 위의 두 기사를 제외하면 모두 보살계를 받았다.[32] 따라서 충선왕이 번승, 즉 티베트 승려에게 받은 계는 보살계가 아님을 알 수 있다. 번승, 즉 티베트 밀교 승려는 삼매야계 (三昧耶戒)를 수계한다. 따라서 충선왕과 계국대장공주, 태상왕인 충렬왕은 밀교의 삼매야계를 수계하였다고 볼 수 있다. 이는 관정도량(灌頂道場)의 개설과 함께 고려 왕실에 밀교 신앙이 영향을 미치고 있었음을 보여주는 실례이다.

삼매야계 수계에서도 볼 수 있듯이, 충렬왕과 제국대장공주 사이에서 태어난 충선왕은 티베트 밀교를 받아들이고 티베트 밀교 승려들과 교류하였다. 그는 즉위한 지 1년이 되지 않아 계국대장공주와의 불화 문제로 원으로 소환되고, 충렬왕이 다시 왕위에 오른다. 충렬왕 사후 충선왕이 복위하지만, 정치에 염증을 느껴 연경에 머문 채 전지(傳旨)로써 고려의 정사를 다스렸다. 그는 연경에 만권당(萬卷堂)을 짓고 여러 문사들과 교류하였는데, 이제현(李齊賢)은 충선왕이 "번승을 불러 경전을 번역하고 수계를 하는" 생활을 즐겼다고 하였다.[33] 1314년(충숙왕 원년)에 입정한 홍교불지(弘敎佛智) 삼장법사라는 티베트 승려가 병에 걸려 약을 구할 때 원 황제가 충선왕에게 병문안을 가게 하고 장례식에 쓸 돈과 비단

---

32) 金炯佑,「高麗時代 國家的 佛敎行事에 대한 研究」, 박사학위논문(동국대 사학과, 1992), pp. 284-286.

33) 李齊賢,「有元贈敦信明義保節貞亮濟美翊順功臣太師開府儀同三司尙書右丞相上柱國忠憲王世家」,『益齋亂稿』卷9上 "唯酷嗜浮圖法 捨本國舊宮爲旻天寺 極土木之工 範銅作佛三千餘軀 況金銀寫經二藏 黑本五十餘藏 邀蕃僧譯經受戒"

을 하사하게 하였다고 한다.[34] 또한 그가 연경(燕京)을 떠날 때 원과 티베트의 라마교를 관장하던 선정원(宣政院)에서 팔합사(八哈思) 화상 등 16인을 특별히 보내어 환송하기도 하였다. 이러한 사실들을 통해 볼 때 충선왕은 티베트 밀교 승려들과의 접촉에 적극적이었음을 알 수 있다.[35] 물론 충선왕의 불교신앙 경향이 티베트 밀교에만 경도되어 있었다고 이야기하기는 어렵다. 그는 다양한 종파의 사찰을 후원하고 여러 종파의 승려들과 교분을 나누었다. 그러나 원의 황도에서 충선왕이 티베트 밀교의 신앙과 사상을 접하고, 본인의 불교신앙의 한 양상으로 그것을 받아들이고 있었음은 확인할 수 있는 것이다.

## 2) 제국대장공주와 현성사

제국대장공주의 현성사(賢聖寺) 방문과 관련해서도 고려에 들어온 티베트 밀교 신앙의 일 단면을 확인할 수 있다. 현성사는 밀교 종파인 신인종(神印宗)의 본찰로 잘 알려져 있다. 고려 태조 19년에 광흥사(廣興寺), 미륵사(彌勒寺), 내천왕사(內天王寺), 개태사(開泰寺) 등과 함께 창건되었으며,[36] 역대 많은 왕들이 친행했던 장소였다. 충렬왕 역시 재위 기간 동안 이 사찰을 총 14회 방문하고 있는데, 이는 고려 왕 가운데 고종 다음으로 많은 친행 횟수이다. 충렬왕대의 빈번한 현성사 방문 이유는 반원(反元) 도량불사(道場佛事)에 대한 감시와 규제를 피하기 위해 충렬왕 원년

---

34)  念常 集, 『佛祖歷代通載』 卷22(『大正藏』 卷49).

35)  鄭恩雨, 앞의 논문, pp. 85-86.

36)  『高麗史』 卷2, 世家 第2, 太祖 19年.

에 현성사에서 원 세조의 복을 빈 이후 이 사찰이 세조의 원찰이 되었기 때문이다. 또한 대표적인 진병(鎭兵) 불교의례를 개설했던 현성사에서 원 황실을 축원함으로써 몽골의 경계심을 누그러뜨리기 위한 외교적 방편이 었다고 보는 입장도 있다.[37]

그런데 충렬왕대 현성사 친행에 관해 특기할 만한 내용은 왕과 함께 제국대장공주가 현성사를 방문한 시점이다.

> E-1. [충렬왕 원년(1275)] 여름 4월 을유일에 왕과 공주가 현성사에 가서 황
> 제를 위하여 복을 빌었다.[38]
> E-2. (충렬왕 원년 8월) 무오일에 왕과 공주가 현성사에 처소를 옮겼다.[39]
> E-3. [충렬왕 23년(1297) 5월] 계유일에 왕과 공주가 현성사에 가서 내고
> (內庫)의 쌀 1백 석을 내어 빈궁한 백성들에게 나누어 주면서 공주를
> 위하여 복을 빌었다.…임오일에 공주가 현성사에서 죽었다.[40]

『고려사』에 실려 있는 제국대장공주의 현성사 친행은 위의 세 번이 전부이다. 기록에서 확인할 수 있는 제국대장공주의 친행 사찰은 총 열여 덟 군데이며, 그 가운데 묘련사는 20회나 찾았다.[41] 이와 비교하면 공주

---

37) 韓基汶, 「高麗時代 開京 現聖寺의 創建과 神印宗」, 『歷史敎育論集』 26(대구: 역사교육학회, 2000), p. 486. ; 宗釋(전동혁), 「密教의 受容과 그것의 韓國的 展開(1)」, 『중앙승가대학교 논문집』 2(서울: 중앙승가대, 1992), p. 35. ; 윤기엽, 『고려 후기의 불교 : 사원의 불교사적 고찰』(서울: 일조각, 2012), pp. 50-57
38) 『高麗史』 卷28, 世家 第28, 忠烈王 元年.
39) 『高麗史』 卷28, 世家 第28, 忠烈王 元年.
40) 『高麗史』 卷31, 世家 第31, 忠烈王 23年.
41) 『高麗史』에 실려 있는 제국대장공주의 친행 사찰 및 친행 횟수는 다음과 같다.

| 賢聖寺 | 妙蓮寺 | 神孝寺 | 王輪寺 | 玄化寺 | 興王寺 | 吉祥寺 | 福靈寺 | 觀音寺 |
|---|---|---|---|---|---|---|---|---|
| 3 | 20 | 9 | 5 | 4 | 4 | 3 | 3 | 2 |

는 현성사를 그다지 자주 방문하지는 않았다. 그러나 중요한 시기에 현성
사를 방문하고 있다. 인용문 E-1은 현성사에서 황제의 복을 빌었다는 내
용이다. 제국대장공주가 고려에 들어온 지 10개월 가량밖에 되지 않은 시
기이다. 인용문 E-2에서 왕과 공주가 현성사로 처소를 옮겼는데, 그 시점
은 공주가 출산을 하기 약 40일 전이었다.[42] 첫 아이의 원만한 출산을 빌
기 위해 처소를 옮긴 것으로 추정된다. 인용문 E-3을 보면, 제국대장공주
는 현성사에서 임종하였다. 공주가 임종하기 직전에는 창고를 열어 백성
들에게 쌀을 나누어주었는데, 공주가 병에 걸렸기 때문에 치병을 위해 축
원한 것이었다. 고려에서 제국대장공주는 여러 차례 병에 걸렸는데, 그 때
찾은 사찰들은 관음사(觀音寺), 왕륜사(王輪寺), 신효사(神孝寺), 길상사
(吉祥寺), 묘련사 등이었다. 그런데 마지막 임종을 맞으면서는 치병이나
요양을 위해서는 단 한 번도 찾지 않은 현성사를 찾았다.

밀교 주술에 의지한 치료를 받기 위해 밀교종파 신인종의 본찰인 현
성사를 찾았을 가능성도 제기된다. 실제로 우구데이의 아들 쿠텐이 티베
트를 공격했을 때 티베트 측은 몽골에 저항하는 대신 협상을 하였는데,
이 과정에서 티베트 승려의 밀교적 치료를 통해 병이 나은 쿠덴이 티베트
밀교에 큰 관심을 보이고, 이를 계기로 몽골 황실 전반에 티베트 밀교가
확산되었다고 한다.[43] 이러한 티베트 밀교의 전래과정을 보았을 때, 제국
대장공주가 밀교 주술에 의거한 치료를 선택했을 가능성은 농후하다.

| 廣明寺 | 法華寺 | 金經社 | 洛山寺 | 普濟寺 | 禪源寺 | 安國寺 | 積石寺 | 孝信寺 |
|---|---|---|---|---|---|---|---|---|
| 2 | 2 | 1 | 1 | 1 | 1 | 1 | 1 | 1 |

42) 『高麗史』卷28, 世家 第28, 忠烈王 元年 9月 丁酉 "公主生子諶 于沙坂宮." 8월 무오일은 20
일, 9월 정유일은 30일에 해당한다.
43) 최연식, 앞의 논문, p. 140.

그러나 고려시대에는 왕실 치료를 담당했던 총지종(摠持宗)과 총지사(摠持寺)가 있었다. 고려 전기의 사례이기는 하지만, 총지사는 대각국사(大覺國師) 의천(義天)이 임종을 맞이한 곳이기도 하다. 왕실 구성원의 일원으로서 왕실 치료를 담당했던 총지사에서 치료를 받다 사망한 것으로 보인다. 또한 총지종도 밀교 종파이기 때문에 주술과 의례에 익숙했을 제국대장공주에게 총지종 승려가 펼치는 의료 행위는 그다지 낯설지 않았을 것이다. 그럼에도 불구하고 공주는 총지사가 아닌 현성사에서 임종을 맞이하였다. 그 이유는 무엇이었을까? 밀교 사찰인 현성사의 분위기가 티베트 밀교를 신봉하던 몽골 사찰의 분위기와 유사하여 제국대장공주가 선호하였고, 그곳에서 심적 안정을 찾았던 것이 아닌가 생각된다.

원 세조 쿠빌라이의 제사인 팍파와 비슷한 시기에 활동하던 티베트 밀교 승려로 탄파(bsTan pa, 膽巴)라는 인물이 있다. 그는 중통 연간(1260-1263)에 팍파의 추천을 받아 등용되었다.[44] 탄파는 특히 주술에 뛰어났던 인물이었다. 몽골족은 원래 샤머니즘을 믿고 있었으므로, 탄파의 주술에 매력을 느꼈다. 탄파의 등장으로 원 황실의 티베트 밀교 신앙 양상이 주술적 방향으로 변모하게 되었다고 할 수 있다.[45] 그는 지원(至元) 9년(1272)에 마하칼라(Mahākāla)의 위력으로 적을 격파하는 영험을 보였다.[46]

---

44) 『元史』卷202, 列傳 第89, 膽巴. "八思巴時 又有國師膽巴者 … 中統間 帝師八思巴薦之"

45) 村岡倫, 「元代モンゴル皇族とチベット佛教 -成宗チムルの信仰を中心にして」, 『佛教史學研究』39-1(京都: 佛教史學會, 1996), pp. 83-85.

46) 念常 集, 『佛祖歷代通載』卷22(『大正藏』49, p. 726上) "壬申留京師王公咸稟妙戒 初天兵南下 襄城居民禱眞武 降筆云 有大黑神 領兵西北方來 吾亦當避 於是列城望風款附 兵不血刃 至於破常州 多見黑神 出入其家 民罔知故 實乃摩訶黑刺神也 此云大黑 蓋師祖父七世 事神甚謹 隨禱而應 此助國之驗也" 전투신으로서의 마하칼라 신앙을 고취시킨 것은 탄파이지만, 팍파도 마하칼라와 깊은 인연을 가지고 있었다. 『희금강경(喜金剛經)』에 대한 원 세조의 난해한 질문에 고민하던 팍파가 꿈속에서 마하칼라의 계시로 답을 얻어 세조의 신임이 두터워진 후, 마하칼라는 팍파의 후견신(後見神)이 되었다고 한다. 李龍範, 앞의 논문, p. 167.

마하칼라는 대흑천(大黑天)으로 한역(漢譯)되는데, 분노상(忿怒相)을 한 전투신이다.[47] 이에 원 황실은 세조 이래로 마하칼라를 숭상하여 대호국신(大護國神)이라 부르기에 이르렀으며, 마하칼리를 모시는 사찰이 전국적으로 건립되었다.[48] 세조의 딸인 제국대장공주 역시 이와 같은 분위기 속에서 성장하였을 것이다.

마하칼라는 분노존의 모습을 한 전투신이다. 원의 마하칼라 신앙은 대호국인왕사(大護國仁王寺)와 깊은 관계를 가지고 있었다. 이 사찰은 진국(鎭國)을 위한 사찰로 팍파의 건의로 조성되었다.[49] 사찰 이름과 건립 이유에서 볼 때 대호국인왕사는 인왕이나 전투 신중을 중심으로 한 신앙이 전개되었을 것으로 추정된다. 현존하는 유물에 거의 없는 것으로 미루어 보아 고려에서는 분노존상이 거의 제작되지 않았을 것으로 보이기 때문에, 가장 근접한 분위기의 존상은 신장상(神將像)이었을 것이다. 현성사는 문두루도량(文豆婁道場)을 주관한 신인종의 본찰이다. 문두루도량에서는 오방신상(五方神像)을 세우는데 이 신상들은 무구를 갖춘 신장의 모습을 하고 있었다.[50] 현성사의 오방신상과 원 황실에서 숭상한 마하칼라의 외관 및 사찰 분위기가 유사했기 때문에, 제국대장공주가 현성사를 자주 찾은 것이 아닐까 생각한다.[51]

---

47)　佛光大辭典編修委員會 編, 『佛光大辭典』(臺灣: 佛光出版社, 1989), 大黑天.

48)　Shen Weirong, "Tibetan Buddhism in Mongol-Yuan China", *Esoteric Buddhism and the Tantras in East Asia*, Leiden; Boston : Brill, 2011, p. 543.

49)　李龍範, 앞의 논문, pp. 169-170.

50)　『三國遺事』卷2, 紀異 第2, 景明王 "十月 四天王寺五方神 弓絃皆絶"

51)　四天王도 신장상으로 유사한 분위기를 가지고 있었을 것이다. 8세기 후반-9세기 초에는 사찰에 사천왕문이 설치되기 시작되었다고 하니(심효섭, 「韓國古代 佛敎寺院內 四天王門의 形成考」, 『역사와 교육』 9, 공주: 웅진사학회, 2000, p. 27) 고려시대에도 사천왕문이 있었으며, 따라서 마하칼라와 외양이 비슷한 신장상이 오방신상 외에도 있었다는 반론도 가능하다. 그러나 사천왕

제국대장공주는 몽골 우월주의자였다고 한다.[52] 본인이 머무를 신궁(新宮)을 몽골식으로 짓고자 하였고, 이 공사를 위해 원에서 장인들을 데리고 오려다가 신료들을 강력한 반발에 부딪혀 공사를 잠시 중단하기도 하였다.[53] 이렇듯 고려에서 몽골식 생활을 유지하고자 했던 제국대장공주가 본인의 티베트 밀교 신앙을 고려 불교신앙 양식으로 바꾸었을 것이라고 생각하기는 어렵다. 제국대장공주는 본인의 신앙 형태를 고수하였을 것이고, 그에 가장 적합했던 곳이 현성사였던 것으로 보인다. 고려에서 생활하는 동안 제국대장공주가 수많은 사찰을 찾았고, 그 사찰들의 성격이 다양했던 것은 사실이다. 그러나 출산과 죽음 직전이라는 시점에서 현성사를 찾았던 이유가 스스로에게 내재되어 있는 신앙적 지향을 찾았을 것이라는 점에서 공주의 현성사 친행이 주목되는 것이다.

상은 사찰의 입구에서 사찰을 수호하는 역할을 하므로, 특정 사찰의 중심이 되는 신앙 대상이 아니라 보편적인 신앙의 대상이다. 따라서 오방신상을 중요 신앙 대상으로 모셨을 현성사가 개경 내의 어느 사찰보다 원 황실의 신앙 분위기와 유사했을 것으로 생각된다.

52) 권순형, 「원 공주 출신 왕비의 정치권력 연구 : 충렬왕비 제국대장공주를 중심으로」, 『史學研究』 77(과천: 한국사학회, 2005), p. 39.

53) 장지연, 「고려후기 개경 궁궐 건설 및 운용방식」, 『역사와 현실』 60(서울: 한국역사연구회, 2006), pp. 216-218. 『高麗史節要』 卷19, 忠烈王 2年 12月. "公主將修宮室 請工匠于元 發諸道丁夫 伐材輸之京城 凍餒死者相繼"; 『高麗史』 卷89, 列傳 第2, 后妃, 齊國大長公主. "公主嘗請工匠于元 … 旣而日官又面請 勿構三層閣 不聽 發諸道役夫 督之愈急." 3층 누각은 원식 궁궐 양식이라고 한다.

## 3. 고려 불교문화에 미친 영향

### 1) 불교 유물에 보이는 티베트 밀교의 영향

고려에 티베트 밀교의 사상이 유입되었음을 보여주는 사례는 극히 적다. 그러나 원 간섭기에는 원에서 유행하던 티베트 밀교 신앙의 '요소'들의 영향을 받아 고려의 불교문화가 다채로워졌다. 이는 불교 유물들을 통해 확인할 수 있다. 티베트 밀교 양식을 대거 수용해 제작된 경천사지 십층 석탑이나 마곡사 오층석탑, 란차 문자로 쓰인 다라니가 새겨진 연복사종, 티베트에서 성행했던 만트라 "Om-Ma-ni-Pad-me-Hum"의 범자가 새겨진 기와들이 그러한 예이다.[54] 대표적인 사례들을 살펴보자.

### (1) 불보살상

고려의 불보살상 조성은 중국의 영향을 많이 받았다. 원대에 접어들면, 불상 조성에서도 티베트 밀교의 영향을 받은 요소들을 찾아볼 수 있다. 이마가 넓고 턱으로 내려올수록 좁아지는 얼굴형, 오른쪽 어깨에 살짝 걸쳐지면서 몸 중심으로 둥글게 내려오는 편단우견의 대의, 복련과 앙련의 연꽃잎이 상하 대칭을 이루며 규칙적으로 배열된 대좌, 광배의 만초(蔓草) 문양 등이 티베트 양식의 영향을 받은 흔적들로 꼽힌다. 육계(肉髻) 위에 작은 보주를 올려 놓은 머리 형태 역시 전형적인 티베트 밀교 불상에 나타나는 특징 가운데 하나이다.

---

54) 金炳坤, 「元의 宗敎觀과 高麗 入元僧의 行蹟」, 『佛敎硏究』 27(서울: 한국불교연구원, 2007), pp. 247-248.

다만 대의(大衣) 표현에서는 티베트의 영향보다는 원의 영향이 드러나 보인다. 티베트 불상은 옷주름이 전혀 표현되지 않는데, 원 간섭기에 조성된 고려 불상들은 대의를 무겁고 두껍게 표현한다거나 옷주름이 무겁게 흘러내리도록 표현하고 있다. 이러한 대의 표현이 원 불상의 특징이다. 그러나 고려의 불상은 납작하고 평면적인 얼굴 모습을 보이고 있다. 곡선적인 눈과 도드라진 입술로 인해 윤곽이 뚜렷하고 입체적인 인상을 주는 원대 불상이나 하나의 선으로 이어진 곡선 눈썹을 표현하는 티베트 불상과는 다른 표현 양식이다. 즉, 전통적인 불상 양식과 티베트 밀교 영향의 불상 양식이 혼합되어 나타나는 것이다.[55]

금동관세음보살 좌상(강원도 회양군 장연리 출토, 고려, 국립중앙박물관 소장)　금동관세음보살 좌상(고려후기, 국립중앙박물관 소장)

보살상의 경우 U형 목걸이, 오엽보관(五葉寶冠), 원반형 귀걸이, 파상형을 이루며 어깨 위로 흘러내린 보발(寶髮), 머리를 땋아 겹겹이 쌓아 높이 올린 보계(寶髻) 형태 등이 전형적인 라마교 보살상의 영향으로 꼽

---

55) 鄭恩雨, 앞의 책, pp. 189-195.

힌다. 그러나 천의(天衣)의 표현 방식이나 3단으로 이루어진 연꽃 대좌 등 전통적인 양식 역시 고수하고 있다. 한쪽 무릎을 세우고 한쪽 팔을 세운 무릎 위에 얹어 앉아 있는 자세를 유희좌(遊戲坐) 혹은 윤왕좌(輪王坐)라고 하는데, 이러한 모습으로 앉아 있는 고려 후기 보살상에서도 티베트 양식의 영향이 보인다. 유희좌나 윤왕좌 자세 자체가 이 시기에 새로 도입된 것은 아니며, 중국 송대에 크게 유행하였다. 그러나 고려 후기의 윤왕좌 보살상들은 큰 귀걸이와 이국적인 얼굴을 하고 있어 티베트 양식의 영향이 일정 부분 있었음을 확인할 수 있다.[56]

## (2) 라마탑의 영향

라마탑형 사리구(고려후기, 국립중앙박물관 소장)

복발 형식의 탑신(塔身)과 원반을 쌓은 형태인 탑찰(塔刹)을 특징으로 하는 라마탑 양식이 고려의 불교문화에 영향을 주기도 하였다. 14세기의 것으로 추정되는 공주 마곡사 오층석탑의 상륜부나 비슷한 시기에 제작된

56)  앞의 책, pp. 152-162.

라마탑형 사리장엄구들이 그 예이다.[57] 경천사지 십층석탑은 1348년에 고려인 출신의 강융(姜融)과 고용보가 황제와 황후, 황태자를 축원하기 위해 조성한 것이다. 여기에서 황제는 원 순제이며 황후는 기황후를 가리킨다. 원 황실과 고려 황실을 함께 축원하는 고려 후기의 일반적인 축원문 내용과 달리, 원 황실만을 축원하고 있다. 탑을 조성할 때 원에서 공장(工匠)을 뽑았다는 기록이 남아 있어, 원의 장인들이 관여했음을 확인할 수 있다.

경천사지 십층석탑(국립중앙박물관)

이 탑은 기단이 '아(亞)'자형 3단으로 이루어져 있다. 탑신부는 이중 구조인데, 1층에서 3층까지는 기단부와 마찬가지로 '아(亞)'자형이며, 그 위 4층에서 10층까지는 방형(方形)이다. 이러한 구조의 석탑은 매우 드문 형태로 당시 원이나 고려 석탑에서는 비슷한 예를 거의 찾아보기 어렵다. 그러나 부분적인 요소에서 닮은 예를 찾을 수 있다. 기단부와 탑신부 하

---

57)  정은우, 「공주 마곡사 오층석탑 금동보탑 연구」, 『百濟文化』 52(공주: 공주대 백제문화연구소, 2015), p. 36.

층의 '아(亞)'자형 구조는 원래 라마탑의 기단부나 불상의 대좌를 이루는 형식이다. 이러한 형식은 원대에 크게 유행했는데, 원래 티베트 밀교를 믿는 국가에서 유행했던 형식이며 시원은 인도의 복발식 탑에서 찾을 수 있다. 다만, 고려의 경천사지 십층석탑은 새로운 요소인 원대 라마탑의 '아(亞)'자와 전통적인 방형 형식의 결합이라는 점이 특징적이라고 할 것이다.[58]

마곡사 오층석탑은 세장한 형태를 보이는 전형적인 고려시대 석탑이다. 특이점은 석탑의 오층에 해당되는 탑의 노반석을 상륜부에 맞게 '아(亞)'자 모양으로 만들고, 그 위에 179cm의 청동제 라마탑 형식이 놓여 있다는 점이다. 마곡사 오층석탑의 상륜부가 처음부터 상륜부로써 제작된 것이 아니라는 견해도 있다. 별개의 공예탑으로서 조성되어 후대에 추가되었을 가능성도 제기되는 것이다.[59] '아(亞)'자 모양의 기단부 위에 한국형의 사각 탑신을 올린 경천사지 십층석탑의 존재와 제작 시기를 고려해볼 때, 이 탑 역시 고려후기에 제작된 것으로 생각된다. 티베트 양식과 고려 양식의 결합이라는 측면에서 조성 방식이 동일한 것이다.[60] 마곡사가 있던 공주는 충혜왕 복위2년(1341) 원의 평장(平章) 활활적(濶濶赤)의 아내가 된 경화옹주(敬和翁主)의 외향이라 하여 공주목(公州牧)으로 승격되는 곳이다.[61] 경화옹주와 마곡사의 관계는 알 수 없으나 공주목으로의 승격과 탑의 조성 시기가 유사한 것, 탑의 조성이 원대 고위관료나 그

---

58)  鄭恩雨, 앞의 책, pp. 238-252.
59)  홍대한, 「麻谷寺 五層石塔의 樣式과 建立時期 硏究 : 라마양식 석탑구분에 대한 문제제기를 중심으로」, 『동아시아문화연구』 53(서울: 한양대 동아시아문화연구소, 2013), pp. 211-212. ; 박경식, 「마곡사 오층석탑에 관한 고찰」, 『百濟文化』 52(공주: 공주대 백제문화연구소, 2015), p. 24.
60)  정은우, 앞의 논문 「공주 마국사 오층석탑 금동보탑 연구」, p. 38.
61)  『高麗史』 卷56, 志 第10, 地理1, 楊廣道, 公州.

관계자일 가능성이 높을 것으로 추정되는 점 등으로 볼 때, 양자의 관계가 무관하지 않아 보인다.[62]

마곡사 오층석탑

마곡사 오층석탑 상륜부

고려 말에 보이는 석종형 부도 역시 라마탑 양식의 영향을 받은 유물로 꼽힌다. 고려시대의 부도탑은 팔각원당형이 주류를 이루었으나, 고려 후기에 석종형(石鐘形)으로 변화를 보이며 조선시대까지 제작 전통이 이어진다. 대표적인 사례가 화장사(華藏寺)의 지공선사(指空禪師) 부도이다. 8각으로 된 기단 위에 원형 탑신이 놓여 있으며 상륜부에는 조그마한 3개의 원반을 돌리고 그 위에 보주형 장식을 올려 놓았다. 기단부와 탑신부 윗면에 복련을 새기고 탑신부 몸체에는 커다란 꽃잎 형상을 새겨 세부 표현에서는 장식성이 강한 편이다. 표현이 더 단순화되었지만 신륵사(神勒寺)의 나옹선사(懶翁禪師) 부도도 유사한 양식이다. 이러한 표현 양식은 시대적 양식의 흐름을 반영한 결과로 보아야 할 것이다.[63] 요컨대 당

---

62) 정은우, 앞의 논문 「공주 마곡사 오층석탑 금동보탑 연구」, p. 42.
63) 鄭恩雨, 앞의 책, pp. 356-359.

시 유행하던 라마탑 양식이 부도 제작에 영향을 미쳤다는 것이다.

신륵사 나옹선사 부도

화장사지 지공선사 부도

## (3) 향완과 범종

지정 12년(1352)에 제작된 용장선사명(龍藏禪寺銘) 청동은입사향완(青銅銀入絲香垸)에는 태장계만다라(胎藏界曼茶羅)의 사불[동방 보당여래(寶幢如來) 'a', 서방 무량수여래(無量壽如來) 'aṃ', 남방 개부화왕(開敷華王) 'ā', 북방 천고뇌음여래(天鼓雷音如來) 'aḥ']을 나타내는 범자가 새겨져 있다. 이 향완은 용장선사의 무량수전(無量壽殿)에 봉안하기 위해 제작된 것으로, 공덕주는 자정원사 고용보와 영녕공주(永寧公主) 신씨였다. 고용보가 기황후를 대신하여 후원한 것으로 보이며, 여기에 입사된 4자의 범자는 당시 원의 불교신앙과 관련이 있을 것으로 생각된다.[64]

　　개경 연복사 범종 역시 티베트 밀교의 영향을 보여주는 사례이다.

---

64)　이용진, 「고려시대 青銅銀入絲香垸의 梵字 해석」, 『역사민속학』 36(서울: 한국역사민속학회, 2011), pp. 20-21.

연복사는 원 세조의 원당이었던 보제사(普濟寺)가 충숙왕 초에 이름을 바꾼 것이다. 충목왕 2년(1346)에 그 동안 절에 폐치(廢置)되어 오던 범종을 교체하면서 이 종을 주조하였다. 원 순제의 명을 받아 자정원사 강금강(姜金剛)과 좌장고부사(左藏庫副使) 신예(辛裔)가 장인들과 함께 금강산에 와서 범종의 주조를 마치고 돌아가려던 차에, 고려 왕실과 신료들로부터 연복사에도 새로운 범종을 주조해달라는 부탁을 받고 만들었다고 한다.

이 범종의 아랫부분에는 티베트 문자로 새긴 오불진언(五佛眞言)의 일부와 란차(lancha) 문자가 새겨져 있다. 란차 문자로 새겨진 부분은 『불정존승다라니경(佛頂尊勝陀羅尼)』의 한 구절로, 이 다라니를 한 번 들으면 지옥에 떨어질 악업이 모두 소멸된다는 구절이다. 란차 문자는 데바나가리를 변형시킨 글자 형태로, 고려에서는 몽골과의 교류가 시작된 1271년 이후부터 사용되기 시작하였다.[65] 그리고 그 사이사이에 금강계 오불의 진언을 새겨 넣었는데, 이는 오불의 가피를 통한 불정존승다라니의 공덕 성취를 기원한 것으로 보인다.[66] 연복사에 『불정존승다라니경』의 경전 문구가 새겨진 범종을 안치하고 명문에서 지옥의 고통을 강조하며 종소리가 구제해줄 것이라 언급한 것은 그곳이 원래 원 세조의 원당인 것과도 관련이 있을 것이다. 연복사는 사원명이 보제사였던 충렬왕 2년(1276)부터 매해 을해법석(乙亥法席)을 열어 원 세조의 축수재(祝壽齋)를 행하기도 했던 곳이었기 때문이다.[67]

---

65)  許一範, 「高麗·朝鮮時代의 梵字文化 研究」, 『회당학보』 5(서울: 회당학회, 2000), pp. 52-53.

66)  許一範(귀정), 「韓國密敎의 特性과 曼茶羅」, 『학술대회』 2005-1(서울: 회당학회, 2005), p. 370.

67)  윤기엽, 「高麗後期 寺院의 實狀과 動向에 관한 研究」, 박사학위논문(연세대 대학원, 2004), pp.

## 2) 『밀교대장』의 다라니 추가

티베트 밀교의 영향과 관련해 또 한 가지 주목해야 할 것이 밀교 다라니
를 모아 편찬한 『밀교대장』이다. 『밀교대장』은 이제현의 「금서밀교대장
서(金書密敎大藏序)」와 권근(權瑾)의 「덕안전기(德安殿記)」, 『조선왕조
실록』 등을 통해 존재가 알려져 있었다. 몇 년 전에 『밀교대장』 권9와 권
61이 발견됨으로써 기록상으로만 알려졌던 존재가 세상에 드러나게 되었
다.

　　『밀교대장』에 관한 기록들을 정리해 보면 다음과 같다.

> F-1. 옛 사람도 그것[=陀羅尼]이 이와 같음을 알아 모으고 편찬하여 90권
>     을 이루고 밀교대장(密敎大藏)이라는 이름으로 발간하여 세상에 돌
>     아다니는데, 이 90권이 수천만 권의 근본이 된다.…구본(舊本)을 여
>     러 경과 비교하여 고치기도 하고 삭제하기도 하며 이를 바로잡았다.
>     또 미처 수록하지 못하였던 것을 더 구하여 40권을 얻었다. 구본과
>     합쳐 1백 30권이 되니, 글씨를 잘 쓰는 이에게 부탁하여 부별로 나누
>     어 베끼게 하였다.[68]

> F-2. 건문(建文) 3년(태종 1년, 1401) 여름에 태상왕께서 옛 잠저(潛邸)의
>     동쪽에 자리를 잡고 다른 새 집[殿]을 지으라고 명하셨다.…정전(正
>     殿)에는 석가모니께서 산에서 나오시는 모습을 그려 걸고, 또 북쪽

---

169-170.

68) 李齊賢, 「金書密敎大藏序」, 『益齋亂藁』 卷5, 序. "昔之人 知其若此 裒而纂之 成九十卷 名之
　　曰密敎大藏 刊行于世 則玆九十卷者 數千萬卷之根柢也我主上殿下萬機之暇 留神乎釋典 其
　　於密敎 信之尤切 發內帑之珍 泥金以書之 奉翊大夫判內府寺事上護軍臣羅英秀 實幹其事
　　於是以舊本 校于諸經 或乙或竄 而是正之 又增求其所未收得四十卷 與舊合一百三十卷 令
　　工書者 分部而寫之"

처마에 선반을 만들어 그 중앙에 『밀교대장경』 한 부를 모셨다. 동쪽
에 새로 새긴『대자능엄경(大字楞嚴經)』의 판본을 안치하였으며, 서
쪽에는 새로 새긴『수륙의문(水陸儀文)』의 판본을 안장하였다.[69]

위의 인용문 F-1은 충숙왕 15년(1328)에 금니(金泥)로 조성된『밀교
대장』의 서문이다. 여기에서 주목할 것은 90권의『밀교대장』이 이미 존
재하고 있었다는 점이다. 구본 90권의『밀교대장』이 언제 조성되었는지
정확히 알 수 없다. 그러나 실제 유물로 발견된『밀교대장』권61이 원종
즉위년(1259)에서 6년(1265) 사이에 조성되었음을 감안하면,[70] 늦어도 원
종 연간 이전에는 구본 90권이 조성되어 있었음을 알 수 있다. 또한 인용
문 F-2는 태조 이성계가 태상왕으로 물러난 뒤 덕안전(德安殿)을 짓고 건
물 사방에 경전과 불화를 안치하였다는 내용을 전하고 있다. 그 가운데
북쪽에는『밀교대장경』 한 부를 안치하였는데, 특별히 시렁[庋]을 놓아
안치하였다는 표현을 보면 전질의 권수가 많았음을 알 수 있다. 이때 안
치된『밀교대장』도 90권이나 130권이었을 것이다.

　이제현이 서문을 쓴『밀교대장』은 구본 90권에 새로 수집한 40권
을 추가하여 130권으로 조성되었다. 이때 추가로 편입하였다는 40권의
다라니경은 티베트 밀교와 연결되는 후기밀교 계통의 것일 가능성이 높

---

69) 權近,「德安殿記」,『陽村集』卷13. "建文三年夏 太上王命相地于潛龍舊邸之東 別構新殿 秋
　　功告訖 乃命臣近若曰 高麗太祖 統一三韓 以其私第 爲廣明奉先二寺 圖利國也 予以否德 代
　　有國家 仰惟前代時若 將以此殿舍 爲精藍 永作世世福國之所 思以上福先世 下利群生 宗社
　　永固 垂統無彊 故於正殿 揭釋迦出山之影 又於北楣 爲庋其上中 安密敎大藏一部 東置新雕
　　大字楞嚴板本 西藏新雕水陸儀文板本"

70) 박광헌,「高麗本 '密敎大藏'卷61에 관한 書誌的 硏究」,『書誌學硏究』58(수원: 한국서지학회,
　　2014), pp. 456-460.

다.[71] 또한 이제현의 서문에 의하면, 이때의 편찬 작업시 구본 90권에 대한 교감 작업이 함께 이루어졌다고 한다. 다라니는 원발음이 중요시되기 때문에, 경전 번역시에 한문으로 의역하지 않고 음사(音寫)를 하는 부분이다. 발음이 정확하지 않으면 다라니의 효험이 없다는 인식 때문에 같은 다라니를 원발음에 가깝게 수정하는 일도 적지 않다.[72] 『밀교대장』은 다라니를 모은 것인 만큼, 다라니의 정확한 발음을 음사하기 위해 130권을 편찬하며 구본 90권에 대한 교감 작업이 이루어진 것이다.

충숙왕대에 조성된 『밀교대장』 130권은 금니사경(金泥寫經)이다. 그러나 구본 90권은 목판 혹은 목판인쇄물로 전해졌을 것이다. 현존 유물인 『밀교대장』 권9와 권61이 목판인쇄물이며, 『조선왕조실록』을 통해서도 그 사실을 확인할 수 있다.[73] 『조선왕조실록』에 의하면 일본은 건국 초인 태조 3년부터 여러 차례에 걸쳐 대장경을 요청하여 받아갔다. 그러다 세종 5년 말, 6년 초에는 대장경판 자체를 요구하기에 이르렀는데, 이에 세종은 대장경판 대신 『밀교대장』 목판과 『주화엄경(注華嚴經)』 목판, 대장경 한 부 등을 하사하였다.

G-1. 유후사(留後司)에 전지하기를, "금사사(金沙寺)의 진언대장경(眞言大藏經)과 영통사(靈通寺)의 『화엄경』 등의 목판과 운암사(雲巖寺)의 『금자삼본화엄경(金字三本華嚴經)』 한 부, 『금자단본화엄경(金

---

71)  邊東明, 「忠肅王의 密敎大藏 金字寫經」, 『歷史學報』184(서울: 역사학회, 2004), p. 53.

72)  대표적인 예가 지공의 육종불서(六種佛書)이다. 인도 출신의 지공이 고려를 방문하자, 달정(達正) 등이 범어의 원발음으로 다라니의 교감을 부탁하여, 빠진 부분과 잘못된 부분을 교정하여 써주었다고 한다.

73)  邊東明, 앞의 논문, pp. 48-51. ; 박광헌, 앞의 논문, pp. 440-442. ; 남권희, 「高麗時代 '密敎大藏' 卷9의 書誌的 硏究」, 『書誌學硏究』58(수원: 한국서지학회, 2014), pp. 28-31.

字單本華嚴經)』한 부 등을 수참(水站)의 배로 운송하도록 하라" 하였다.[74]

G-2. 일본 국왕의 사신 규주(圭籌)·범령(梵齡)과 도선주(都船主) 구준(久俊) 등 135명이 대궐에 나아가서 토산물을 바쳤다. … 전하께서 말씀하셨다. "국왕[=일본 국왕]이 요구한 대장경판(大藏經板)은 우리나라에 오직 한 벌 밖에 없으므로 요청에 응하기 어렵고, 다만 밀교대장경판(密敎大藏經板)과 주화엄경판(註華嚴經板)과 한자대장경(漢字大藏經) 모두를 보내려고 한다."[75]

G-3. 규주 등이 지신사(知申事)에게 글을 올리기를, "규주 등이 지난 연말에 모두 명을 받들어 전정에서 배례하기를 들어주시므로 삼가 온 뜻을 아뢰었더니, 전하께서 말씀하시기를, '대장경판은 다만 한 벌뿐이니 내려 줄 수 없고, 다시 금자로 쓴 『화엄경』 80권과 범자밀교경판(梵字密敎經板), 장경(藏經) 1부와 주화엄경판(註華嚴經板)을 내려 줄 것이니, 이 네 가지는 모두 천하에 둘도 없는 법보(法寶)이다'라고 하시었습니다."[76]


위의 인용문 G를 통해 세종이 일본에 하사한 『밀교대장』이 어떤 것이었는지를 확인할 수 있다. 동일한 대상이 '진언대장경' = '밀교대장경' = '범자밀교경'이라 표현되기 때문이다. 즉, 당시 조선은 『밀교대장』 목판본을 보유하고 있었으며, 그것은 범자로 진언 다라니를 새긴 것이었다. 이때 일본으로 건너간 『밀교대장』 경판은 구본 90권의 경판이었을 것으로 추정된다. 충숙왕대에 티베트 밀교의 다라니를 모아 40권을 추가하였지

---

74) 『世宗實錄』 卷22, 世宗 5年 10月 25日(壬申)

75) 『世宗實錄』 卷22, 世宗 5年 12月 25日(壬申)

76) 『世宗實錄』 卷23, 世宗 6年 1月 1日(戊寅)

만, 그 추가분은 경판으로 조성되지 않았거나 조성되었더라도 조선 초의 『밀교대장』에는 포함이 되지 않았던 것으로 보인다. 조선 초의 『밀교대장』의 범자로 쓰였다고 하는데, 추가 40권은 티베트 문자로 쓰였을 가능성이 크기 때문이다.

현재 『밀교대장』 전질이 남아있지는 않지만, 권9와 권61을 통해 『밀교대장』의 구체적 내용과 형식을 알 수 있다. 이들에 관한 연구결과에 의하면, 『밀교대장』은 고려 재조대장경의 함차(函次)에 따라 다라니만을 별도로 추려낸 책이다. 『밀교대장』은 다라니 명칭을 한자로 적고 범자 다라니를 적은 후 그 옆에 한자로 발음을 부기하였으며, 대장경 입장 순서가 다라니 수록 순서의 제일 기준이다.

그러나 수록 다라니의 순서가 대장경과 완벽하게 일치하지는 않는다. 권61의 경우 고려대장경번호 K.1268 - K.1266 - K.1271 - K.1269 - K.1270의 순으로 수록되어 있다. K.1264인 『예적금강금백변법경(穢跡金剛禁百變法經)』과 K.1267인 『보변지장반야바라밀다심경(普遍智藏般若波羅蜜多心經)』의 경우, 『밀교대장』에 수록될 만한 다라니가 없으며, K.1265인 『예적금강설신통대만다라니법술령요문(穢跡金剛說神通大滿陀羅尼法術靈要門)』은 아직 발견되지 않은 『밀교대장』 권60에 수록되어 있을 가능성이 있다. 또한 『밀교대장』은 재조대장경의 함차를 차용하여 순서를 정하였지만 재조대장경에는 없는 실담자를 포함하고 있는 점, 한자 진언의 표기법이 다른 점 등을 볼 때 내용상으로는 재조대장경이 아닌 다른 저본이 있었을 것으로 판단된다.[77] 티베트 밀교의 영향을 받았을 130권본 『밀교대장』의 실물은 아직까지 발견되지 않았다. 추후 새로운 발

---

77) 박광헌, 앞의 논문, pp. 448-449, p. 456.

견을 기대해 본다.

이상에서 살펴본 바와 같이, 원 간섭기의 상황은 미술사적으로 불보살상이 티베트 양식의 영향을 받아들이는 배경이 되었다. 새로운 양식의 도입이라는 눈에 띄는 변화가 보이지만, 고려시대 불상 양식의 테두리 안에서 부분적으로 나타나며 기본적인 조형의 변화를 가져오지는 않았다.[78] 라마탑의 영향을 받아 조성된 마곡사 오층석탑이나 경천사지 십층석탑에서도 티베트 양식과 고려의 전통 양식이 혼재된 모습이 보인다. 이러한 경향은 원 간섭기에 티베트 밀교를 받아들인 고려 불교계의 경향을 반영하는 것일 수도 있다. 새로운 사상과 신앙으로 티베트 밀교가 소개되었고 원 황실에 대한 존숭의 의미로 고려에서도 이를 적극 수용하였지만, 티베트 밀교가 고려의 전통적인 불교사상을 대체하지는 못하였다. 그러나 당시 고려 사회에 만연해 있던 신비사조를 고취시키고 그에 대한 관심을 환기시킴으로써, 전통적인 밀교 사상 및 신앙이 더욱 확산될 수 있는 계기를 마련해 주었다. 또한 티베트 밀교가 명(明), 청(淸) 시기까지 신앙되면서, 조선시대에 들어서 조선 불교계는 새로운 형태로 티베트 밀교의 영향이 드러나게 된다.

---

78) 秦弘燮, 「高麗後期 金銅佛像에 나타나는 라마佛敎樣式」, 『考古美術』 166·167 合(서울: 한국미술사학회, 1985), p. 17.

# 색인

## 한국 중세밀교사 저자 소개

**김경집** 철학박사, 진각대 교수
**김수연** 문학박사, 국사편찬위원회 편사연구사
**정성준** 철학박사, 동국대 불교학술원 연구원
**남권희** 문학박사, 경북대 교수
**이병욱** 철학박사, 고려대 강사

한국밀교문화총서 13

# 한국 중세밀교사

1판 1쇄 | 2019년 4월 19일
펴낸이 | 대한불교진각종 밀교문화총람사업단
지은이 | 김경집 김수연 정성준 남권희 이병욱
펴낸곳 | 도서출판 진각종 해인행
　　　　출판신고번호 제 307-2001-000026호
　　　　서울특별시 성북구 화랑로13길 17
　　　　대표전화 02-913-0751

Copyright © 대한불교진각종 밀교문화총람사업단

ISBN 978-89-89228-51-6 (94220)
ISBN 978-89-89228-39-4 (세트)

비매품